SCHÄFFER
POESCHEL

❙ Handelsblatt

Mittelstands-Bibliothek – Band 8

Birgit Felden/Annekatrin Klaus

Nachfolgeregelung

2007

Schäffer-Poeschel Verlag Stuttgart

Handelsblatt Mittelstands-Bibliothek

Bibliografische Information der Deutschen Nationalbibliothek
Die Deutsche Nationalbibliothek verzeichnet diese Publikation
in der Deutschen Nationalbibliografie; detaillierte bibliografische
Daten sind im Internet über http://dnb.d-nb.de abrufbar.

Gedruckt auf chlorfrei gebleichtem, säurefreiem und alterungs-
beständigem Papier

Band 8: ISBN 978-3-7910-2718-0
Gesamtwerk: ISBN 978-3-7910-2710-4

© 2007 Schäffer-Poeschel Verlag für Wirtschaft · Steuern · Recht GmbH

www.schaeffer-poeschel.de
info@schaeffer-poeschel.de

Einbandgestaltung: Willy Löffelhardt
Umschlagfoto: Shutterstock, Inc., New York
Satz: pws Print und Werbeservice Stuttgart GmbH
Druck und Bindung: Ebner & Spiegel GmbH, Ulm

Printed in Germany
Oktober 2007

Schäffer-Poeschel Verlag Stuttgart
Ein Tochterunternehmen der Verlagsgruppe Handelsblatt

Vorwort

Auch im Jahr 2007 ist das Thema der Unternehmensnachfolge weiterhin aktuell und in vielen Facetten in Bewegung. Neben den zahlreichen Nachfolgen innerhalb der Familie ist ein Trend zur Übernahme durch Mitarbeiter auszumachen. Auf Seiten der Unternehmensverkäufe treten vermehrt Finanzinvestoren als potenzielle Käufer auf. Fakt ist: Seit die konjunkturelle Entwicklung anzieht, wächst auf beiden Seiten die Bereitschaft, sich mit dem Thema Unternehmensnachfolge zu beschäftigen. Bei der abgebenden Generation steht die Möglichkeit, wieder adäquate Verkaufspreise zu erzielen, im Vordergrund. Nachfolger sehen steigende Chancen, Unternehmen wirtschaftlich erfolgreich weiterzuführen. Allerdings: Der Gestaltungsaufwand bei der Regelung einer Unternehmensnachfolge ist nicht geringer geworden. Eine systematische Planung und die strukturierte Umsetzung der Unternehmensnachfolge ist nach wie vor der einzige Garant für eine erfolgreiche Zukunft – auch mit neuem Management und neuen Eigentümern. Besonders von Bedeutung sind die Aspekte, die über die reinen gesellschafts- oder steuerrechtlichen Bestimmungen hinausgehen.

Köln, im Juli 2007   Prof. Dr. Birgit Felden

Die Autoren

Prof. Dr. Birgit Felden
Diplom-Kauffrau und promovierte Juristin, berät seit Anfang der
Neunziger Jahre mittelständische Unternehmen im Generationswechsel. Als Mittelstands-Expertin hat sie nicht nur zahlreiche Unternehmensübertragungen begleitet, sondern auch immer wieder instituti-
onelle Partner der mittelständischen Wirtschaft beraten, so u.a. als
Expertin der Europäischen Union für das Thema Unternehmensnachfolge oder als Fachpartnerin der Initiative CHANGE von DIHK, ZDH
und KfW Mittelstandsbank. Prof. Dr. Felden ist Vorstandssprecherin
der TMS Unternehmensberatung AG mit Sitz in Köln, Hamburg und
München (www.tms.de; felden@tms.de). Sie leitet als Professorin für
Mittelstand und Unternehmensnachfolge an der Fachhochschule der
Wirtschaft in Berlin den Bachelor-Studiengang »Unternehmensgründung und Unternehmensnachfolge«.

Dr. Annekatrin Klaus
studierte nach ihrer kaufmännischen Ausbildung VWL und Ger-
manistik. Als Nachfolge-Expertin hat sie zahlreiche Informations-
medien für den Mittelstand entwickelt und realisiert, so z.B. neben
Broschüren und Arbeitshilfen für Kreditinstitute und Wirtschaftsförderungseinrichtungen den Nachfolge-Navigator der Technischen
Akademie Wuppertal (www.1-to-manage.de). Dr. Klaus war bis 2005
Leiterin der Unternehmenskommunikation der TMS Unternehmensberatung AG (www.tms.de).

Inhaltsverzeichnis

Einleitung

Rund 70 000 Unternehmen stehen bundesweit jedes Jahr vor einem Generationswechsel. Das sind pro Tag über 200 kleinere und mittlere Unternehmen, die an einen neuen Inhaber übergeben werden müssen. Es geht dabei um ein Vermögen von rund 1 Bio. € und um die Erhaltung von Hunderttausenden von Arbeitsplätzen.

Der These, dass es sich hierbei um eine historisch einmalige Situation handelt, um eine Welle, die nach dem Wechsel der Gründergeneration der Nachkriegszeit auf die nächste abebben wird, muss widersprochen werden. Unterstellt man eine durchschnittliche Managementdauer von 30 Jahren, werden bei 1,95 Mio. mittelständischen Unternehmen in Deutschland rechnerisch rund 65 000 Betriebe pro Jahr einen Nachfolger suchen. Die Unternehmensnachfolge ist also ein Thema, das seine Aktualität so schnell nicht verlieren wird.

Um so alarmierender ist, dass Statistiken zufolge von 100 Unternehmen nur 60 den Sprung in die zweite Generation schaffen. In der dritten Generation gelingt die Weiterführung nur in 32 Fällen, während in der vierten Generation nur noch 16 Unternehmen überleben. Der Sinnspruch: »Der Vater erstellt's, der Sohn erhält's, beim Enkel zerschellt's« beschreibt nur allzu oft eine traurige Wahrheit, die auch gesamtwirtschaftlich betrachtet verheerende Folgen haben kann.

Allerdings muss es nicht so weit kommen. Es liegt in der Hand eines jeden Unternehmers, die Weichen für die Zeit nach seiner Geschäftsführung schon frühzeitig zu stellen. Die Betonung liegt dabei auf frühzeitig, denn nur dann ist eine sorgfältige und umfassende Vorbereitung möglich, können neben steuerlichen und rechtlichen Fragen auch alle betriebswirtschaftlichen Belange der Firma angemessen geregelt und zwischenmenschliche Konflikte nachhaltig ausgeräumt werden. Vor allem bei einem gleitenden Übergang kann der Übernehmer ohne große Reibungsverluste in das Unternehmen eintreten, können sich die Synergieeffekte von langjähriger Erfahrung auf der einen und engagiertem Neubeginn auf der anderen Seite zum Wohle des Unternehmens entfalten.

Eine Unternehmensnachfolge ist ein dynamischer Prozess, der aus den verschiedensten Blickwinkeln betrachtet werden kann. Betriebswirte und Managementberater, Rechtsanwälte und Steuerberater sowie Psychologen – sie alle haben ihre eigene Perspektive auf eine Nachfolge, wobei in der Vergangenheit sowohl in Fachbüchern als auch in anderen Publikationen vor allem rechtliche und steuerliche Themen im Vordergrund standen. Im Gegensatz dazu konzentriert sich die vorliegende Darstellung auf den **Prozess einer Unternehmensnachfolge** und möchte Übergebern und Übernehmern eine Orientierung über den Gesamtablauf einer Unternehmensübertragung geben, der am einfachsten in den Dreischritt Vorbereitung – Konzept – Umsetzung zu gliedern ist. Wenn die Übertragungspartner durch die Lektüre für jede Phase einer Nachfolgeregelung die entscheidenden Hinweise finden, welche Aspekte bei einer strukturierten Vorgehensweise zu regeln und zu bedenken sind – dann ist das wichtigste Anliegen dieses Werks erfüllt.

Um diese drei Phasen möglichst praxisnah darzustellen, ziehen sich zwei Fallbeispiele durch das Buch, die sowohl den worst als auch den best case schlagartig erhellen. Da ist zum einen Herr Schulte, der sich nicht von seinem Unternehmen trennen mag, bis er in seinem Mitarbeiter Herrn Albrecht doch noch einen Nachfolger findet. Da ist zum anderen Herr Fischer, der seine Unternehmensübertragung gründlich vorbereitet und dadurch seiner Tochter und Nachfolgerin Elke den Weg optimal bereitet. Natürlich werden auch weitere Praxisbeispiele zur Erläuterung herangezogen, da das Thema Nachfolge zu vielschichtig ist, um alle Details mit zwei Fallbeispielen abdecken zu können. Sie alle stammen aus der langjährigen praktischen Beratungserfahrung der Autoren.

1   Die Vorbereitung

Um sein Ziel sicher und mit hoher Trefferwahrscheinlichkeit ins Auge fassen zu können, muss ein Schütze wissen, wo er steht. Das gilt um so mehr, wenn er sich in einem Gelände bewegt, das ihm bisher unbekannt ist. Und dies gilt auch für die Beteiligten an einem Nachfolge-Prozess. Der Übergeber und der oder die Übernehmer sehen sich einer Situation gegenüber, die sie in dieser Form bisher noch nicht erlebt haben und voraussichtlich nicht noch einmal erleben werden. Aufgrund dieser Einmaligkeit und Unumkehrbarkeit sollte vor jeder Nachfolgeplanung eine umfassende Bestandsaufnahme der Ist-Situation stehen.

Am Anfang steht die Zieldefinition

Der Übergeber muss seine unternehmerischen Ziele während des Inhaberwechsels und seine persönlichen Ziele für die Zeit nach der Übergabe definieren. Soll es z. B. um jeden Preis der älteste Sohn sein, der die Firma übernimmt, oder stehen für ihn mehr sachliche Belange des Betriebs im Vordergrund? Und wie will er die freie Zeit nach dem Ende seiner beruflichen Laufbahn füllen? Schließlich muss er mit kühlem Kopf durchrechnen, wie sich seine Altersversorgung zusammensetzen soll, welche Beträge sich aus privaten Renten- oder Lebensversicherungen ergeben und wie groß die Restsumme ist, die zum angestrebten Lebensunterhalt fehlt und deshalb aus der Unternehmensübergabe finanziert werden muss. Nur auf dieser Basis kann die richtige Entscheidung, z. B. der Verkauf des Betriebs gegen Einmalzahlung statt einer Lösung auf Renten- oder Pachtbasis, getroffen werden.

Der Übernehmer hingegen muss sich die Frage stellen, ob er den Anforderungen einer Unternehmensführung fachlich und auch kaufmännisch gewachsen ist. Know-how-Lücken können durch rechtzeitige und praxisnahe Fortbildungsmaßnahmen noch während des Unternehmenseinstiegs geschlossen werden, die gleichzeitig unternehmerisch qualifizieren und einen Zuwachs an aktuellem (Fach-) Wissen für das Unternehmen bringen. Zu guter Letzt ist es Aufgabe des Nachfolgers, seine Vorstellungen von der Zukunft der Firma zu formulieren und seine unternehmerischen Visionen auf den Punkt zu bringen. Stehen mehrere Nachfolger zur Verfügung, die gemeinsam übernehmen möchten, so sollte zwischen ihnen ein Konsens über die Vorstellungen der Nachfolge, insbesondere über die gemeinsame zukünftige Zusammenarbeit, gefunden werden.

Überprüfung der Unternehmenssituation

Doch nicht nur der Übergeber und der oder die Übernehmer, sondern auch das Unternehmen selbst muss unter die Lupe genommen werden. Ist es auf die Nachfolge vorbereitet? Sind beispielsweise die firmeninternen Rahmenbedingungen so abgesteckt, dass der erhöhte Liquiditätsbedarf während einer Übergabe gedeckt werden kann? Sind die Mitarbeiter so kooperativ und fachlich kompetent, dass sie dem Übernehmer in der ersten Zeit helfend zur Seite stehen können? Sind wesentliche Informationen über die Abläufe im Unternehmen oder Vereinbarungen mit Geschäftspartnern so dokumentiert, dass sie vom Nachfolger verstanden werden?

Auch die unternehmensexternen Rahmenbedingungen dürfen nicht vernachlässigt werden. In Zeiten steigenden Kosten- und Konkurrenzdrucks muss die Nachfolgeregelung nach anderen Maßgaben gestaltet werden als in entspannteren Konjunkturphasen. Auch kurzfristig geplante Veränderungen der steuerlichen oder gesetzlichen Vorgaben müssen berücksichtigt werden.

Einen Konsens finden

Am Ende der Bestandsaufnahme stehen die Bemühungen um einen Konsens: Die Eigenheiten und Interessen aller Beteiligten müssen miteinander in Einklang gebracht werden. Von entscheidender Bedeutung ist dabei ein offener Austausch zwischen Übergeber und Übernehmer. Nur wenn kritische Situationen nicht beschönigt werden und alle potenziellen Konflikte an- und durchgesprochen worden sind, hat das Vorhaben Unternehmensübergabe die nötigen Erfolgsaussichten. Die Erfahrung zeigt, dass viele Stabwechsel in mittelständischen Unternehmen nicht an mangelnder Liquidität oder sich ändernden Marktbedingungen scheitern, sondern am internen Zwist von Übergeber und Nachfolger. Konflikte entzünden sich oftmals an abweichenden Ziel- und Wertvorstellungen, deren Ursachen nicht zuletzt im Altersunterschied der Beteiligten zu suchen sind: Die Nachkriegsgeneration ist nach anderen gesellschaftlichen Regeln aufgewachsen als ihre Kinder und Enkel. Konflikte daraus sollten im Dialog bewältigt werden. Ihre Lösung kann dann direkt in das individuelle Konzept für eine erfolgreiche Nachfolge integriert werden.

1.1   Der Übergeber

1.1.1   Die Situation: Aufbruch zu neuen Ufern

Einmal angenommen: Herr Fischer ist 56 Jahre alt und führt seinen Betrieb, den er bereits vom Vater übernommen hat, seit über 20 Jahren. Nun will er sich in den nächsten Jahren auf seinen dritten Lebensabschnitt vorbereiten – und dafür findet er viele gute Argumente: Ihm fehle die Zeit für Familie und Freunde und für seine zahlreichen außerbetrieblichen Interessen. Sowohl durch sein Unternehmen als auch durch diverse Aufsichtsratsmandate und als Kuratoriumsmitglied in der Stadtverwaltung sei er doch zeitlich stark engagiert. Nun möchte er ein Konzept erarbeiten, mit dem er in den nächsten fünf Jahren sein Unternehmen übertragen kann.

Nachfolge früh genug planen

Einen solchen Unternehmer gibt es allerdings nur in Ausnahmefällen. In der Realität wird der Zeitpunkt des Rücktritts häufig so weit wie möglich in die ferne Zukunft verschoben. Der Ausspruch Konrad Adenauers: »Ich gehe nicht leichten Herzens«, als er sich mit 87 Jahren aus der Politik zurückzog, gilt auch für mittelständische Unternehmer und Unternehmerinnen. Manche glauben, ihr Unternehmen auch mit 75 und darüber hinaus weiter führen zu können. Mit zunehmendem Alter sinkt jedoch bei vielen Menschen die Innovations- und Risikobereitschaft, was für den Betrieb gefährlich werden kann.

> Ein später Rückzug des Unternehmers bzw. der Unternehmerin kann ein »Zu-Spät« für das Unternehmen bedeuten.

Tipp

Deshalb geraten kleine und mittlere Unternehmen immer wieder in unnötige Schwierigkeiten.

So wie Unternehmer Schulte: Herr Schulte ist 68 Jahre alt und denkt noch nicht ans Aufhören. Die Struktur seines Betriebs ist völlig veraltet, so werden beispielsweise die Kosten noch immer wie vor 50 Jahren ermittelt. Ein Controlling-System und eine modernere Vertriebsstruktur fehlen – lediglich die Verwaltung arbeitet mit Computern. Wenn Herr Schulte auf die Notwendigkeit einer Nachfolgeregelung angesprochen wird, weicht er aus. Es ist offensichtlich, dass ihm das Thema nicht behagt.

Das Thema »Aufhören« wird umgangen

Die Lage von Herrn Schulte ist durchaus nachvollziehbar: Er hat seine Firma gegründet, aufgebaut und sie erfolgreich durch mehrere wirtschaftliche Krisen geführt; nur er ist für die Erfolge des Unternehmens verantwortlich. Durch seine beruflichen Kontakte steigt sein Bekanntheitsgrad, er wird gebeten, sich für Wahlen oder Ehrenämter zur Verfügung zu stellen. Kurz: Er ist wer, er ist **der Unternehmer** Schulte. Und das Unternehmen ist sein Lebenswerk, das Schulte nur ungern los lässt.

Ein Unternehmer identifiziert sich mehr als ein abhängig beschäftigter Arbeitnehmer mit seinem Beruf. Er kennt sämtliche Mitarbeiter, Kunden und Lieferanten, mit denen er vielleicht sogar einen Teil seiner Freizeit verbringt. Sein Bekanntenkreis rekrutiert sich aus anderen Unternehmern und Personen mit einem ähnlichen gesellschaftlichen Stand. Unternehmer und Privatmensch sind so miteinander verschmolzen, dass kaum zwischen ihnen differenziert werden kann. Er ist das Unternehmen oder besser: Das Unternehmen ist ihm wie ein Maßanzug auf den Leib geschneidert – einem anderen würde es nicht so gut passen.

Daraus kann bei Unternehmern die Überzeugung resultieren, dass es keinen Nachfolger für ihr Unternehmen gibt. Weil sie die Unternehmensführung niemand anderem zutrauen, arbeiten sie weiter, allein schon aufgrund der Verantwortung für die Mitarbeiter und Mitarbeiterinnen. Außerdem wollen sie weder langjährige Kunden noch Lieferanten (deren treue Kunden sie sind) im Stich lassen.

Diese Verschmelzung macht auch vor dem Familienleben nicht Halt. Regelmäßig besprechen auch die Schultes am sonntäglichen Kaffeetisch die Geschicke der Firma, dort werden Entscheidungen gefällt wie die Einstellung eines neuen Mitarbeiters oder die Aufnahme eines Kredites. Das kann bei der Unternehmensübergabe zu Schwierigkeiten führen, weil auch private Interessen neben den Anforderungen des Unternehmens die Entscheidung beeinflussen.

Tipp

> Eine erfolgreiche Übertragung verlangt ein aktives Management durch den bisherigen Unternehmer.

Abgebende Unternehmer müssen also die Bedeutung einer durchdachten und langfristig geplanten Nachfolgeregelung zunächst einmal erkennen, um sie aktiv zu gestalten und nach ihren Vorstellungen zu beeinflussen. Je mehr Zeit dafür zur Verfügung steht, desto genauer und detaillierter kann geplant werden, was die Gefahr eines Scheiterns erheblich verringert.

Für jeden Unternehmer markiert der Eintritt in den sogenannten »dritten Lebensabschnitt« in doppelter Hinsicht eine Zäsur: Zum einen entfällt die zeitliche Strukturierung des Tages. Ist es bereits für Arbeitnehmer schwierig, sich mit dieser Veränderung zu arrangieren, erscheint sie vielen Unternehmern nahezu unmöglich. Wer mehr als 50 Stunden pro Woche im Betrieb ist, wer an den Wochenenden nur allzu oft zu Hause gearbeitet hat, der muss nach dem Wegfall dieser Aufgaben nicht nur fünf Arbeitstage, sondern eine komplette Woche füllen. Dazu gehören auch frühere »Freizeittermine«, wie Restaurantbesuche mit Geschäftsfreunden.

Angst vor der Zeit »danach«   Zum anderen gilt es, die Angst vor dem Älterwerden zu besiegen. Selbst wenn auch noch im Alter die physische und psychische Leistungsfähigkeit hoch ist – die Vorstellung, Körper und Geist könnten eines Tages doch »nicht mehr so mitmachen« ist beunruhigend. Solange die beruflichen Aufgaben bewältigt werden, scheint dieser böse Geist gebannt. Nicht umsonst ist der Austritt aus dem Arbeitsleben für viele gleichbedeutend mit dem Eintritt in den »Ruhestand«, an dessen Ende unweigerlich die ewige Ruhe steht. Aus diesem verständlichen Grund schieben viele Unternehmer und Unternehmerinnen den Zeitpunkt der Betriebsübergabe vor sich her.

Wer keine Perspektiven für die Zeit nach dem Unternehmen hat, der wird diese – wenn auch unbewusst – hinauszögern. Menschlich betrachtet ist ein solches Verhalten verständlich, unternehmerisch führt es jedoch leicht in die Katastrophe. Diese Kehrseite der Medaille sollte sich jeder Unternehmer deutlich machen.

1.1.2   Die Aufgabe: Die Übergabe initiieren!

Ungeachtet der sensiblen Thematik muss sich Herr Schulte also mit der Unternehmensübergabe beschäftigen, um im Notfall und für eine strukturierte Nachfolge vorgesorgt zu haben. Als Unternehmer muss er nicht nur dafür sorgen, dass die Produktivität und die Kostenstruktur seines Betriebs stimmen. Er sollte auch längerfristig denken und die Management-Kontinuität seines Unternehmens sichern. Er muss wissen, wo sein Unternehmen in fünf, sieben oder zehn Jahren stehen soll. Die Frage, wer im Unternehmen für Ordnung sorgt, wenn ihm etwas zustoßen sollte, müsste im Grunde jeden Unternehmer motivieren, sich mit dem Thema »Nachfolge« ernsthaft zu beschäftigen.

Die Unternehmenszukunft sichern

Deshalb ist der 56-jährige Herr Fischer nicht zu jung, er ist im idealen Alter, um die Übertragung als Managementaufgabe anzugehen und die zeitlich knappen Ressourcen hierfür einzuplanen. Herr Fischer hat so die Möglichkeit, sich umfassend zu informieren, seine Ziele zu priorisieren und eine Bestandsaufnahme durchzuführen, um dann ein strukturiertes Konzept zu entwickeln und seine zeitliche Umsetzung zu planen. Nicht zuletzt muss ausreichend Zeit eingeplant werden, um die Nachfolgeregelung auch bei unvorhergesehenen Änderungen erfolgreich umzusetzen. Dazu gehören auch Überlegungen, was in einem Notfall mit dem Unternehmen passiert.

> Es ist nie zu früh, sich um seine Nachfolge zu kümmern. Auch junge Unternehmer sind vor Krankheit, Unfällen und Tod nicht gefeit.

Tipp

Allerdings fällt es den meisten Unternehmern – insbesondere den erfolgreichen – äußerst schwer, sich zurückzuziehen und einem Nachfolger oder einer Nachfolgerin das Feld zu überlassen.

Nach einer Untersuchung des Instituts für Mittelstandsforschung Bonn wird nicht einmal die Hälfte aller Familienunternehmen

(43,6 %) aus Altersgründen übertragen und sind somit zeitlich planbar. 56,4 % der Nachfolgen resultieren aus plötzlicher Krankheit, Unfällen, Streitigkeiten innerhalb der Familie oder Ehescheidungen. Deshalb sollten Vorkehrungen zur Nachfolge auch dann schon getroffen werden, wenn die Übertragung des Unternehmens scheinbar noch in weiter Ferne liegt.

Tipp

> Die Nachfolgeregelung ist ureigene Aufgabe des Unternehmers, die ihm niemand abnehmen kann.

Jeder Unternehmer muss seine Übergabe selbst initiieren und aktiv gestalten. Er hat es in der Hand, seine Nachfolge nach seinen Wünschen und Zielen zu regeln oder aber die Zügel schleifen und am Ende wirtschaftliche Zwänge entscheiden zu lassen. Wenn man es richtig angeht, kann die Regelung der Unternehmensnachfolge die Krönung einer Unternehmerkarriere sein.

Nachfolgersuche nach dem Anforderungsprofil

Herr Schulte jedoch klagt über seine missliche Lage: Er finde einfach keinen Nachfolger, der das Unternehmen so führt, wie er es sich vorstelle. Der perfekte Nachfolger für Herrn Schulte wird auch sehr schwer zu finden sein, weil er nur ein Ebenbild von sich selber sucht. Dabei sollte er sich bei seinen Vorstellungen viel mehr an den Anforderungen orientieren, die das Unternehmen zukünftig an das Management stellt. Dazu ist ein Anforderungsprofil für den optimalen Nachfolger auszuarbeiten. Entscheidend ist, dass die erforderlichen oder gewünschten Eigenschaften des Nachfolgers nicht zu sehr am abgebenden Unternehmer selbst oder einer schon in Betracht gezogenen anderen Person ausgerichtet werden. Vielmehr sollte der Nachfolger gesucht werden, der das Beste für das Unternehmen bewirken kann, weil er der Beste für diesen Betrieb mit seinen speziellen Anforderungen ist. Strukturiert in die Bereiche der persönlichen Anforderungen, fachlichen Anforderungen und auch unternehmerischen Anforderungen kann ein Soll-Profil entstehen, das als Grundlage dient, um potenzielle Nachfolger zu beurteilen. Eine ausführliche Beschreibung des Nachfolgerprofils findet sich in Kapitel 1.2.4. Konkrete Hilfe bei der Suche nach einem Nachfolger bietet die Internet-Unternehmensbörse der Gemeinschaftsinitiative Nexxt-Change (s. Anhang). Der Wunsch nach Anonymität bei der Nachfolgersuche steht nach wie vor ganz oben auf der Liste. Unternehmer möchten vermeiden, dass Lieferanten, Kunden und Banken von ihren Übergabeplänen erfahren und möglicherweise langjährige Geschäftsverbindungen kappen. Bei der anonymen Suche nach einem geeigneten Nachfolger helfen spezialisierte Berater, die erste diskrete Kontakte knüpfen und das Terrain im Vorfeld sondieren.

21,2 % der Übergeber – so eine Untersuchung des Instituts für Mittelstandsforschung Mannheim – haben Probleme, sich frühzeitig mit dem Thema eines Betriebsübergangs zu beschäftigen. Dass damit eine reibungslose Unternehmensnachfolge gefährdet wird, diese Erkenntnis kommt manchmal spät, wenn nicht sogar zu spät. Denn: Ein Unternehmer ist zwar ein Profi in seiner Branche, beim Thema Unternehmensnachfolge betritt er aber Neuland. Der Einsatz von interdisziplinären Beratern und Beraterinnen, die in diesem sehr komplexen Thema erfahren sind, ist deshalb empfehlenswert. Der Unternehmer kann dabei auf eine Vielzahl unterschiedlicher Beratungsangebote zurückgreifen.

Unternehmensnachfolge als Herausforderung

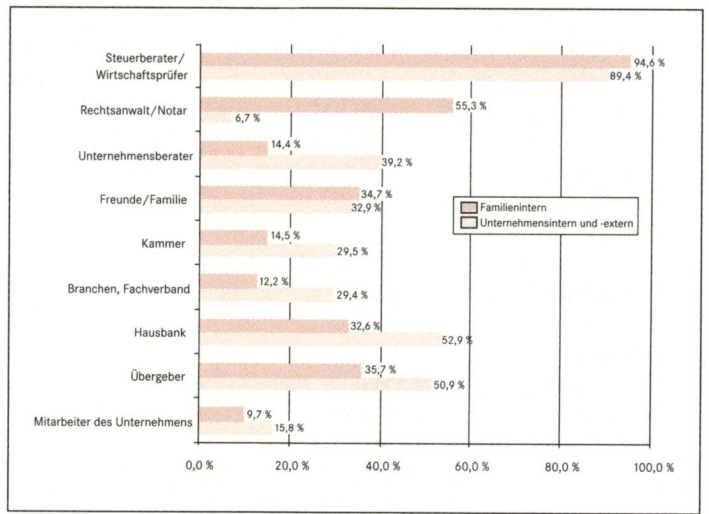

Abb. 1: Beratungsquellen und ihre Inanspruchnahme
Quelle: Institut für Mittelstandsforschung Mannheim, 2003

Vielfach stützt sich der Unternehmer jedoch allein auf steuerliche oder juristische Ratgeber. Betriebswirtschaftliche oder strategische Fragen dagegen werden in den meisten Fällen nicht betrachtet: Da die Auswirkungen nicht unmittelbar zu spüren sind, verkennen viele Unternehmer, dass auch in diesen Bereichen eine Beratung wertvolle Hilfe leistet. Fehler in der steuerlichen Gestaltung zeigen sich in den meisten Fällen sofort – nämlich mit Ablauf des Jahres, in dem der Übergeber eine höhere Steuerlast aufzubringen hat, als sie bei einer optimalen Gestaltung angefallen wären. Zudem sind solche Fehler zumeist quantitativ zu beziffern. Betriebswirtschaftliche Fehler oder fehlende bzw. mangelnde Regelungen zum Übergabeverlauf zeigen sich stattdessen oft erst nach mehreren Jahren: Häufig

Managementfehler vermeiden

scheitern Unternehmensübergaben in den ersten fünf Jahren nach der Übertragung daran, dass zum Zeitpunkt der Übergabe entscheidende Dinge versäumt oder falsch festgelegt wurden.

Herr Schulte kann sich bei den ersten Schritten auf dem Weg zur Planung seiner Nachfolgeregelung an den fünf »W's« als Leitfaden für eine strukturierte Vorgehensweise orientieren: Wer übergibt was wann und wie an wen? Auf den bisherigen Unternehmer bezogen, können diese fünf »W's« wie folgt interpretiert werden:

- **Wer?**
  Es geht um Herrn Schulte, den Unternehmer und Privatmensch, mit privaten und geschäftlichen Zielen, Wünschen und Ängsten.
- **Was?**
  Sein Unternehmen, das Herr Schulte selbst aufgebaut und geleitet hat. Mit dem er sich so identifiziert, dass er sich ein Leben »danach« nur schwer vorstellen kann.
- **Wann?**
  So rasch, wie es für das Unternehmen sinnvoll ist, aber nicht überstürzt.
- **Wie?**
  So, dass das Unternehmen nicht unter dem Rückzug leidet und der nächste Lebensabschnitt für Herrn Schulte nicht ins Leere führt.
- **An wen?**
  An jemanden, der in der Lage ist, das Unternehmen erfolgreich weiterzuführen.

Die fünf »W's« im Fall Schulte		
Wer?	Herr Schulte	
Was?	100 % der Anteile an der Schreinerei Schulte	
Wann?	Beabsichtigt: Januar 2009	
Wie?	So, dass Herr Schulte finanziell abgesichert ist und das Unternehmen in seiner Substanz langfristig erhalten bleibt	
An wen?	An einen externen Interessenten	

1.1.3   Die Vorbereitung: Den Status quo feststellen

Für eine solide Vorbereitung reicht es nicht, nur die Vermögenssituation des Unternehmers zu durchleuchten. Nur wenn sich der Übergeber ein umfassendes Bild von seiner Situation verschafft, wird er in der Lage sein, die Wünsche und Ziele für seine Nachfolgeregelung zu formulieren. Das Konzept zur Unternehmensübertragung ist tragfähig, wenn es von der Überzeugung der Übergabepartner getragen wird, damit ihre persönlichen Vorstellungen realisieren zu können. Doch dazu gehört nicht nur Ehrlichkeit mit sich selbst, sondern auch mit dem Übergabepartner.

Checkliste

Analyse der individuellen Situation des Übergebers

✔ Welche Interessen hat er neben seinem Unternehmen?

✔ Wie stellt er sich seine persönliche Zukunft vor?

✔ Wie ist seine Vermögenslage?

✔ Sind er und seine Familie auch nach der Übergabe finanziell abgesichert?

✔ Welche Ziele hat der Übergeber für eine Nachfolgeregelung?

✔ Wie möchte er diese Ziele realisieren?

✔ Gibt es bereits einen qualifizierten Nachfolger bzw. eine qualifizierte Nachfolgerin, und ist er oder sie bereits im Unternehmen tätig?

✔ Ist das Unternehmen auf die Übergabe vorbereitet?

✔ Wie unabhängig ist das Unternehmen von seinem Inhaber?

✔ Wo soll das Unternehmen in sieben bis zehn Jahren stehen?

1.1.3.1   Die persönliche Situation

Herr Schulte bezeichnet sich als ›Vollblutunternehmer‹. Ohne seinen Betrieb wüsste er gar nicht, was er machen soll, ja, er kann gar nicht ohne ihn leben. Zwar ist er im Kegelverein und geht schon mal mit seiner Frau essen, aber damit könne man den Tag ja nicht ausfüllen. Deshalb reagiert Herr Schulte sehr unsicher und defensiv, wenn er auf seine Nachfolgeregelung angesprochen wird. »Die jungen Leute heutzutage wissen doch gar nicht, was wahres Unternehmertum bedeutet – selbst meine eigenen Kinder wissen es nicht zu schätzen!« Als Unternehmer müsse man mit Leib und Seele dabei sein.

Herr Schulte möchte sich nicht völlig aus dem Unternehmen zurückziehen. »Klar, irgendwann kann ich auch nicht mehr so arbeiten wie es heute noch geht. Aber meinen Betrieb im Stich und sein Schicksal einem anderen überlassen? Das kommt nicht in Frage!« **Nur nicht aufhören**

Auch über die Altersversorgung hat er sich noch keine konkreten Gedanken gemacht. Er hat doch seinen Betrieb. Allerdings habe ihm ein Freund einmal berichtet, dass man sein Unternehmen gar nicht »in einem Wisch« verkaufen müsse – vereinbart man eine fortlaufende Zahlung, könne man nicht so einfach aus dem Betrieb ausgeschlossen werden. »Stimmt das? Aber eigentlich würde ich gerne mein Geld sofort sehen. Ist sicherer.« Und – so sein letzter Gedanke: »Am besten ist es, alles bleibt, wie es ist – solange ich da bin, kann mir und meinem Unternehmen nichts passieren!«

Eine solche Haltung lässt eigentlich nur einen Schluss zu: Herr Schulte hat die Tragweite seines Nichtstuns nicht verstanden. Da er sich sicher nicht für unsterblich hält und es ihm auch nicht egal ist, was langfristig mit seinem Unternehmen passiert, liegen die Ursachen für eine solche Haltung oftmals in persönlicher Unsicherheit und Unkenntnis der Folgen einer fehlenden Vorsorge begründet.

Herr Schulte ist kein Einzelfall. Nach Untersuchungen des Instituts für Mittelstandsforschung Mannheim gaben für Übernahmen, die im Jahr 2002 erfolgt sind, 20,1 % der Befragten die Gestaltung des Ruhestands als Problem für den Übergeber an. Die Ängste, die mit einer Übergabe verbunden sind, können Herrn Schulte genommen werden – indem ihm sinnvolle Perspektiven für den dritten Lebensabschnitt aufgezeigt werden. Denn Herr Schulte kann, nach sorgfältigen Überlegungen und entsprechenden Vorbereitungen, seine Zeit durchaus mit mehr ausfüllen, als mit Gartenarbeit und Tennis.

Perspektiven für die Zeit nach dem Unternehmen

Wer sich in den vorangegangenen 40 Jahren kein Steckenpferd zugelegt hat, wird zwar Schwierigkeiten haben, kurzfristig außerberufliche Beschäftigungen zu finden. Doch auch für diese Fälle gibt es vielversprechende Möglichkeiten: Interessiert sich Herr Schulte tatsächlich nur fürs Geschäftliche, dann bieten ihm Initiativen und Verbünde wie »Alt hilft Jung« oder der »Senior Expert Service« die Chance für weiteres unternehmerisches Engagement. Herr Schulte kann seine Erfahrung auch anderen Unternehmern, insbesondere jungen Gründern, zur Verfügung stellen und diese zudem noch finanziell unterstützen, indem er sich in andere Unternehmen als sogenannter Business-Angel einbringt. Weitere Informationen hierzu bietet das Kapitel 2.5.2.2. Alternativ dazu kann er als Mitglied des Beirats oder als freier Berater auch weiter im eigenen Unternehmen mit arbeiten – wenn die Chemie zwischen ihm und seinem Nachfolger stimmt und dieser damit einverstanden ist. Für viele Übergeber ist auch eine ehrenamtliche Tätigkeit ein guter und zeitausfüllender Ersatz für das Unternehmertum. Freiwilliges Engagement bietet nicht nur Hilfe für andere, sondern bedeutet auch persönliche Weiterentwicklung. Die »Akademie für Ehrenamtlichkeit« bietet attraktive Qualifizierungsmöglichkeiten und organisationsübergreifenden Erfahrungsaustausch für ehrenamtlich Engagierte. Die Internetadressen zu den genannten Initiativen und Einrichtungen finden sich im Anhang.

1.1.3.2   Die rechtliche Situation

Die rechtliche Situation des Unternehmers ist in verschiedener Hinsicht von zentraler Bedeutung. Vor allem bei Eintreten von unvorhersehbaren Ereignissen wie einem Todesfall oder einer Scheidung kann das Unternehmen durch die Pflichtteils- oder Zugewinnansprüche Dritter erheblich gefährdet werden. Gerade bei einer familieninternen Nachfolge spielt die Regelung des Unternehmererbes daher eine zentrale Rolle.

> **Tipp**
>
> Bei der Unternehmensübergabe darf die familiäre Konstellation nicht unberücksichtigt bleiben.

Die Regelungen des BGB

Der Gesetzgeber hat die Vermögensverhältnisse eines Verstorbenen im BGB geregelt. Was jedoch für die Mehrheit der über 80 Mio. Bundesbürger zu sachgerechten Lösungen führt, ist für Unternehmer und Unternehmerinnen nur selten sinnvoll. Mit seiner weitgehenden Vertragsfreiheit bietet das Erbrecht die Möglichkeit, die rechtlichen Grundlagen individuell an die verschiedenen Situationen und Ziele von Unternehmer und Unternehmen anzupassen.

Hat der Erblasser keine individuellen Vereinbarungen oder testamentarischen Festlegungen über das Vermögen getroffen, gelten die Grundregeln der gesetzlichen Erbfolge. Dies gilt im Übrigen auch dann, wenn ein eventuell vorhandenes Testament nicht in der gesetzlich vorgeschriebenen Form aufgesetzt wurde.

Ohne gültige Regelungen: zum Nachlass erben per Gesetz nur Blutsverwandte und der überlebende Ehegatte (für den ein besonderes Erbrecht gilt), und zwar in dieser Reihenfolge:

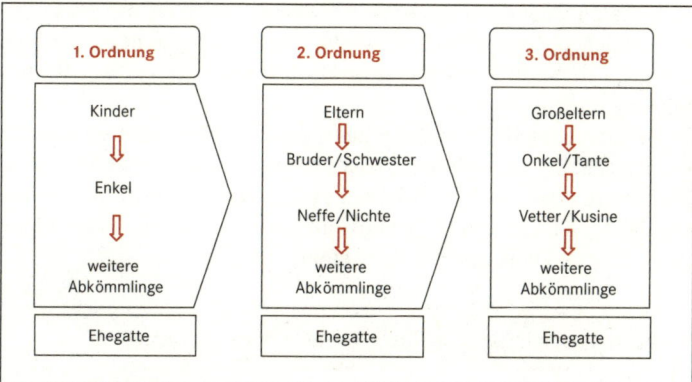

Vererbung nach Ordnungen

Abb. 2: Die gesetzliche Erbfolge

Nach der gesetzlichen Erbfolge wird nach sogenannten Ordnungen vererbt. Dabei sind die Abkömmlinge des Erblassers die Erben 1. Ordnung, die Eltern des Erblassers und deren Abkömmlinge zählen zu den Erben 2. Ordnung, die Großeltern und deren Abkömmlinge bilden die Erben 3. Ordnung. Sind Erben einer Ordnung vor

handen, sind die nachfolgenden ausgeschlossen. Wenn also z.B.
Kinder des Erblassers existieren, steht den Eltern kein Erbteil zu.
Gibt es keine gesetzlichen Erben, geht das Vermögen des Verstor-
benen an den Staat.

Erben 1. Ordnung   Innerhalb der 1. Ordnung gilt bei der gesetzlichen Erbfolge das
Kopfteilungsprinzip, bei dem jedes Kind zu gleichen Teilen erbt. Jedes erbende Kind des Erblassers vertritt seinen Stamm und schließt
eigene Abkömmlinge von der Erbfolge aus. Beim Tod des Erben vor
dem Erblasser rücken diese Nachkommen an die Stelle des Erben.

Bei den Erben 2. Ordnung erben zunächst die Eltern des Verstorbenen gemeinsam. Ist ein Elternteil verstorben, teilt sich die übrige
Hälfte zu gleichen Teilen an die Geschwister (die weiteren Kinder
der Eltern) auf. Dies schließt auch adoptierte Minderjährige, nicht
aber adoptierte Volljährige oder Stiefkinder ein. Sind beide Eltern
verstorben, wird das gesamte Erbe zu gleichen Teilen an die erbberechtigten Nachkommen der Eltern verteilt.

Rechte des   Der Ehegatte des Verstorbenen erbt **neben** den Verwandten, so
Ehepartners   dass für ihn das System der Ordnungen nicht gilt. Sein Erbteil bestimmt sich neben der Ordnung der erbberechtigten Verwandten
auch nach dem Güterstand.

Neben Erben 1. Ordnung erhält der Ehepartner im gesetzlichen
Güterstand der Zugewinngemeinschaft ein Viertel, neben Erben 2.
und 3. Ordnung die Hälfte des Erbes. Zusätzlich erhöht sich der
Anteil des Ehepartners um ein weiteres Viertel, den sogenannten
pauschalen Zugewinnausgleich. Er hängt nicht von der Höhe des
tatsächlichen Zugewinns des Verstorbenen ab; diese nur pauschale
Lösung soll Streitigkeiten und Beweislastprobleme bei den Hinter-
bliebenen verhindern.

Der überlebende Ehepartner kann jedoch verlangen, dass anstelle
des pauschalen Zugewinnausgleichs der tatsächliche errechnet wird.
Dann wird – wie auch im Scheidungsfall – die Differenz der Vermögen beider Ehepartner zu Beginn und zum Ende der Zugewinngemeinschaft addiert und durch 2 geteilt.

Tipp | Ein notarieller Ehevertrag regelt den Güterstand individuell.

Der Zugewinnausgleich ist im Scheidungsfall als Barzahlungsan-
spruch kurzfristig zu begleichen. Dies führt oftmals zu unerwar-
teten und belastenden Liquiditätsabflüssen aus dem Unternehmen.
Außerdem müssen beide Ehepartner bei der Übertragung wesentlicher Vermögensteile (also z.B. dem Verkauf des Unternehmens)
die Zustimmung des anderen einholen, ansonsten ist die Übertragung nichtig. Als gesetzlich fixierte Alternative wird Unternehmern

	Ehefrau	Ehemann
Endvermögen bei Scheidung oder Tod eines Ehepartners	5 000 000 €	200 000 €
Anfangsvermögen zu Beginn der ZGG (Eheschließung)	200 000 €	100 000 €
Differenz des Vermögens Gesamter Zugewinn	4 800 000 € 4 900 000 €	100 000 €
Zu zahlen an den Ehemann:	**2 350 000 €**	

Beispiel für die rechnerische Ermittlung des Zugewinnausgleichs

deshalb oftmals die Gütertrennung empfohlen, bei der beide Ehepartner völlig frei und ohne Ausgleichsanspruch mit ihrem Vermögen agieren können. Diese Lösung ist im Todesfall jedoch steuerlich weniger attraktiv, da der steuerfreie Zugewinnausgleich entfällt.

Für Unternehmer ist daher vor allem die modifizierte Zugewinngemeinschaft interessant. Bei dieser Güterstandsregelung bleibt die gesetzliche Regelung grundsätzlich bestehen. Der Zugewinn wird allerdings dahingehend modifiziert, dass einzelne Vermögensgegenstände, z.B. das Unternehmen, aus der Zugewinnberechnung herausgenommen werden oder für den Fall einer Beendigung der Ehe durch Scheidung eine Gütertrennung vereinbart wird. Auf diese Weise kann das Unternehmensvermögen in seinem Bestand gesichert werden.

Die modifizierte Zugewinngemeinschaft

Die modifizierte Zugewinngemeinschaft muss ebenso wie die Gütertrennung im Rahmen eines notariellen Ehevertrags vereinbart werden.

Formulierungsvorschlag für eine modifizierte Zugewinngemeinschaft:

»Wir vereinbaren nunmehr für die weitere Dauer unserer Ehe die Beibehaltung der Zugewinngemeinschaft für sämtliches Privatvermögen beider Ehegatten. Ausgenommen von der Zugewinngemeinschaft bleibt das notwendige, gegenwärtige und zukünftige Betriebsvermögen ...«

Herr Schulte ist verheiratet und hat drei Kinder, eines davon ist minderjährig. Da er keinen Ehevertrag geschlossen hat, lebt er im gesetzlichen Güterstand der Zugewinngemeinschaft. Im Todesfall würden Ehefrau und Kinder seinen Nachlass erhalten. Sie bilden eine sog. Erbengemeinschaft nach folgenden Quoten:
- seine Ehefrau mit 1/2 (inkl. pauschalem Zugewinnausgleich),
- seine Kinder bekommen jeweils 1/6.

Vorsicht bei Erbengemeinschaft

Alle Erben erhalten nicht das Eigentum an einzelnen Vermögensgegenständen. In der Erbengemeinschaft verwalten sie den Nachlass gemeinsam und können auch nur gemeinsam über ihn verfügen. Das hat zur Folge, dass jede Entscheidung einstimmig getroffen werden muss. Verweigert nur einer der Erben seine Zustimmung, können die anderen nicht handeln. Eine mögliche Folge ist die Totalblockierung der Geschäftsführung. Wenn eines der Kinder zudem minderjährig ist, müssen bei vermögensrechtlichen Fragen seine Interessen durch das Vormundschaftsgericht vertreten werden, was die Entscheidung auch über einfache betriebliche Fragestellungen erheblich stören kann.

Tipp

Alle unternehmerischen Entscheidungen sind abhängig von der Einigkeit der Erbengemeinschaft.

Eine Erbengemeinschaft entsteht beim Tod des Erblassers immer dann, wenn mehrere Erben vorhanden sind. Dies geschieht einmal, wenn der Erblasser kein Testament bzw. andere Verfügungen von Todes wegen getroffen hat und mehrere gesetzliche Erben vorhanden sind. Als Folge tritt die gesetzliche Erbfolge ein und der Nachlass wird gemeinschaftliches(!) Vermögen der Erben. Eine Erbengemeinschaft kann auch entstehen, wenn im Testament mehrere Erben eingesetzt werden.

Checkliste

Auswirkungen einer Erbengemeinschaft auf das Unternehmen

✔ Die Erben dürfen nur gemeinsam über die Nachlassgegenstände verfügen.

✔ Jeder Erbe ist gleichzeitig Anteilseigner am Unternehmen und ggf. (gemeinsam mit anderen) zur Geschäftsführung berechtigt.

✔ Auch die Verwaltung des Vermögens (z. B. der Gesellschaftsanteile) steht ihnen nur gemeinschaftlich zu, sofern der Verstorbene nicht etwas anderes bestimmt hat.

✔ Damit die Abhängigkeit der Erben untereinander nicht andauert, kann jeder Miterbe verlangen, dass die Erbengemeinschaft aufgelöst und der Nachlass verteilt wird.

✔ Die Haftungssituation des Erblassers geht auf jeden einzelnen Erben der Erbengemeinschaft über, was z. B. bei Personengesellschaften eine Haftung mit dem gesamten Privatvermögen bedeuten kann.

Die Lösung des Problems ist in den allermeisten Fällen eine Gestaltung der Erbfolge, bei der die Unternehmensbelange im Vordergrund stehen und eine Erbengemeinschaft vermieden wird. Häufig haben Unternehmer jedoch den Wunsch, bei der Regelung ihrer Nachfolge bzw. Erbschaft alle Kinder gleich zu berücksichtigen. Wenn ihr Vermögen eine solche paritätische Lösung nicht hergibt, neigen sie dazu, entweder gar nichts zu entscheiden und zu warten, dass sich das Problem auf »natürliche Weise« löst, oder radikal vereinfachend zu entscheiden, ein Kind in die Unternehmensnachfolge zu drängen.

Dabei ist nicht sachlogisch, dass die anderen Kinder, die nicht die Unternehmensnachfolge antreten, einen mit dem Unternehmen gleichwertigen Erbteil erhalten müssen. Vielleicht gibt es ja noch ein Grundstück, das ihnen übertragen werden könnte, das zwar längst nicht so viel wert ist wie das Unternehmen, doch dafür auch frei von jeglicher Last. Es sollte auch berücksichtigt werden, dass der Übernehmer mit dem Unternehmen zwar einen großen Wert, aber dafür auch eine große Verantwortung und das erhebliche Risiko erbt, diesen Wert wieder zu verlieren. Außerdem – das darf nicht vergessen werden – erbt er auch die Schulden, die in aller Regel in einem Unternehmen vorhanden sind. Die anderen Erben hingegen haben – im Falle des Grundstücks – zwar den auf den ersten Blick weniger wertvollen, doch dafür auch den wesentlich besser kalkulierbareren Teil bekommen.

Nicht um jeden Preis »gerecht« sein

> Mit einem Testament oder Erbvertrag können viele Konflikte von vornherein vermieden werden.

Tipp

Auch wenn es emotional schwierig ist, mit der eigenen Sterblichkeit konfrontiert zu werden: Die Unternehmensnachfolge darf nicht den erbrechtlichen Regelungen des Gesetzgebers überlassen werden. Jeder Unternehmer sollte sich frühzeitig klar machen, wie wichtig es für ihn ist, unverzüglich ein Testament aufzusetzen oder einen Erbvertrag zu schließen. Nur dann kann er selbst bestimmen, wie sein Nachlass verteilt wird, und damit verhindern, dass sein Betrieb durch Erbstreitigkeiten gefährdet ist.

Nachlass regeln

Ein Testament muss nicht zwingend gemeinsam mit einem Notar verfasst werden. Der Unternehmer kann sein Testament auch ganz allein verfassen – der Gesetzgeber spricht dann von einem »eigenhändigen«, auch »privatschriftlich« genannten Testament, das dieselbe Gültigkeit hat wie ein notarielles. Allerdings ist bei komplexen Unternehmensstrukturen fachmännischer Rat notwendig. Für den Notfall reicht ein eigenhändiges Testament in jedem Fall aus, wenn

Privatwirtschaftliches Testament

es die gesetzlichen Formvorschriften (s.u.) erfüllt. Der Inhalt eines Testaments ist jedem Verfasser frei gestellt, so lange er damit nicht gegen die guten Sitten verstößt.

Basis jeder Nachlassregelung sind natürlich die persönlichen Vorstellungen und Ziele des Unternehmers. Die daraus resultierende Verteilung des Vermögens sollte folgende Fragen eindeutig beantworten: **Wer** soll **was wann** und **wie** erhalten? Damit wird Streit bei der Auslegung des letzten Willens verhindert; einzelne Erben können die Regelungen im Testament nicht anfechten. Zwar nicht mehr im Testament enthalten, aber für die konkrete Gestaltung sehr wichtig ist die Frage: Wie viel Erbschaftsteuer ist bei der gewählten Lösung zu zahlen? Und wie kann diese Steuerlast reduziert werden? An dieser Stelle ist nicht mehr nur der Rechtsanwalt oder Notar, sondern auch der Steuerberater des Unternehmers gefragt.

Formvorschriften für ein Testament

Ein gültiges privatschriftliches Testament muss in seinem kompletten Text handschriftlich geschrieben sein. Es reicht nicht aus, ein mit der Maschine geschriebenes Testament nur zu unterschreiben. Diese Unterschrift muss mit Vor- und Nachnamen erfolgen, wobei darauf geachtet werden sollte, dass die Unterschrift das Testament räumlich abschließt; es reicht nicht aus, den Namen nur über das Testament zu setzen. Sofern der letzte Wille mehrere Seiten umfasst, sollten diese nummeriert und zusammengeheftet sein; dann reicht auch die Unterschrift auf der letzten Seite aus. Einzelne lose Blätter müssen auf jeder Seite unterschrieben werden.

Weiterhin muss das Testament mit Ort und Datum versehen sein, damit kein Zweifel an der Aktualität aufkommt. Wenn mehrere Testamente vorliegen, gilt immer das aktuellste. Schreibfehler im privatschriftlichen Testament können vom Verfasser selbst korrigiert werden. Auch Änderungen und Ergänzungen sind möglich, die jedoch in Nachträgen zum eigentlichen Testament erfolgen sollten. Als Aufbewahrungsort kann ein zugänglicher Ort im Privathaus des Verfassers, besser aber noch das Nachlassgericht gewählt werden, um Fälschungen oder einem Verschwinden vorzubeugen.

Beispiel für ein Testament:

Als Erben setze ich zu gleichen Teilen meine Kinder Maria (geb. 3.6.1972) und Markus (geb. 25.11.1976) ein. Mein Unternehmen soll dabei allein von meiner Tochter Maria geleitet werden.

Meine Frau soll als Vermächtnis unser Wohnhaus samt Mobiliar und meine wertvolle Kunstsammlung erhalten. Außerdem erbt sie mein Segelboot Paula III.

Köln, 24.4.2007   Josef Schmitz

Vorteile eines privatschriftlichen Testaments

✔ Es kann schnell errichtet und ergänzt werden.

✔ Es entstehen keine notariellen Kosten für die Errichtung.

✔ Der Aufbewahrungsort ist beliebig, so dass keine Hinterlegungs-
kosten entstehen.

Nachteile eines privatschriftlichen Testaments

✔ Die fachmännische Kontrolle des Testaments fehlt. Es können
rechtsungültige oder zumindest nicht optimale Lösungen entstehen.

✔ Ein Testament, das zu Hause aufbewahrt wird, könnte verlegt werden oder durch die böse Absicht nicht bedachter gesetzlicher Erben
verschwinden.

✔ Wenn ein Grundstück zur Erbmasse gehört, ersetzt ein eigenhändiges Testament nicht den Erbschein. Auch Kreditinstitute verlangen
vielfach einen Erbschein, bevor die Unternehmenskonten für die
Nachfolger freigegeben werden.

✔ In der Regel bleiben die steuerlichen Konsequenzen des Testaments
unberücksichtigt, so können unnötige steuerliche Belastungen
durch den Erbgang entstehen.

Ehepaare – jedoch keine nicht-ehelichen Lebensgemeinschaften
– können ein sogenanntes gemeinschaftliches Testament verfassen,
d. h. in dieser letzten Willensbekundung sind zwei Testamente enthalten. Das gemeinschaftliche Testament muss von Anfang bis zum
Schluss von einem der Ehepartner mit der Hand geschrieben werden, danach wird es mit Ort und Datum versehen und von beiden
Ehepartnern mit Vor- und Zunamen unterzeichnet.

Viele Eheleute haben ein »Berliner Testament« geschlossen. Das
Berliner Testament ist ein gemeinschaftliches Testament der Ehegatten, in dem sie sich gegenseitig als Alleinerben einsetzen. Dritte, in
der Regel die Kinder, erben erst nach dem Tod des letztversterbenden
Ehepartners. Da es sich um ein gemeinschaftliches Testament handelt, kann es nur gemeinsam geändert werden. Die Möglichkeit, dass
der verwitwete Ehegatte das Testament nachträglich ändert, muss
explizit vereinbart werden. Damit wird das Berliner Testament oftmals unflexibel. Außerdem erhöht es die Erbschaftsteuerbelastung,
weil Freibeträge für andere Begünstigte im ersten Erbgang wegfallen und bei zwei Erbgängen die Erbschaftsteuer zweimal anfällt.

Besonderheiten
des »Berliner
Testaments«

> **Beispiel für ein »Berliner Testament«:**
> *Wir setzen uns gegenseitig als Alleinerben ein. Erben des Längst-*
> *lebenden sind unsere gemeinsamen Kinder Maria (geb. 3.6.1972) und*
> *Markus (geb. 25.11.1976).*
> *Köln, 24.4.2007   Josef Schmitz*
>
> *Dies ist auch mein letzter Wille.*
>
> *Köln, 24.4.2007   Annemie Schmitz*

Notarielles Testament

Eine Alternative zum privatschriftlichen Testament – ob nun einer Einzelperson oder eines Ehepaars – ist das notarielle Testament. Inhaltlich ist es mit dem privaten Testament identisch, es wird allerdings notariell beurkundet. Dabei ist es dem Erblasser überlassen, ob er dem Notar seinen letzten Willen mündlich erklärt oder ob er ihm ein vorbereitetes schriftliches Testament übergibt. In jedem Fall wird ein notarielles Testament beim Nachlassgericht (Amtsgericht) hinterlegt.

Checkliste

Vorteile eines notariellen Testaments

✔ Der Notar steht als Fachmann und Zeuge zur Verfügung.

✔ Bei mehreren privatschriftlichen Testamenten ist es mitunter schwierig, das Ausschlag gebende Testament zu finden. Das kann ein notarielles Testament verhindern.

✔ Durch die Verwahrung beim Amtsgericht kann das Testament nicht verloren gehen.

✔ Im Falle eines notariellen Testaments können die Erben die Rechtmäßigkeit ihrer Erbschaft wesentlich schneller nachweisen.

Nachteil eines notariellen Testaments

✔ Durch die Beurkundung und Hinterlegung des Testaments entstehen Kosten.

Vorteile eines Erbvertrags

Eine andere Art, seinen Nachlass zu regeln, hat Herr Fischer gewählt: Er hat gemeinsam mit seinen Erben und Nachlassempfängern einen Erbvertrag aufgesetzt. Wie bei jedem Vertrag haben die Parteien, somit auch Herr Fischer selbst, Rechte und Pflichten, die hieraus resultieren. Erben und Nachlassempfänger wissen im Voraus – und zwar schriftlich fixiert und nicht nur mündlich abgesprochen! –, was sie erhalten werden, so dass Erbstreitigkeiten bereits im Vorfeld unterbunden werden können. Gleichzeitig können mögliche Auflagen oder Bedingungen gemeinsam mit den Parteien ausgehandelt werden. Auf diese Weise wird ihre Einhaltung sichergestellt.

Ein Erbvertrag ist eine elegante Alternative zum Testament mit vielen Gestaltungsmöglichkeiten.

Der Erbvertrag ist auch die richtige Lösung, um als nicht eheliche Lebensgemeinschaft gemeinsame erbrechtliche Verfügungen zu treffen und sich gegenseitig abzusichern. Als nachteilig könnte empfunden werden, dass ein Erbvertrag auch den Erblasser bindet. Ohne Einverständnis des Vertragspartners sind keine Änderungen möglich – es sei denn, im Vertrag ist ein Rücktrittsrecht vereinbart worden.

Ein Erbvertrag ist auf Dauer angelegt und kann nicht durch ein späteres Testament, sondern nur durch gemeinsame Vereinbarungen der Vertragsparteien geändert werden. Er muss von einem Notar beurkundet werden und verursacht dementsprechend Notarkosten.

Für beide Regelungen, Testament wie Erbvertrag, gilt jedoch: Ein Erbe, der nicht oder nicht in Höhe seines ihm gesetzlich zustehenden Teils bedacht wurde, kann sich auf seinen Pflichtteil berufen, der in bar und sofort fällig wird. Der Pflichtteil beträgt die Hälfte des Teils, der dem Erben aufgrund der gesetzlichen Regelung zustünde. Er kann im Testament oder im Erbvertrag in der Regel nicht ausgeschlossen werden. Ausschlussgründe sind lediglich sehr grobe Verfehlungen eines Erben, z.B. Mordversuch oder Körperverletzung an dem Erblasser oder seinen nahen Verwandten. Beruft sich ein Erbe auf seinen Pflichtteil und somit auf den Barabfindungsanspruch, kann die Liquidität des Unternehmens und seine Überlebensfähigkeit gefährdet sein, wenn damit Veräußerungen erzwungen werden. Mit Vorabschenkungen unter Anrechnung auf den Pflichtteil oder der notariellen Vereinbarung eines Pflichtteilsverzichts lassen sich solche Gefahren abwenden.

Pflichtteilsregelungen

Das Pflichtteilsrecht kann durch ein Berliner Testament nicht ausgehebelt werden. Damit ist eine nicht unerhebliche Gefahr für das Unternehmen verbunden, wie das folgende Beispiel zeigt.

Beispiel:
Ein befreundeter Unternehmer von Herrn Fischer hatte mit seiner Ehefrau zwei Kinder, von denen der Sohn das Unternehmen weiterführen sollte. In einem Berliner Testament hatten die Eheleute sich allerdings gegenseitig als Alleinerben eingesetzt. Als der Unternehmer tödlich verunglückte, ergab sich Folgendes: Der Sohn wurde Geschäftsführer und akzeptierte die Aussicht, erst mit dem Tod seiner Mutter die Anteile des Unternehmens zu erhalten. Die Tochter jedoch fühlte sich benachteiligt und berief sich auf ihren Pflichtteil. Die Mutter konnte den Pflichtteil der Tochter nicht aus ihrem Privatvermögen heraus aufbringen. Dies hatte zur Konsequenz, dass das Unternehmen verkauft werden musste.

Checkliste

Wichtige Punkte für die Erstellung eines Unternehmer-testaments

✔ Die gesetzlichen Formvorschriften sind bei der Errichtung eines rechtsgültigen Testaments zu beachten.

✔ Ein Testament kann nicht zu früh, sondern nur zu spät verfasst werden. Vor allem für Unternehmer ist die Regelung für den Not- bzw. Todesfall eine unabdingbare Maßnahme zur Sicherung des Unternehmenserhalts.

✔ Die Erstellung des Testaments sollte neben den betrieblichen Belangen auch Steuer- und Rechtsfragen berücksichtigen.

✔ Pflichtteilsansprüche sollten von Anfang an einkalkuliert und gegebenenfalls vorzeitig abgelöst werden.

✔ Wenn es um die Absicherung des Ehepartners geht, muss auch der Güterstand berücksichtigt werden.

✔ Testament, Ehe- und Gesellschaftsverträge müssen auf jeden Fall miteinander harmonisiert werden, um die Handlungsfähigkeit des Unternehmens abzusichern.

✔ Damit das Testament immer auf dem aktuellsten Stand ist, sollte es einmal im Jahr überprüft werden. Das gilt vor allem für das »Berliner Testament«, das für Unternehmensübergänge eher ungeeignet ist.

✔ Das Testament ist kein geheimes Dokument: Sein Inhalt wie auch sein Aufbewahrungsort sollten bekannt sein, um Missverständnisse und Konflikte zu vermeiden. Auch der Übernehmer sollte wissen, woran er ist.

1.1.3.3   Die finanzielle Situation

Bei einer Unternehmensübertragung ist die private Vermögens-situation ein entscheidender Faktor, da sie ausschlaggebend für die finanzielle Zukunft des Übergebers und seiner Familie ist. In der Regel fallen die Einkünfte aus der unternehmerischen Tätigkeit mit der Eigentumsübertragung weg. Bisherige Annehmlichkeiten wie z. B. der Firmenwagen oder das Handy müssen nunmehr privat finanziert werden. In Umfragen des Instituts für Mittelstandsfor-schung Mannheim geben 16,3 % der Unternehmer an, mit dem Kauf-preis für das Unternehmen könne die Altersvorsorge **nicht** sicher gestellt werden. Das bedeutet, dass beinahe jeder sechste Unter-nehmer sein Unternehmen allein schon aus finanziellen Gesichts-punkten nicht so einfach übertragen kann. Daher muss im Vorfeld geklärt werden, wie zukünftige Ausgaben finanziert werden sollen. Erschreckend viele Unternehmer und Unternehmerinnen können diese Frage nicht beantworten. Sie haben für und von ihrem Betrieb gelebt und jeden Euro in das Unternehmen investiert; ihre Alters-

Finanzen überprüfen

Altersvorsorge geregelt?

vorsorge haben sie jedoch sträflich vernachlässigt. Es fehlt vielfach allein schon das Wissen, welche Beträge heute zum Leben benötigt werden.

Auch Herr Schulte weiß, dass er in diesem Punkt bisher etwas nachlässig gewesen ist. Um so wichtiger, dass er nun einmal seine künftigen Einnahmen seinen zukünftig zu erwartenden Ausgaben gegenüber stellt und die Deckungslücke ermittelt, die mit der Übergabe geschlossen werden muss.

Eine Aufstellung seiner Einnahmen und Ausgaben könnte z. B. wie folgt aussehen:

Monatliche Einnahmen	
gesetzliche Rente	500 €
private Versicherungen	200 €
Pacht- oder Mieteinnahmen	550 €
Beraterhonorare/sonstige Tätigkeiten	150 €
Kapitalerträge ohne Kaufpreis des Unternehmens	50 €
sonstige Einnahmen	150 €
Summe	**1 600 €**

Ermittlung der Versorgungslücke

Monatliche Ausgaben	
Ernährung/Kleidung/Gesundheit	900 €
Auto und Transport	250 €
Möbel und Renovierungen	100 €
Mietzahlungen/Nebenkosten	250 €
Tilgung oder Zins für private Darlehen	150 €
Versicherungsbeiträge	120 €
Steuern	60 €
sonstige Ausgaben	120 €
Reserve für private Ausgaben	200 €
Summe	**2 150 €**

Den Eheleuten Schulte fehlen zur Finanzierung ihrer Ausgabenwünsche monatlich rund 550 €. Bis zur Übergabe sollte geklärt werden, wie dieser Betrag finanziert werden kann, oder ob Schultes Abstriche bei ihren zukünftigen Ausgaben in Kauf nehmen müssen.

In den wenigsten Fällen bezieht ein Unternehmer Einkünfte aus der gesetzlichen Rentenversicherung. Darüber hinaus sind sie in der Regel zu gering, so dass ergänzende Einnahmequellen erschlossen werden müssen. Ist eine Betriebsrente vereinbart worden, muss im Rahmen der Bestandsaufnahme überprüft werden, ob die Höhe dieser Zusage auch tatsächlich den Bedürfnissen des Übergebers entspricht.

Absicherung von Rentenzahlungen

Sicherstellung der Finanzierbarkeit von Pensionen

Außerdem sollte vor einer Übergabe geklärt werden, dass langfristig die vereinbarte Pension auch gezahlt werden kann. Häufig werden diese Mittel im Laufe der Jahre genutzt, um z. B. Investitionen zu finanzieren – und später gerät in Vergessenheit, mit welchen Mitteln beispielsweise die neue Druckmaschine bezahlt worden ist. Das finanzielle Polster ist damit zu gering, und es folgt ein böses Erwachen, wenn der (Alt-) Unternehmer Anspruch auf seine Pension erhebt. Es gibt nur wenige Unternehmen, die so gut da stehen, dass sie diese Zahlungen aus dem laufenden Cash-Flow problemlos leisten können. Für viele Betriebe würde dies Einschnitte in die Liquidität bedeuten, die die Existenz gefährden können.

Der Übergeber gerät dadurch in eine Zwickmühle: Einerseits ist es nicht sein Wunsch, dem Unternehmen durch seine Forderungen notwendige Liquidität zu entziehen; andererseits ist er auf die vereinbarte Altersvorsorge angewiesen. Um hier noch rechtzeitig gegensteuern zu können, sollte die Pensionszusage langfristig abgesichert werden.

Abschluss einer Versicherung

Idealerweise ist eine Versicherung abgeschlossen worden, die dafür sorgt, dass das Kapital für die Altersvorsorge aus dem Unternehmen abfließt und extern sicher angelegt wird. Verfügt der Übergeber bereits über eine solche Versicherung, sollte er zur Vorsicht noch einmal kontrollieren, ob die Höhe der zurück gelegten Beträge auch ausreichend ist.

Tipp

> Ohne Vorsorge steht und fällt das zukünftige Einkommen des Übergebers mit der Form der Übertragung. Aus dem Kaleidoskop der möglichen Übergabealternativen ist dann diejenige zu wählen, die dem bisherigen Inhaber die Sicherstellung seiner finanziellen Wünsche möglichst weitgehend gewährleistet.

1.1.3.4   Die bisherigen Regelungen

In eine Bestandsaufnahme müssen auch bisher schon getroffene Regelungen für die Übertragung einfließen. Ist der vorgesehene Nachfolger schon in den Betrieb eingestiegen? Ist der gemeinsame weitere Weg bis zum endgültigen Ausscheiden des Übergebers geregelt worden? Sind bereits Anteile an den oder die Nachfolger übertragen worden? Sind bereits Vorkehrungen für den Alterswohnsitz getroffen worden? Gibt es bereits ein Testament, welches auch die Übergabe des Betriebs betrifft? etc.

Derartige Teillösungen können bei der strukturierten Nachfolgeregelung leicht zum Bumerang werden. Vielleicht entspricht ja schon heute einiges nicht mehr den Zielsetzungen, die mit der Übergabe des Unternehmens verfolgt werden. Insbesondere müssen die steuerlichen Auswirkungen einst getroffener Verträge und Gestaltungen regelmäßig überprüft werden und sich nahtlos in das gesamte Übergabekonzept einfügen.

Wohin die fehlende Kongruenz verschiedener Verträge führen kann, zeigt das folgende Beispiel:

Ein Unternehmer, der in der selben Branche wie Herr Fischer tätig war, hatte mit seiner Ehefrau zwei Töchter, von denen die ältere das Unternehmen weiterführen sollte. In einem Berliner Testament hatten die Eheleute sich gegenseitig als Alleinerben eingesetzt. Als der Unternehmer tödlich verunglückte, ergab sich folgendes: Da der Gesellschaftsvertrag nur leiblichen Abkömmlingen des Gründungsgesellschafters den Eintritt ins Unternehmen ermöglichte, wurde seine Witwe zwar Alleinerbin, konnte aber nicht in das Unternehmen eintreten. Dies wäre nur den Töchtern vorbehalten gewesen, die allerdings wiederum nicht Erben waren. Das fatale Ergebnis: Die Mutter wurde nach der im Gesellschaftsvertrag festgelegten Buchwertabfindungsklausel mit nur 30 % des Verkehrswerts abgefunden; die Anteile am Unternehmen gingen in die Hände der anderen Inhaber über.

Im Rahmen einer Bestandsaufnahme sollte der Übergeber alle bisherigen Regelungen sorgfältig prüfen und deren Auswirkungen in das aktuelle Nachfolgekonzept einbeziehen.

1.1.4   Zusammenfassende Checkliste »Der Übergeber«

Folgende Fragen sollte ein Unternehmer im Vorfeld seiner Nachfolgeregelung auf jeden Fall klären:

✔ Wie verbringe ich meine Freizeit? Welche Hobbies habe ich?
✔ Wie kann ich mein Leben in Zukunft gestalten? Was plane ich für die Zeit nach der Unternehmensübergabe?
✔ Habe ich Regelungen für den Notfall getroffen?
✔ Wie ist der Güterstand in meiner Ehe geregelt?
✔ Gibt es einen Erbvertrag/ein Testament?
✔ Sind vorhandene Pflichtteilsansprüche berücksichtigt worden?
✔ Sind die ehe- und erbrechtlichen Regelungen mit dem Gesellschaftsvertrag abgestimmt?

✔ Sind die Regelungen der heutigen Situation angepasst? Gibt es Alternativen?

✔ Wie ist meine finanzielle Situation (Regelung der Altersvorsorge, Gegenüberstellung der Einnahmen und Ausgaben)?

✔ Wie sehe ich meine Rolle im Unternehmen? Kann das Unternehmen auch ohne meine tägliche Anwesenheit existieren?

✔ Auch wenn ich noch nicht morgen übergeben möchte: Bin ich bereit, über meine Unternehmensnachfolge nachzudenken?

✔ Welche unternehmerischen Ziele verfolge ich mit der Übergabe? (Zeitbedarf, Nachfolger/in, bisherige Vorbereitungen, die fünf »**W**'s«: **W**er übergibt **w**as **w**ann und **w**ie an **w**en?)

✔ Gibt es bereits einen Nachfolger?

✔ Gibt es für meine potenziellen Nachfolger ein Anforderungsprofil?

1.2   Der Nachfolger

Das ist der Traum eines Unternehmers: Er gründet seinen Betrieb, expandiert, führt ihn erfolgreich durch Krisen, und nach langjährigem Berufsleben übergibt er das Zepter an seinen Sohn. Dieser übernimmt das Unternehmen freudig, führt es traditionell weiter, hält den Namen seines Vaters in Ehren und übergibt die Firma nach gebührender Zeit an seinen Sohn, den Enkel des Firmengründers. Dieser ist sich der Ehre voll bewusst, ändert nur wenige Dinge, modernisiert und übergibt das Unternehmen zur rechten Zeit an seinen Sohn, der wiederum ... So könnte es – Kinderreichtum vorausgesetzt – unendlich weitergehen.

Beweggründe für die Übernahme

Die Sicht des Übernehmers ist oftmals eine ganz andere. Da gibt es jene, die das Unternehmen ihrer Eltern übernehmen könnten, aber nicht wollen. Und dann wieder andere, die ein Unternehmen als externer Nachfolger übernehmen wollen, jedoch z.B. aus finanziellen Gründen nicht können. Diese Beispiele zeigen es bereits: Die familieninterne und die familienexterne Nachfolge folgt ganz unterschiedlichen Regeln. Auf der einen Seite spielen Jahre lang eingeübte Verhaltensmuster eine entscheidende Rolle und komplexe Eltern-Kind-Emotionen, die mit unternehmerischem Denken und Handeln nur allzu oft nichts zu tun haben. Auf der anderen Seite stehen in der Regel die Aspekte eines Unternehmenskaufs und ihre unterschiedlichen Implikationen im Vordergrund.

In beiden Fällen muss sich der Übernehmer allerdings vor allem über eines klar sein: Will ich dieses spezielle Unternehmen übernehmen und kann ich es überhaupt? Erst danach stellt sich die Frage nach dem Wie und dem Wann. Sind mehrere Nachfolger vorhanden, so muss sich im Vorfeld jeder Einzelne diese Frage beantworten, bevor über die Aspekte der Zusammenarbeit und Aufgaben- sowie Anteilsverteilung nachgedacht wird.

1.2.1   Der »geborene« Nachfolger

Natürlich gibt es solche Unternehmen wie im obigen Beispiel geschildert. Doch sie sind die Ausnahmen. Und auch dort waren die Übergaben nicht immer konfliktfrei, doch sie wurden zum Wohle des Unternehmens gelöst. Nach Untersuchungen des Instituts für Mittelstandsforschung Bonn wurden in den letzten Jahren nur insgesamt ca. 43 % der Unternehmensnachfolgen in Familienbetrieben auch familienintern geregelt – mit sinkender Tendenz. Dabei schwankt diese Zahl stark mit der Unternehmensgröße. Während bei Unternehmen zwischen ca. 50 und 250 T€ Umsatz die Anzahl der familieninternen Übergaben lediglich bei 35 % liegt, sind es bei Unternehmen zwischen ca. 2,5 und 12,5 Mio. € Umsatz immerhin 60 %, die in der Familie übertragen werden.

Sinkende Zahl der Familiennachfolgen

Die Gründe für die sinkende Anzahl an familieninternen Nachfolgen sind vielschichtig. Im privaten Gespräch geben die potenziellen Erben schnell zu, warum sie sich nicht für eine Übernahme interessieren: »In Vaters Unternehmen dann immer zu hören kriegen: ›Das war schon immer so!‹ oder ›Bei Ihrem Vater war alles besser?‹ – Nein danke!«. Die Dominanz der Eltern ist jedoch nur einer der Gründe für mangelndes Interesse. Häufig sind die Kinder auch von der Arbeitsbelastung der Eltern abgeschreckt. Wer sein ganzes Leben lang erfährt, dass der Vater 60 Stunden pro Woche arbeitet, kaum Freizeit hat und dadurch gesundheitliche Probleme auftreten, der wird sich fragen: »Will ich mir das auch antun?«

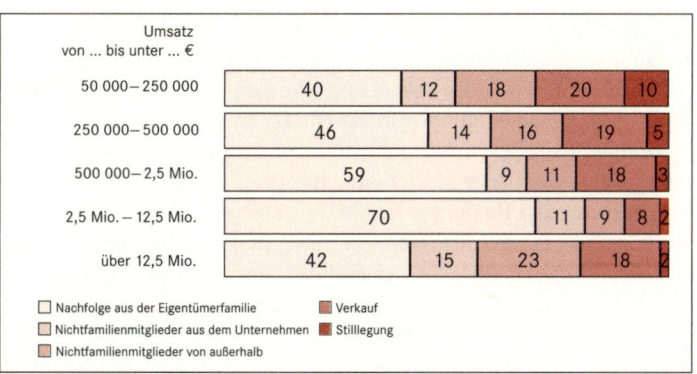

Abb. 3: Anzahl familieninterner/-externer Übergaben
Quelle: IfM Bonn, 2007

Bedenken
der Nachfolger

Mitunter resultiert die ablehnende Haltung der Kinder auch aus den eher unbefriedigenden Ertragsaussichten des Unternehmens. »Wieso sollte ich das Unternehmen führen, wenn ich woanders mit weniger Aufwand mehr Geld – und das auch noch erheblich risikoärmer – verdienen kann?« Der Anteil familieninterner Nachfolgen ist bei Unternehmen mit Größerem Umsatz deshalb auch tendenziell Größer. Dies liegt unter anderem daran, dass die Betriebsergebnisse in großen Unternehmen vielfach höher ausfallen als in kleineren Betrieben. Größere Unternehmen sind für potenzielle Nachfolger nicht nur deshalb attraktiver.

Ein weiterer Grund, dass Kinder das Unternehmen nicht übernehmen wollen, ist der Aufbau einer eigenen Existenz. Viele junge Leute haben das Gefühl, sich nur »in das gemachte Nest zu setzen«, wenn sie das Unternehmen ihrer Eltern übernehmen. Häufig spielt dabei auch die Angst mit, von den Mitarbeitern nur als »der Sohn« oder »die Tochter« betrachtet zu werden.

Herr Fischer hat seine Nachfolgerin in der Familie gefunden: Während sein Sohn ein gefragter Performance-Künstler ist, hat sich Tochter Elke bereits frühzeitig für die Belange des elterlichen Betriebs interessiert. Auch die Entscheidung, eines Tages in die Fußstapfen ihres Vaters treten zu wollen, ist schon früh gefallen, was diesen sehr freut. So hat sie nach dem Abitur eine Ausbildung in einem befreundeten Unternehmen absolviert und während des Studiums in der väterlichen Firma gejobbt, um »den Laden von innen kennen zu lernen«. Trotzdem möchte sie zunächst zwei Jahre in einem anderen Unternehmen weitere Berufserfahrungen sammeln. Sie hofft, dadurch den letzten Schliff zu bekommen, um in den Betrieb einzusteigen und nach und nach mehr Aufgaben und Verantwortung übernehmen zu können.

Nachfolge
kann man nicht
erzwingen

Immer noch werden Unternehmerkinder, vor allem erstgeborene Söhne, dazu gedrängt, eines Tages den Betrieb zu übernehmen – bisweilen können sie sich kaum dagegen entscheiden. Sie wählen die Berufsausbildung, die sie für ihren Eintritt ins Unternehmen brauchen, auch wenn sie nicht ihren Neigungen entspricht. Vor allem wenn Vater oder Mutter ein autoritäres Rollenverständnis vom Betrieb mit nach Hause nehmen, fällt es schwer, sich zu behaupten. Doch gerade diese Unternehmerkinder sind für ihre unternehmerischen Aufgaben schlecht vorbereitet: Sie vermeiden Konflikte und haben nicht gelernt, eigene Zielvorstellungen zu verwirklichen.

Kinder aus Unternehmerfamilien sollten sich deshalb die Frage stellen, was sie ohne die Option »elterliches Unternehmen« gelernt oder studiert hätten. Wenn die geplante Übernahme lediglich der Erwartungshaltung der Familie und nicht der eigenen Zielsetzung des Nachfolgers entspricht, sollte dies in einem offenen Gespräch zwischen den Generationen auch thematisiert werden. Denn: Wenn der Nachfolger einen anderen Berufswunsch hat, wird sich dies zwangsläufig auf seine Arbeit und damit auch auf die Zukunft des Unternehmens auswirken. Das Wohl des Unternehmens wird dann besser durch einen familien-externen Nachfolger gesichert, der den Betrieb auch wirklich führen möchte, als durch einen familieninternen Nachfolger, der zur Übernahme mehr oder weniger gezwungen wird.

Abklären der Berufswünsche

1.2.2   Die familienexterne Nachfolge

Herr Schulte hat nicht so viel Glück wie Herr Fischer. Zwar sähe auch er es gerne, wenn eines seiner Kinder das Unternehmen übernähme, doch zu seinem großen Bedauern ist das Interesse eher gering, obwohl entsprechende Qualifikationen vorhanden sind. So wie Herrn Schulte geht es heute vielen Unternehmern. Die Gründe für externe Nachfolgen sind vielfältig, wie die folgende Darstellung zeigt.

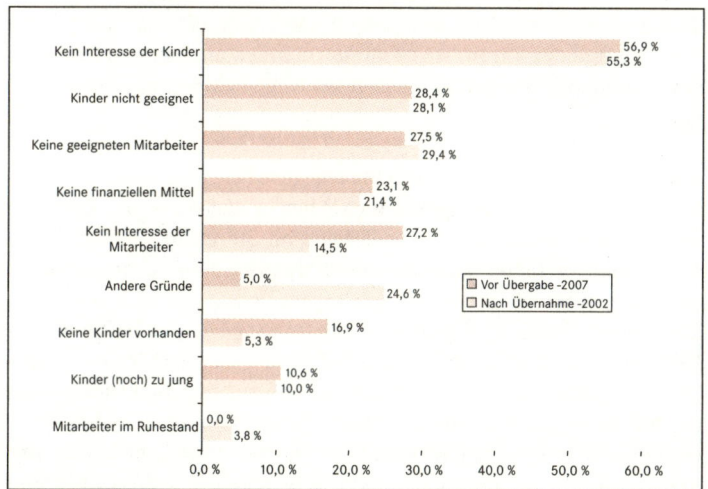

Abb. 4: Gründe für externe Unternehmensnachfolgen
Quelle: IfM Mannheim, 2003

Der Hauptgrund ist fehlendes Interesse der Kinder; in knapp 30 % der Fälle sind Kinder oder Mitarbeiter nicht geeignet, die Nachfolge im Unternehmen anzutreten. Die Gründe dafür liegen nicht selten auch beim Übergeber. Dieser versäumt es allzu oft, sich frühzeitig einen Kronprinzen heranzuziehen, ihn mit Weiterbildungsmaßnahmen außerhalb des Unternehmens zu qualifizieren und ihm innerhalb des Unternehmens als Lehrer und Ratgeber zur Verfügung zu stehen.

Doch wo ist ein familienfremder Nachfolger zu finden? Die Suche kann im familiären Umfeld des Unternehmers beginnen und dann sukzessive ausgeweitet werden. Möglichkeiten können sich bieten:

- im Freundes- oder Bekanntenkreis,
- im Kreise der Mitarbeiter, von denen ein einzelner oder ein ganzes Team die Nachfolge antreten könnte,
- unter den Kunden und Lieferanten
- und natürlich auch bei der Konkurrenz.

Nachfolgebörsen

Außerdem kann der Übergabewunsch in eine Unternehmensbörse eingestellt werden. Diese Börsen – z.B. bundesweit über die Initiative Nexxt-Change bieten die Möglichkeit, über das Internet selbst nach potenziellen Nachfolgern zu recherchieren. Unternehmensbörsen sollen Übergeber und Nachfolger vor allem über regionale Grenzen hinweg zusammen führen. Sie bieten die Möglichkeit, über Kammern, Sparkassen und Banken ein Inserat aufzugeben und somit den Betrieb in anonymisierter Form bundesweit vorzustellen. Personen, die an einer Übernahme interessiert sind, können in der Börse ihre Vorstellungen zu ihrem Wunschunternehmen äußern und nach den gewünschten Kriterien mit passenden Unternehmen in Kontakt treten.

1.2.3 Neugründung oder Übernahme?

Neu gründen ...

Wer an die Selbstständigkeit denkt, hat in den meisten Fällen die Gründung eines neuen Unternehmens im Sinn. Für die Verwirklichung eigener Ideen bietet die Neugründung eines Unternehmens auch den Größten Gestaltungsspielraum. Viele kleine Unternehmen sind gerade durch pfiffige Ideen, ihre große Beweglichkeit und ihre Fähigkeit zur Innovation erfolgreich. Mit einer »schlanken« Neugründung können Existenzgründer schnell auf sich ändernde Trends am Markt reagieren. Um ein Unternehmen neu zu gründen, wird tendenziell weniger Kapital eingesetzt als bei einer Übernahme. Das Risiko, das der Gründer mit seinem Schritt in die Selbstständigkeit eingeht, bleibt demnach überschaubar. Darüber hinaus muss er vorerst nur für sich selbst sorgen: Bei einer Neugründung ist die Mitarbeiter-Verantwortung in der Anfangsphase noch gering.

Herausforderung: Markteroberung

Die größte Herausforderung für ein neu gegründetes Unternehmen ist die Eroberung eines Marktes. Selbst wenn die Gründungsidee überzeugt, muss sich das Unternehmen erst einen Namen machen. Hier scheitern viele Gründer, weil sie sich nicht gegen die etablierten Kräfte am Markt durchsetzen können. Weitere Schwierigkeiten sind im Umgang mit Behörden zu überwinden. Viel Papier muss mit viel Energie bewegt werden, um an die entsprechenden Genehmigungen und Zusagen zu gelangen. Noch besser muss der

Businessplan sein: Kreditinstitute finanzieren nur überzeugende und professionell ausgearbeitete Gründungskonzepte.

Schließlich entstehen in der Anfangsphase häufig unerwartet mehr Ausgaben als Einnahmen. Ein Existenzgründer benötigt also gute Nerven und vor allem ausreichendes Startkapital, um auch in den mageren Monaten nach dem Start in die Selbstständigkeit zahlungsfähig zu bleiben. Nur wer in dieser Phase durchhält, kann sich dauerhaft am Markt durchsetzen.

Aber warum bei Adam und Eva anfangen, wenn doch bereits alles vorhanden ist, fragen sich diejenigen Existenzgründer, die sich den Sprung in die Selbstständigkeit auch mit einer Unternehmensübernahme vorstellen können. Standort, Kunden und Lieferanten existieren bereits und müssen nicht erst – wie bei einer Neugründung – mühsam aufgebaut werden.

Unternehmensübergabe	Neugründung
Vorteile:	**Nachteile:**
◦ Märkte sind bereits vorhanden, müssen nicht mit viel Aufwand erschlossen werden	◦ Markt muss erst erschlossen werden
◦ Unternehmen bereits positioniert	◦ Positionierung des Unternehmens braucht langen Atem (auch finanziell)
◦ vorhandener Kundenstamm	◦ noch keine Kunden
◦ vorhandene Produktpalette	◦ kein differenziertes Produktprofil
◦ erfahrener Mitarbeiterstamm	◦ Lieferanten und Geschäftspartnersuche ist aufwendig
◦ Netz von Lieferanten und Geschäftspartnern vorhanden	◦ Anfängerfehler kosten Zeit und Geld
◦ Know-how des Altinhabers wichtiges Kapital	◦ häufig »Chaos des Anfangs«
◦ eingespielte interne Abläufe	◦ Einschätzung der Perspektiven sehr schwierig
◦ Chancen und Risiken aufgrund von Erfahrungswerten besser abschätzbar	◦ trotzdem muss überzeugender Business-Plan her, um bei der Prüfung durch die Bank zu bestehen und Kredite zu erhalten
◦ konkrete Zahlen für die Unternehmensplanung	◦ geringere Ertragschancen bei gleichzeitig hohen Ausgaben in der Anfangsphase
◦ Bonitätsprüfung für Kreditinstitute einfacher	
◦ höhere Ertragschancen von Anfang an	
Nachteile:	**Vorteile:**
◦ fest gefahrene Strukturen	◦ neue Geschäftsideen in der Regel realisierbar
◦ Startprobleme des »Neuen« durch Mitarbeiter und Kunden	◦ Neugründungen sind maßgeschneidert
◦ Dominanz des Altinhabers	◦ großer Gestaltungsspielraum, um flexibel auf Kundenwünsche zu reagieren
◦ veraltete Produkt- und Leistungspalette	◦ Trumpfkarte »Fähigkeit zur innovativen Investition«
◦ längere Zeit keine Investitionen in Modernisierungsmaßnahmen	◦ geringerer Kapitalbedarf
◦ höherer Kapitalbedarf	◦ geringeres Risiko
◦ höheres Risiko	◦ Verantwortung für selbst gewählte Mitarbeiter
◦ Verantwortung für bestehenden Mitarbeiterstamm	

Neugründung und Übernahme im direkten Vergleich

Tipp

Eine Unternehmensübernahme ist eine interessante Alternative zur Neugründung.

... oder übernehmen?

Die Unternehmensübernahme ist in der Tat ein aussichtsreicher Einstieg in die Selbstständigkeit – aus vielerlei Gründen. Nicht unterschätzt werden dürfen die immensen Vorteile der bereits vorhandenen Strukturen: Wer ein Unternehmen übernimmt, kann auf ein Unternehmenskonzept zurückgreifen, das sich in der Praxis bewährt hat. Das Unternehmen hat bereits einen eingeführten Namen; Standort, Produkte, Absatzmärkte und vor allem ein Kundenstamm sind schon vorhanden. Auch ein Team von erfahrenen Mitarbeitern, das in erprobten organisatorischen Abläufen zusammen arbeitet, erleichtert den Einstieg in die Selbstständigkeit. Gleiches gilt für bereits vorhandene Lieferantenbeziehungen und das Netz von Geschäftspartnern, mit denen der Betrieb in der Vergangenheit erfolgreich gearbeitet hat.

Außerdem gibt es konkrete Unternehmenszahlen. Vorliegende Bilanzen und Gewinn- und Verlustrechnungen geben Auskunft über die Wirtschaftlichkeit des Unternehmens und sind zugleich die verlässliche Basis für die weitere Planung. Konsequenz: Das Kreditinstitut, das das Unternehmen ohnehin als Kunden behalten möchte, wird das auf diese Weise fundierte Finanzierungskonzept des Übernehmers bei der Bonitätsprüfung besser beurteilen können.

Probleme bei der Übernahme

Natürlich können auch bei der Unternehmensübernahme Probleme auftauchen. Längst nicht jeder Betrieb ist dazu geeignet, übernommen zu werden. Doch wenn der zur Übernahme anstehende Betrieb gründlich analysiert wird, können mögliche Gefahren in aller Regel erkannt und gebannt werden.

War der alte Inhaber in seinem Unternehmen z.B. sehr präsent, sieht sich der »Neue« unter Umständen einigen Herausforderungen gegenüber: Kunden und Mitarbeiter akzeptieren den neuen Chef nicht; der Übergabeprozess gestaltet sich schwierig, da sich der »Alte« nach wie vor in alles einmischt und dadurch Betriebsabläufe stört oder verzögert. Hier helfen frühzeitige Absprachen, die die Zuständigkeiten klar regeln.

Ältere Unternehmen sind mitunter nicht auf dem neusten Stand. Eine veraltete Produkt- oder Leistungspalette, starre und ineffiziente Organisationsabläufe oder unzureichende Modernisierungsinvestitionen in den letzten Jahren (Maschinen, EDV-Ausrüstung etc.) – alle diese Aspekte müssen bei der Beurteilung des Betriebs im Vorfeld der Übernahme kritisch überprüft werden.

Schließlich darf auch bei einem florierenden, reibungslos zu übernehmenden Unternehmen nicht vergessen werden: Ein solches Unternehmen hat seinen Preis. Der Übernehmer bzw. seine Geldgeber müssen mehr Kapital aufbringen als bei einer (kleineren) Neugründung. Außerdem muss der Nachfolger der Aufgabe gewachsen sein, (Führungs-)Verantwortung für etliche Mitarbeiter zu übernehmen.

Auch eine Preisfrage!

Wie der Zufall es will, spielt ein Mitarbeiter von Herrn Schulte mit dem Gedanken einer Existenzgründung. Der 35-jährige Herr Albrecht ist verheiratet und Vater von zwei kleinen Kindern. Er hat nach dem Abitur mehrere Semester BWL studiert, das Vordiplom erworben, sich während des Hauptstudiums jedoch entschlossen, das Studium an den Nagel zu hängen (»War mir alles zu theoretisch.«). Stattdessen machte er eine Ausbildung und blieb nach der Gesellenprüfung zwei weitere Jahre im Ausbildungsbetrieb. Anschließend wechselte er in den Betrieb von Herrn Schulte.

Mitarbeiter als Nachfolger

Als seine Freunde und ehemaligen Kommilitonen nach ihren Examina in große Konzernen einstiegen, begann Herr Albrecht, an seiner Entscheidung zu zweifeln. Die anderen machten Karriere, während er als Geselle arbeitete! Aus diesem Grund besuchte er die Meisterschule, die er erfolgreich abschloss. Den Traum vom eigenen Betrieb verlor er zwar nie aus den Augen, scheute aber bislang vor einer Entscheidung zurück. Nun ergibt sich für ihn mit der möglichen Übernahme eine unerwartete Chance.

Die Entscheidung für eine Übernahme als die leichtere Form der Existenzgründung ist sicher der falsche Weg. An dieser Stelle müssen die Vor- und Nachteile beider Existenzgründungsformen sorgfältig gegeneinander abgewogen werden. Es stellt sich zunächst die grundsätzliche Frage, ob das Unternehmen, das zur Übernahme ansteht, überhaupt den Vorstellungen des Nachfolgers entspricht. Bietet es ihm die Möglichkeiten, die er sich wünscht? Wäre Herr Albrecht beispielsweise im Unternehmen so akzeptiert, dass er von seinen Kollegen nicht mehr als Mitarbeiter, sondern als Chef respektiert wird?

Das passende Unternehmen finden

Checkliste

- ✔ In welcher Branche möchte ich tätig sein?
- ✔ Möchte ich Produkte oder Dienstleistungen verkaufen?
- ✔ Möchte ich produzieren oder handeln?
- ✔ Massen- oder Spezialmärkte – wen will ich bedienen?
- ✔ Will ich es in erster Linie mit Menschen oder eher mit Maschinen zu tun haben?
- ✔ Sollen meine Kunden Unternehmen oder Endverbraucher sein?
- ✔ Möchte ich den direkten Kontakt zum Kunden?

✔ Welche Rechtsform passt am besten zu meinem Vorhaben?

✔ Welchen Standort bevorzuge ich? Will ich regional, national oder international tätig sein?

✔ Ziehe ich traditionelle Vertriebswege vor oder sollen meine Leistungen auch online angeboten werden?

✔ Bin ich an High-Technology interessiert oder eher konservativ orientiert?

✔ Wie viel Arbeitszeit pro Woche möchte ich in den Betrieb investieren?

✔ Möchte ich die Arbeit tendenziell lieber selber erledigen oder suche ich mir einen Bereich, in dem ich viel delegieren kann?

1.2.4 Die Qualifikation für die Übernahme

Unternehmerpersönlichkeit

Die Persönlichkeit des Unternehmers ist einer der zentralen Erfolgsfaktoren für mittelständische Betriebe, die davon in weitaus stärkerem Maße als Großunternehmen geprägt sind. Trotz guter Ausbildung und umfangreicher Berufserfahrung steht Herr Albrecht daher vor der Frage: Bin ich wirklich ein Unternehmertyp, und werde ich die Übernahme schaffen? Klar ist: Den Prototyp eines Nachfolgers gibt es nicht; in jedem Unternehmen sind andere Qualifikationen gefragt. Übergeber und Übernehmer sollten deshalb gemeinsam ein Qualifikationsprofil erstellen, das mit den Anforderungen des Betriebs an den Nachfolger verglichen werden kann. Bei mehreren Nachfolgern ist es vielleicht möglich, die Schwächen eines Nachfolgers durch Stärken eines weiteren Nachfolgers auszugleichen, in dem die zukünftigen Aufgaben je nach Begabung und Qualifikation aufgeteilt werden.

Tipp

Das Qualifikationsprofil unterscheidet fachliche, unternehmerische und persönliche Fähigkeiten und Potenziale.

Das Anforderungsprofil

Fachliches Wissen meint zunächst die kaufmännisch-betriebswirtschaftlichen Kenntnisse. Hinzu kommen selbstverständlich die Techniken, Verfahren, Methoden usw., die für die Ausübung der angestrebten Tätigkeit benötigt werden. Unter Umständen ist ein schriftlicher Nachweis dieser Qualifikationen als Bedingung an die Übernahme geknüpft. Fachliche Voraussetzungen für eine Übernahme sind prinzipiell erlernbar. Mängel können durch Berufserfahrung, Praktika, Seminare, ein Studium oder spezielle Kurse beseitigt werden.

Mit persönlichen Voraussetzungen sind diejenigen Fähigkeiten gemeint, die eine Führungskraft im Allgemeinen mitbringen sollte. Ein Nachfolger muss körperlich in der Lage sein, die Belastungen einer Übernahme zu bewältigen. Soziale Kompetenz, Selbstorganisation und Verhandlungsgeschick kommen hinzu. Defizite im Bereich des persönlichen Potenzials können durch Training abgebaut werden, wenn auch nur in gewissen Grenzen. Der Grundstock für viele Verhaltensweisen und Fähigkeiten wird bereits im Elternhaus gelegt oder später im Berufsleben erlernt.

Unternehmerisches Können umfasst die Bereitschaft und vor allem die Fähigkeit, ein Unternehmen verantwortlich und mit Weitsicht zu führen. Visionen zu entwickeln und eine Vorstellung davon zu haben, welchen Weg das Unternehmen in der Zukunft gehen soll, gehören zu den Kernkompetenzen in diesem Bereich. Ergänzend sollte auch nach den Perspektiven für die Zukunft gefragt werden: Was macht der Übergeber bisher, und welche Aufgaben müsste der Übernehmer in Zukunft zusätzlich abdecken können? Wo gibt es Handlungs- und Planungsspielräume? Unternehmerisches Können ist nicht erlernbar. Faktoren wie die Risikobereitschaft oder das Führungspotenzial sind erblich oder bereits in früherer Kindheit angelegt und nur in engen Grenzen abänderbar.

Im Idealfall sind sich die Übertragungspartner darüber einig, welche Anforderungen sogenannte K.o.-Kriterien sind – also solche, ohne die eine Übernahme scheitern wird –, welche Anforderungen der Übernehmer mitbringen sollte und welche »nur« wünschenswert sind. Als hilfreich hat sich dabei das folgende Bewertungsmuster erwiesen.

K.o.-Kriterien definieren

Bewertungsmatrix

1. Fachliche Qualifikation	schwach ausgeprägt			stark ausgeprägt	
	1	2	3	4	5
2. Persönliche Qualifikation					
3. Unternehmerische Qualifikation					

Nach dem Ausfüllen dieser Matrix könnte sich beispielsweise folgendes Bild ergeben:

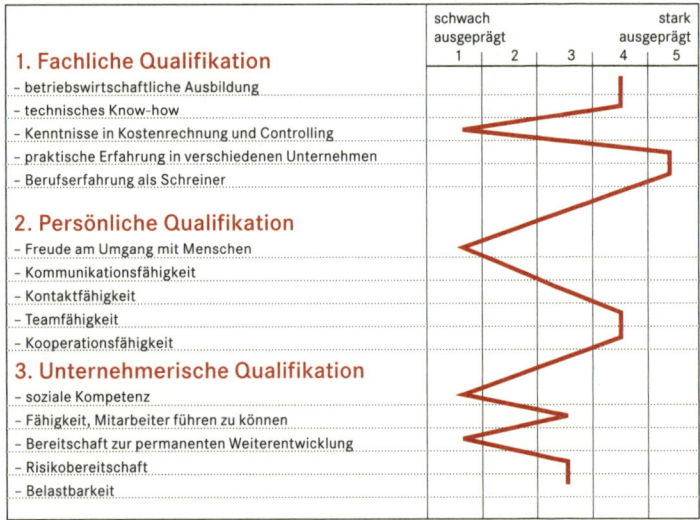

Abb. 5: Ausgefüllte Bewertungsmatrix

Stärken und Schwächen des Nachfolgers

Im vorliegenden Fall hat der Nachfolger deutliche Stärken im Bereich der technischen Qualifikation. Ausgeprägte Schwächen sind bei den betriebswirtschaftlich kniffligen Themen Kostenrechnung und Controlling auszumachen und im Bereich der Kommunikationsfähigkeit bzw. beim Umgang mit anderen Menschen. Da der Nachfolger als Leiter des Unternehmens in aller Regel immer wieder Kontakt zu seinen Kunden haben wird, muss er unter Umständen vorhandene Unsicherheiten beispielsweise durch Rhetorikkurse abbauen oder von vornherein eine Arbeitsteilung festlegen: Ein Verkaufsleiter könnte den Großteil der Gespräche und Verhandlungen mit den Kunden übernehmen, während sich der Unternehmer in der Hauptsache auf die »Zwiesprache« mit seinen Produkten konzentrieren könnte.

Um Missverständnissen vorzubeugen, ist bei der Erstellung eines Qualifikationsprofils im Vorfeld zu klären, was mit Begriffen wie »Kommunikationsstärke« gemeint ist. Der eine versteht darunter Eloquenz, der andere die Fähigkeit, Konflikte zu lösen.

Definition der Begriffe

Wenn Anforderungen und Eignungen miteinander verglichen werden, zeigen sich Diskrepanzen und Abweichungen zwischen den beiden Profilen. Die Lücken können durch entsprechende Fortbildungen geschlossen werden, wobei Übergeber und Übernehmer die Planung dieser Maßnahmen idealerweise besprechen und den zeitlichen Einstieg des Übernehmers wie auch das Maß der weiteren Unterstützung durch den Übergeber passend darauf abstellen sollten (mehr dazu in Kapitel 2.2 bzw. 3.3.2).

1.2.5 Die persönliche Situation des Nachfolgers

Schließlich muss auch der private Bereich in die Bestandsaufnahme einbezogen werden. Niemand ist eine Insel – diese Binsenweisheit gilt vor allem für Menschen, die selbstständig sind bzw. sich selbstständig machen wollen. Als engagierter Unternehmer wird der potenzielle Nachfolger mit Sicherheit mehr als 40 Stunden in der Woche für seinen Betrieb tätig sein, und auch nach Feierabend gibt es Termine und gesellschaftliche Verpflichtungen, die er für das Unternehmen wahrnimmt.

Der Übernehmer eines mittelständischen Betriebs muss daher seinen bisherigen Stundenplan ändern. Dies gilt vor allem, wenn er zuvor als Angestellter gearbeitet hat. Die neuen Herausforderungen werden Zeit in Anspruch nehmen, die ihm für seine Familie, Freunde oder Hobbys fehlen wird. Gleichzeitig gilt die Erkenntnis, dass er nur dann Höchstleistungen erbringen kann, wenn er körperlich fit ist. Das Sportprogramm sollte daher nicht zu sehr vernachlässigt werden, denn gemäß dem bekannten Motto »Mens sana in corpore sano« – ein gesunder Geist in einem gesunden Körper – hängt die geistige Leistungsfähigkeit auch vom körperlichen Wohlbefinden ab.

Zeit für den Betrieb finden

Um Enttäuschungen im privaten Umfeld vorzubeugen und auch hier den entsprechenden Rückhalt zu schaffen, müssen die anstehenden Veränderungen nicht nur durchdacht, sondern auch mit der Familie und/oder dem engen Freundeskreis durch gesprochen werden. Anregungen und Vorschläge sollten ernst genommen werden – denn auch diese Personen tragen ihren Teil zum Gelingen der Unternehmensübernahme bei. Um die erste turbulente Zeit nach der Übernahme mit ihren nervlichen und körperlichen Belastungen erfolgreich durchzustehen, braucht der Übernehmer die Unterstützung und das Verständnis seines privaten Umfelds, und beides wird er am ehesten bekommen, wenn er Freunde und Familie von Anfang an an seinen Überlegungen und Entscheidungen teilhaben lässt.

Tipp

> Ohne den Rückhalt im privaten Umfeld wird es ein Übernehmer sehr schwer haben, sein Vorhaben mit Elan und entsprechendem Erfolg zu realisieren.

In der ersten Zeit benötigt Herr Albrecht vielleicht eine hohe Frustrationstoleranz, weil seine neuen Aufgaben ihn immer wieder an seine Leistungsgrenzen bringen. Seine Frau steht seiner Gründungsidee jedoch skeptisch gegenüber, da sie die wirtschaftliche Situation sehr negativ einschätzt. Um ein Scheitern der Übernahme aufgrund von privaten Differenzen der Eheleute Albrecht auszuschließen, besteht erhöhter Gesprächsbedarf – unter Umständen sogar unter der Leitung eines entsprechenden Moderationsexperten.

Den Ehepartner einbeziehen

Auch Elke Fischer muss das Thema der sich ändernden Lebensbedingungen ausführlich mit ihrem Mann besprechen. Ihr Mann hat als Beamter geregelte Arbeitszeiten und mehr Freizeit als Frau Fischer, wenn sie ins Unternehmen eintritt. Das ist nicht nur ein Risiko (Herr Fischer könnte sich vernachlässigt fühlen), sondern auch eine Chance: Herr Fischer findet unter Umständen die Zeit und Energie, seine Frau mental zu unterstützen. Vielleicht kann er seiner Frau bei Aufgaben helfen, für die sie selbst keine Zeit findet, oder mehr von den familiären Pflichten übernehmen. Letztlich entscheidend ist jedoch, dass er hinter den Plänen seiner Frau steht. Und einen weiteren Aspekt müssen Herr Albrecht und Frau Fischer klären: die güterrechtliche Seite ihrer Ehen. Wird der eheliche Güterstand nämlich nicht vertraglich vereinbart, so gilt – wie in Kapitel 1.1.3.2 erläutert – automatisch die gesetzliche Regelung der Zugewinngemeinschaft mit ihren für das Unternehmen negativen Konsequenzen.

Tipp

> Zur professionellen Vorsorge gehört auch in jedem Fall die Erstellung eines Notfallplans für den Betrieb (mehr dazu im Exkurs in Kapitel 2.7).

Auch die private Absicherung darf nicht vernachlässigt werden. Aus den bisherigen Anmerkungen zur Altersvorsorge wird deutlich, dass ein Übernehmer nicht früh genug damit anfangen kann, sich für die Zukunft abzusichern und betriebsunabhängig vorzusorgen. Wer sich von Anfang an mit diesem Thema auseinandersetzt, schützt sich und seine Familie vor unvorhergesehenen Ereignissen.

Private Absicherung

1.2.6   Die finanzielle Situation des Nachfolgers

Bei der Entscheidung für eine Übernahme muss schließlich der finanzielle Bereich einer genauen Bestandsaufnahme unterzogen werden. Sie dreht sich vor allem um die Frage: Kann sich der Nachfolger die Übernahme überhaupt leisten? Welchen Betrag benötigt er beispielsweise jeden Monat, um die laufenden Ausgaben zu decken? Nicht nur der Lebensunterhalt sollte dabei berücksichtigt werden, sondern auch Aufwendungen wie Urlaub, Versicherungen oder die Finanzierung der Hobbys. Diese Summe muss er auf jeden Fall erwirtschaften, zusätzlich zu den Beträgen, die er beispielsweise für die Zinszahlung und Tilgung von Krediten für den Kauf des Unternehmens aufbringen muss. Doch nicht nur der klassische Bankkredit kann die Finanzen des Übernehmers ergänzen: Zur finanziellen Bestandsaufnahme gehört auch, sich über öffentliche Fördermöglichkeiten und über eine alternative Finanzierung durch Mitarbeiterkapitalbeteiligung, Beteiligungsgesellschaften oder Business Angels umfassend zu informieren (vgl. auch Kapitel 2.5).

Lebensunterhalt sichern

Der zweite Blick gilt den Reserven, über die der Übernehmer verfügt – und den Personen, die er auch in Zukunft aller Wahrscheinlichkeit nach unterstützen muss. Gibt es Kinder, die studieren wollen? Oder Eltern, die im hohen Alter auf seine Fürsorge angewiesen sein werden?

Schließlich sollte auch der »worst case« – die schlechtest mögliche Entwicklung – geprüft werden: Wie lange könnte der Nachfolger in einer Krisenphase ohne laufendes Einkommen auskommen? Wäre es möglich, dass der Lebenspartner bzw. die Lebenspartnerin ihn eine Weile unterstützt oder gibt es andere Quellen, auf die er in einer solchen Situation zurückgreifen könnte?

Wenn der Übernehmer ein genaueres Bild von seiner finanziellen Ausgangslage hat, kann er sein erstes Informationsgespräch mit der Bank führen. Auch wenn das Ergebnis dieses Gesprächs nur vorläufig sein kann, wird das Feedback um so positiver sein, je genauer der Nachfolger seine Übernahmepläne schon jetzt beschreiben kann. Seine Bemühungen um eine exakte Positionsbestimmung tragen hier zum ersten Mal Früchte. Gleiches gilt übrigens auch für potenzielle Investoren aus dem privaten Umfeld: Freunde, Eltern oder andere Verwandte werden viel eher bereit sein, das Übernahmevor-

Übernahmepläne formulieren

haben finanziell zu fördern, wenn sie durch konkrete Vorstellungen überzeugt werden.

1.2.7   Die Entscheidung für die Übernahme

Die Entscheidung für einen bestimmten Nachfolger oder – aus Sicht des Nachfolgers – für ein bestimmtes Unternehmen sollte danach getroffen werden, wie weit die Ziele des Übernehmers und des Übergebers sowie die Chancen, die das Unternehmen bietet, in Übereinstimmung gebracht werden können. Keine Partei sollte dabei vernachlässigt werden, auch wenn der Übergeber oder die Übergeberin sicherlich die Größere Entscheidungsgewalt hat. Der Einsatz neutraler Berater kann hier hilfreich sein.

Stellt sich heraus, dass unter den vorhandenen Bewerbern kein geeigneter Nachfolger ist, muss die Übergabe verschoben werden. Eine schnelle, aber fehlerhafte Lösung schwächt das Unternehmen. Steht ein geeigneter Übernehmer bzw. eine geeignete Übernehmerin jedoch in den Startlöchern, ist der erste entscheidende Schritt zu einer Unternehmensübertragung bereits getan. Dennoch bleiben für Übergeber und Übernehmer noch einige Hürden auf dem Weg zu einer gelungenen Nachfolge, die sie nur gemeinsam lösen können.

1.2.8   Zusammenfassende Checkliste »Der Nachfolger«

Checkliste

Der Nachfolger sollte sich im Vorfeld der Übernahme folgende Fragen stellen:

- ✔ Wie ist meine persönliche und familiäre Situation? Bekomme ich Unterstützung von meiner Familie?
- ✔ Wie will ich meine berufliche Zukunft gestalten?
- ✔ Was sind meine Beweggründe für eine Betriebsübernahme?
- ✔ Gibt es eine Regelung zum Güterstand in meiner Ehe?
- ✔ Kann der Güterstand das Unternehmen im Scheidungsfall gefährden (Liquiditätsengpässe)?
- ✔ Wie ist meine finanzielle Situation? Wie will ich die Unternehmensnachfolge finanzieren (Zahlungsweise, Privatvermögen, Beteiligung Dritter, Förderungen)? Über welche Förderprogramme habe ich mich informiert?
- ✔ Habe ich mein Qualifikationsprofil (fachlich, unternehmerisch, persönlich) erstellt bzw. erstellen lassen?
- ✔ Stimmt das Qualifikationsprofil mit dem Anforderungsprofil für die zukünftigen Aktivitäten überein (fachlich, unternehmerisch, persönlich)?

✔ Wie kann ich mögliche Diskrepanzen ausgleichen (Mentoring, Coaching, Weiterbildung, Seminare)?

✔ Was sind meine Beweggründe für eine Betriebsübernahme?

✔ Habe ich einen Geschäftsplan für die Übernahme erstellt? Ist er vollständig und auf dem neuesten Stand?

✔ Habe ich für einen Notfall (z. B. einen Unfall) vorgesorgt?

1.3 Das Unternehmen

Vor dem Generationswechsel muss das Unternehmen einer Generalüberprüfung unterzogen werden. Die Erfolgsaussichten und die Überlebensfähigkeit eines Unternehmens hängen von vielen Faktoren ab: den Mitarbeitern, der Führung, der Innovationsbereitschaft, den organisatorischen Strukturen, den Erträgen und der Liquidität des Unternehmens, aber auch von externen Faktoren etc.

Prüfung der Erfolgsaussichten

Eine strukturierte Analyse des Unternehmens spart nicht nur Zeit und Geld, sondern auch späteren Ärger. In einem ausführlichen Betriebscheck sollten die Übertragungspartner überprüfen, wie gut das Unternehmen auf die Übergabe vorbereitet ist und wo Änderungsbedarf besteht.

Ist das Unternehmen uneingeschränkt übergabefähig? Mit dieser Frage steht und fällt der Erfolg einer Nachfolgeregelung.

Tipp

Der bisherige Inhaber hat dabei die Aufgabe, sein Unternehmen auf den Managementwechsel vorzubereiten und eventuelle Schwächen im Vorfeld auszumerzen. Er kann das Ergebnis seiner Prüfung in einem aussagekräftigen Unternehmensprofil zusammenfassen, das er bei Verkaufsverhandlungen Interessenten präsentieren kann. So hat er die Möglichkeit, nachhaltiges Interesse für sein Unternehmen zu wecken.

Unternehmensprofil und Geschäftsplan

Der Nachfolger hingegen muss kritisch prüfen, ob seine Ziele mit diesem Unternehmen zu realisieren sind. Die Grundfragen hierbei lauten:

- Warum lohnt es sich, ausgerechnet dieses Unternehmen zu übernehmen und nicht ein anderes selbst neu aufzubauen?
- Was muss verändert werden, damit das Unternehmen auch in Zukunft die gewünschte Rendite erwirtschaftet?

Das Ergebnis der Prüfung sollte in einen umfassenden Geschäftsplan des Nachfolgers münden, mit dem er die erste Zeit nach der Übergabe gestalten kann.

1.3.1   Die bisherige Unternehmensentwicklung

Aus der Unternehmensentwicklung lassen sich die gewachsenen Strukturen eines Unternehmens erkennen. Damit können auch Ist-Zustände erklärt werden, die ohne diese Hintergründe nicht verständlich sind.

Tipp

> Die Vergangenheit des Unternehmens hat oftmals unmittelbare Auswirkungen auf die Übergabe.

Herr Schulte gründete seinen Betrieb 1957 im Alter von 21 Jahren. Die Gründung erfolgte eher zufällig, denn Bekannte und Nachbarn baten ihn in den Aufschwungjahren nach dem Krieg um den Aus- und Umbau von bestehenden Häusern bzw. bei Neubauten. Anfang der 60er-Jahre florierte dann das Unternehmen so sehr, dass Herr Schulte die ersten Mitarbeiter einstellte.

Im Laufe der Jahre expandierte die Schreinerei Schulte; die Aufträge im Bereich Dachausbau gingen zurück, zum Ausgleich spezialisierte sich Herr Schulte auf die Herstellung von bayerischen Bauernmöbeln. Die Anzahl der Mitarbeiter und Auszubildenden wuchs auf 24 Personen im Jahr 1982. Zu diesem Zeitpunkt stand Herr Schulte nur noch selten selbst an der Werkbank, sondern kümmerte sich hauptsächlich um die Kundenakquisition und -pflege.

Mitte der 80er Jahre allerdings gingen die Aufträge zurück, und 1988 konnte Herr Schulte zum ersten Mal einen Auszubildenden nicht übernehmen. 1991 musste er Mitarbeitern sogar betriebsbedingt kündigen. 1995 hatte Herr Schulte einen Bandscheibenvorfall, der operiert werden musste; anschließend wurde er von seinem Arzt zu einem Kuraufenthalt geschickt. Ungefähr ein halbes Jahr zuvor hatten in der Nähe zwei junge Innenarchitekten eine Schreinerei übernommen und boten eine attraktive Kombination aus pfiffigem Design und solider Herstellung. Als Herr Schulte nach mehrwöchiger Abwesenheit in das Unternehmen zurückkehrte, war er entsetzt: Nicht nur ein wichtiger Auftrag war geplatzt, sondern zwei seiner besten Kunden waren zur Konkurrenz übergelaufen.

Für den Notfall vorsorgen

Nach diesem Desaster ist Herr Schulte davon überzeugt, dass es ohne ihn nicht geht. Zudem ist es ihm nicht mehr gelungen, die abgewanderten Kunden zurückzuholen. Vielmehr herrscht nun extremer Wettbewerb zwischen den beiden Betrieben. Dass seine Konkurrenten schneller und zu besseren Preisen liefern können, ist für

Herrn Schulte allerdings lediglich der Beweis, dass »dort schlechte Qualität produziert wird«.

Erst nach längerem Zögern räumt Herr Schulte außerdem ein, dass die beiden Kunden während seiner Abwesenheit 1995 deshalb abgewandert waren, weil die Mitarbeiter die Angebote zu Standardpreisen ausgefertigt hätten, ohne zu wissen, dass ihr Chef mit diesen Kunden Sonderkonditionen vereinbart hatte. Dieser kleine Vorfall zeigt bereits, dass die wichtigsten Mitarbeiter – und im Falle einer Unternehmensübertragung vor allem der Nachfolger – in die »Betriebsgeheimnisse« eingeweiht sein müssen. Solange der Unternehmer der einzige ist, der z.B. über Konditionen und Sonderpreise Bescheid weiß, ist die Firma nach seinem Ausscheiden nicht überlebensfähig. Diese Informationen müssen in einem Notfallhandbuch (vgl. Kapitel 2.7) festgehalten werden.   **Notfallhandbuch**

1.3.2   Rechtsform und Führungsstruktur

So wie die Unternehmensentwicklung prägen auch die aktuelle Rechtsform und die Führungsstruktur das Unternehmen. Die Rechtsform und die Kapitalverteilung geben Auskunft über die formellen Entscheidungswege. Die Analyse der Führungsstruktur zeigt vor allem, wo Engpässe im Management entstehen können, wenn wichtige Personen ausfallen.

> Der Nachfolger muss kritisch prüfen, ob die derzeitige Rechtsform seinen Ansprüchen genügt oder ob das Unternehmen mit einer anderen Rechtsform besser für die Zukunft gerüstet ist.   **Tipp**

Ist der Nachfolger bereit, in einem Einzelunternehmen oder einer Personengesellschaft für die Verbindlichkeiten des Unternehmens auch mit seinem Privatvermögen zu haften? Passt die Rechtsform noch zu den Zielen des neuen Unternehmers, z.B. die Mitarbeiter und Mitarbeiterinnen am Erfolg des Betriebs zu beteiligen?

Vor- und
Nachteile einzelner
Rechtsformen

	Vorteile	Nachteile
Einzelunter-nehmen	● kein Mindestkapital nötig ● geringer Formalitätsaufwand ● zeitaufwändige Abstimmungen entfallen ● Entscheidungen können schnell getroffen werden ● klar definierte Unternehmensleitung ● hoher Leistungsanreiz	● nur Inhaber hat Spezialwissen ● nur beschränkte Kreditbasis ● begrenzte Kapitalkraft verhindert Wachstum ● hohes Haftungsrisiko ● überdurchschnittliches Engagement erforderlich
Stille Gesellschaft	● Kapitalanleger müssen nicht vor die Öffentlichkeit treten ● Unternehmensnachfolge kann durch Beteiligung gesichert werden ● vereinfachte Aufnahme von neuen Kapitalgebern ● Formvorschriften existieren nicht ● Verlustbeteiligung nicht zwangsläufig ● Eigenkapitalbasis kann optimiert werden	● stille Gesellschafter können nicht mitwirken ● Abhängigkeit von stillen Gesellschaftern
GbR (Gesellschaft bürgerlichen Rechts)	● keine Mindesteinlage nötig ● Gesellschaftsverhältnis frei gestaltbar ● keine Formalitäten bei der Gründung	● nur eingeschränkte Finanzierungsmöglichkeiten ● Haftung mit Privatvermögen (Beschränkung möglich)
KG (Kommandit-gesellschaft)	● Kinder können als Teilhaber aufgenommen werden (vom Kommanditisten bis zum Komplementär) ● begrenzte Haftung für Kommanditisten ● Gesellschaftsverhältnis kann frei gestaltet werden ● problemlose Aufnahme neuer Kapitalgeber	● Komplementär muss mit Privatvermögen haften ● geringe Möglichkeit für Eigenfinanzierung ● Abhängigkeit von den Gesellschaftern ● Kommanditist kann nur eingeschränkt mitwirken
GmbH (Gesellschaft mit beschränkter Haftung)	● niedriges Startkapital ● großer Handlungsspielraum ● neue Gesellschafter = Kapitalbeschaffung ● Verlustrisiko auf Stammeinlage ist beschränkt ● individueller Gesellschaftsvertrag möglich ● Möglichkeit einer Ein-Mann-GmbH	● Gründung mit einigen Formalitäten und höheren Kosten ● Kreditaufnahme meist nur bei privaten Sicherheiten möglich ● insolvenzgefährdet durch geringes Mindestkapital

	Vorteile	Nachteile
OHG (Offene Handelsgesellschaft)	● Kreditwürdigkeit höher als bei GmbH ● keine Mindesteinlage nötig ● mehrere Gesellschafter, können sich fachlich ergänzen ● Eigentümer ist zugleich Geschäftsführer, hoher Leistungsanreiz ● Gesellschaftsverhältnis frei gestaltbar	● wie KG
AG (Aktiengesellschaft)	● Finanzierung über den Kapitalmarkt möglich ● bietet Anreiz für Führungskräfte ● Übertragung von Anteilen unproblematisch ● strikte Trennung zwischen Kapitalgebern und der Geschäftsführung	● höhere Kosten, da schwierige Gründung ● Entscheidungsprozesse langwierig ● evtl. Publizitäts- und Prüfungspflichten ● Aktionärsbetreuung kostspielig ● erhöhte laufende Kosten

Herr Albrecht möchte die Rechtsform »Einzelunternehmen« der Schreinerei Schulte nicht beibehalten. Eine private Haftung kommt für ihn und seine Frau nicht in Frage. Aus diesem Grunde informiert er sich bei seinem Berater über die Möglichkeiten der Änderung der Rechtsform. Bei einem solchen Gespräch sollten unter anderem folgende Themen angesprochen werden:

● **Haftung**

Einzelunternehmer und voll haftende Gesellschafter einer Personengesellschaft müssen im Krisenfall mit ihrem gesamten Vermögen für Verbindlichkeiten des Unternehmens gerade stehen. Kommanditisten und Anteilseigner einer Kapitalgesellschaft hingegen nur bis zur Höhe ihres Anteils; ist dieser eingezahlt, erlischt der Anspruch. Zu berücksichtigen ist allerdings, dass der Gesetzgeber für unternehmerisch tätige Personen (z.B. Geschäftsführer) unabhängig von der Kapitalbeteiligung in vielen Fällen für verschuldete Schäden eine Durchgriffshaftung auch auf das Privatvermögen vorsieht. GmbH-Geschäftsführer können aufgrund ihrer eben nur »beschränkten Haftung« für ihre unternehmerischen Entscheidungen zur Verantwortung gezogen werden, so z.B. für die Lieferung von fehlerhaften Produkten, bei Auszahlungen an Gesellschafter, die das Stammkapital der Gesellschaft gefährden, oder auch bei bestimmten strafrechtlichen oder steuerstrafrechtlichen Delikten.

● **Unternehmensführung**
Wenn das Unternehmen zusammen mit einem Partner übernommen werden soll, wird aus dem Einzelunternehmen eine Personengesellschaft, es sei denn, die Partner gründen eine Kapitalgesellschaft. Ein Entscheidungskriterium dabei ist, welchen Einfluss die Partner auf die Geschicke des Unternehmens haben wollen. Sind sie reine Kapitalgeber oder wollen beide auch die Geschäfte des Unternehmens führen?

● **Kapitalaufnahme**
Bei der Kreditaufnahme unterstellen Kreditgeber Einzelunternehmen und Personengesellschaften mitunter eine höhere Verantwortungsbereitschaft aufgrund der Vollhaftung, was die Kreditaufnahme erleichtert. Andererseits ist die Übertragbarkeit von Anteilen einer Kapitalgesellschaft deutlich höher, so dass z. B. die Zusammenarbeit mit einer Beteiligungsgesellschaft zur Aufnahme von Eigenkapital in diesen Rechtsformen leichter ist.

● **Steuern**
Je nach Rechtsform sind unterschiedliche Steuern abzuführen. So fallen bei den Kapitalgesellschaften Körperschaftsteuern an, während beim Einzelunternehmen bzw. bei Personengesellschaften die Inhaber Einkünfte aus einem Gewerbebetrieb versteuern müssen, diese aber mit der Einkommensteuer aus anderen Einkünften verrechnen können.

| Tipp | Auch wenn bei der Übergabe die Rechtsform bestehen bleibt, muss jedoch in aller Regel der Gesellschaftsvertrag angepasst werden. |

Gesellschaftsvertrag aktualisieren

Vielfach werden Gesellschaftsverträge bei der Gründung erstellt und liegen dann ohne Überprüfung Jahrzehnte lang im Stahlschrank. Spätestens bei der Planung der Übergabe sollte auch der Gesellschaftsvertrag kritisch unter die Lupe genommen und an die geänderten Anforderungen angepasst werden. Typische Probleme in Gesellschaftsverträgen sind:

Problem	Tipp
unflexible Entscheidungs-findung durch hohe Gesell-schafterzahl	Gesellschafterzahl einschränken durch einen Nachfolger pro Familie
unklare Nachfolgeregelung	Nachfolgeklausel im Gesellschaftsvertrag bestimmt den Nachfolger (Achtung: Kongruenz mit Erbregelung sicherstellen!)
Entscheidungslähmung durch Patt-Situation	Patt-Situation vermeiden oder Beirat errichten
unkontrollierte Vermögens-entnahme	Entnahmehöhe im Gesellschaftsvertrag begrenzen, z.B. als Prozentsatz vom Unternehmensergebnis
Streit über den Wert eines Anteils bei der Abfindung von Gesellschaftern	Wertklausel im Gesellschaftsvertrag bestimmt das Bewertungsverfahren

Typische Probleme in Geschäftsverträgen

Schließlich kann die Rechtsform Aufschluss über die bereits angesprochene Abhängigkeit des Unternehmens vom bisherigen Inhaber geben und damit auch über potenzielle Engpässe in der Führungsstruktur. Handelt es sich um ein Einzelunternehmen wie bei der Schreinerei Schulte, so liegt das Haftungsrisiko beim Inhaber persönlich. Allein aus diesem Grunde ist er vielfach kaum geneigt, wesentliche Kompetenzen und Entscheidungen abzutreten. Im Gegensatz zu Herrn Schulte hat Herr Fischer durch die Einführung einer zweiten Managementebene dafür gesorgt, dass sein Unternehmen auch während seiner Abwesenheit reibungslos läuft, so dass er sich nunmehr sukzessiv zurückziehen kann.

Rechtsform und Führungsanspruch

Um die Abhängigkeit des Betriebs vom Unternehmer zu prüfen, sollten unter anderem folgende Punkte zwischen den Nachfolgepartnern besprochen werden:

Informationspolitik im Unternehmen

- Wer ist der Ansprechpartner für Mitarbeiter, Kunden und Lieferanten? Was geschieht, wenn dieser ausfällt? Wie lange kann das Unternehmen ohne ihn funktionieren?
- Kennen die Mitarbeiter die wichtigsten Kunden und Lieferanten und deren Besonderheiten (Sonderkonditionen)?
- Werden Mitarbeiter in die Projekte eingeweiht, an denen sie arbeiten, oder bekommen sie ihre Informationen nur häppchenweise? Sind komplette Arbeitsvorgänge auch für die Mitarbeiter transparent?

1.3.3 Marktposition und Branchensituation

Das Durchleuchten der Branchen- und Marktsituation ist ein wichtiger Aspekt bei der Bestandsaufnahme im Unternehmen. Dabei kann ein Blick auf die Außendarstellung des Unternehmens bereits erste Erkenntnisse bringen: Um sich von den bisherigen Marketing-

Außendarstellung

Aktivitäten und dem Selbstverständnis des Unternehmens ein Bild zu machen, ist dem externen Übernehmer zum einen zu empfehlen, sich – ganz unverbindlich wie ein Kunde – Werbematerialien und das Firmenprofil des fraglichen Unternehmens zuschicken zu lassen. Diese Unterlagen geben bereits Aufschluss über den Stil und das Niveau des Hauses. Außerdem lohnt es sich immer, ein wenig in der regionalen Wirtschaftspresse zu stöbern oder dem Branchengeflüster vor Ort zu lauschen. Ein beiläufiges Gespräch in einer Kneipe bringt bisweilen wichtigere Informationen als eine scheinbar aussagekräftige Bilanz. Welchen Ruf hat das Unternehmen in seiner Umgebung? War der Unternehmer im Lokalteil der Zeitung häufig präsent? Und wenn ja: Machte er gute oder schlechte Schlagzeilen? Überzeugte er mehr als Manager oder eher als Teilnehmer der »guten Gesellschaft«?

Auf diese Weise komplettiert der externe Übernehmer seinen ersten Eindruck von der Marktposition des Unternehmens und kann Informationen des Übergebers ergänzen oder gegebenenfalls korrigieren.

Für Übernehmer aus der Familie oder aus dem Betrieb ist der distanzierte Blick auf das Unternehmen schwieriger. In diesem Fall ist eine gemeinsame nüchterne Betrachtung der Situation um so wichtiger. Eine Wettbewerbs- und Branchenanalyse kann hierbei hilfreich sein, wobei angemerkt werden muss, dass es grundsätzlich nicht unkritisch ist, die Chancen und Risiken eines Unternehmens an der Zugehörigkeit zu einer Branche festzumachen. Es gibt hervorragende Unternehmen in schwachen Branchen, und selbst in ausgezeichneten Märkten und Branchen gibt es unrentable Unternehmen. Ist das Unternehmen in einer schwachen Branche tätig, müssen sich die Übertragungspartner intensiv mit der Frage beschäftigen, wie sie den Branchenrisiken trotzen können. In einer guten Branche sollte der Übergeber darlegen können, wie er diesem Trend mit seinem Betrieb zumindest folgen, wenn er ihn nicht gar übertreffen kann.

Branchenrisiko heißt nicht Unternehmensrisiko

Der Wettbewerb mit den Innenarchitekten beinhaltet für die Schreinerei Schulte sowohl Chancen als auch Risiken. Weil Herr Schulte die effizientere Produktion der Konkurrenz nicht mit einer anderen Ursache als mit »mangelhafter Qualität« begründen will, kann er sich auch nicht auf die neue Situation einstellen. Hier muss auch Herr Schulte noch Hausaufgaben machen, um seinem Nachfolger ein attraktives Unternehmen präsentieren zu können.

Der Übernehmer kann diesen Faden aufgreifen und entsprechende Überlegungen für die Zeit nach der Übergabe anstellen. Ein praktisches Instrument hierzu ist das Modell der Wettbewerbsintensität, mit dem festgelegt wird, welche Faktoren den Wettbewerb in einer Branche bestimmen.

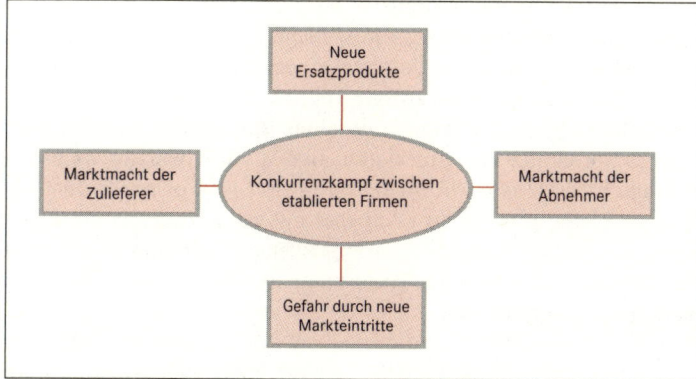

Abb. 6: Wettbewerb; Quelle: Michael E. Porter, Wettbewerbsstrategie

Ersatzprodukte können zum Aussterben einer ganzen Branche führen. Mit Einführung der CD ist beispielsweise fast die gesamte Schallplattenindustrie vom Markt verschwunden. An diesem Beispiel ist auch zu erkennen, dass nicht nur die Hersteller des Originärproduktes (der Schallplatten) von Ersatzprodukten betroffen sind, sondern auch die Hersteller von Verbundprodukten (beispielsweise Schallplattenspielern oder Hi-Fi-Anlagen). Den Fortschritt kann der Einzelne nicht aufhalten, jedoch sollte jedes Unternehmen das Potenzial besitzen, diesen Weg mitgehen zu können. Dafür muss der Unternehmer »ein Ohr am Markt« haben, sei es durch die Lektüre von Fachzeitschriften, Messebesuchen oder die regelmäßige Teilnahme an Verbands- bzw. Innungsveranstaltungen.

Mit der folgenden kurzen Checkliste kann ermittelt werden, ob die jetzigen Produkte des Unternehmens in dieser Form auch für die Zukunft angeboten werden können, oder ob es an der Zeit ist, über neue Produkte nachzudenken.

Ersatzprodukte

Kriterium	trifft zu	trifft nicht zu
Das Preis-Leistungs-Verhältnis der jetzigen Produkte wird sich verändern.		
Der Produktlebenszyklus neigt sich dem Ende zu.		
Es gibt neue verfahrenstechnische Entwicklungen.		
Produktinnovationen werden in den nächsten zwei Jahren auf den Markt kommen.		
Die Abnehmer sind bereit, alternative Produkte zu verwenden.		

Checkliste

Die **Marktmacht der Zulieferer** ist gerade für kleine Unternehmen oftmals entscheidend: Sie sind nicht in der Lage, bei ihren Lieferanten die Konditionen durchzusetzen, die sie für gute Margen benötigen. Ihre Unabhängigkeit können sie dann nur durch die Auswahl mehrere Lieferanten erhalten. Was sind die wichtigsten Einkaufsprodukte des Unternehmens? Mit wie vielen Produkten erreicht es 50 % seines Einkaufsvolumens? Gibt es außer den bisherigen Lieferanten weitere Anbieter ggf. auch im Ausland? Schon wenige Angaben verdeutlichen Einsparpotenziale und liefern dem Übernehmer für zukünftige Preisverhandlungen mit den Lieferanten Verhandlungsargumente.

Kleine Unternehmen sind stärker von ihren Zulieferern abhängig. Deswegen ist ihr Einfluss auf die Lieferbereitschaft, die Lieferpünktlichkeit und auf die Konditionen des Lieferanten relativ gering. Dieser Einfluss lässt sich anhand der folgenden Liste ermitteln. Falls diese Aussagen in der Mehrzahl zutreffen, ist das Unternehmen tendenziell von Lieferanten mit hohem Markteinfluss abhängig. Falls alternative Möglichkeiten der Belieferung, z. B. aus dem Ausland, bestehen, sollten sie in jedem Fall geprüft werden.

Checkliste

Kriterium	trifft zu	trifft nicht zu
Sinkt die Anzahl der Lieferanten z. B. durch Zusammenschlüsse?		
Ihr Auftragsvolumen ist gering.		
Das Produkt des Lieferanten ist für das Unternehmen wichtig.		
Die Lieferanten haben die Lieferbedingungen verschärft.		
Die Ertragslage der Lieferanten ist angespannt.		

Auch die Kundenstruktur und -konzentration – also die **Marktmacht der Abnehmer** – sind ein wichtiges Thema: Herr Albrecht glaubt, dass man mit dem Bau von Bauernmöbeln nicht mehr viel erreichen kann, und möchte sich mittelfristig auf die Herstellung von Bio-Möbeln spezialisieren. Denn, so argumentiert er, so etwas gebe es im Umkreis nicht und in den letzten Jahren seien sehr viele junge, gut ausgebildete und finanzkräftige Familien zugezogen, aus deren Reihen er sich Kunden erhoffe. Herr Albrecht sollte sich vor der Übernahme überlegen, wie wichtig einzelne Kundengruppen sind und wie er deren Interessen berücksichtigen kann, wie mögliche neue Zielgruppen strukturiert sind und wie diese Kunden angesprochen werden können.

Fundierte Kenntnisse über die Kunden sind ein wichtiger Erfolgsfaktor des Unternehmens. Nur daraus ist der Nutzen des Angebots für die Kunden zu erkennen und wie dieser optimiert werden kann, um die Absatzchancen zu erhöhen.

Übergeber und Übernehmer müssen die Kundenstruktur des Unternehmens genau durchleuchten. Mit der ABC-Analyse können die wichtigsten Kundengruppen zusammengestellt werden: Mit diesem Instrument lassen sich Marketingmaßnahmen ableiten, aber auch mögliche Abhängigkeiten erkennen.

ABC-Analyse

Grundlage für eine ABC-Analyse sind die Daten aus der Kundenkartei oder aus der Summen-Saldenliste der letzten BWA (Betriebswirtschaftlichen Auswertung). Zu einer ersten Orientierung werden die Kunden nach folgenden Kriterien in drei Gruppen eingeteilt:

- Gruppe A: Das Unternehmen erwirtschaftet hohe Umsätze mit diesen Kunden.
- Gruppe B: Der Anteil dieser Kunden am Gesamtumsatz des Unternehmens ist durchschnittlich.
- Gruppe C: Der Anteil dieser Kunden am Gesamtumsatz des Unternehmens ist unterdurchschnittlich.

A-Kunden sollte besondere Aufmerksamkeit geschenkt werden. Als zufriedene Stammkunden werden sie auch in Zukunft Aufträge erteilen. Der Übernehmer sollte sich jetzt schon überlegen, mit welchen besonderen Maßnahmen er seine A-Kunden pflegen will, sie können z.B. durch regelmäßige Innovationen, langfristige Verträge, guten Service oder enge persönliche Kontakte an das Unternehmen gebunden werden. Doch auch das Geschäft mit den C-Kunden kann rentabel sein, indem z.B. durch einen geringeren Serviceumfang Kosten eingespart werden. Eine weitere Option wäre, einen A-Kunden zum Zwischenhändler für einige der C-Kunden zu machen.

Ein weiteres Kriterium bei der Analyse der Kundenstruktur ist die Kundenkonzentration. Die Kundenkonzentration zeigt, mit welcher Anzahl von Kunden wie viel Prozent des Umsatzes erreicht werden. Mit diesen Zahlen können eventuelle Abhängigkeiten von einzelnen Kunden erkannt und korrigiert werden. Aus der Marktdurchdringung lassen sich aber auch Marktpotenziale ableiten, die das Unternehmen bislang noch nicht ausgeschöpft hat.

Kunden-konzentration

Im Unternehmen von Herrn Fischer besteht nur eine geringe Abhängigkeit von einzelnen Kunden, obwohl Geschäftsbeziehungen mit wichtigen Großkunden gepflegt werden. Das Unternehmen bewegt sich in einem relevanten Markt von 10 000 potenziellen Kunden und erzielt mit 20 voneinander unabhängigen Kunden 50 %, mit 50 Kunden 75 % und mit knapp 200 Kunden 100 % seines Umsatzes. Der Betrieb steht mit nur 2 % der möglichen Kunden in einer Geschäftsbeziehung. Für Elke Fischer heißt das also: Sie kann noch viele neue Kunden hinzugewinnen.

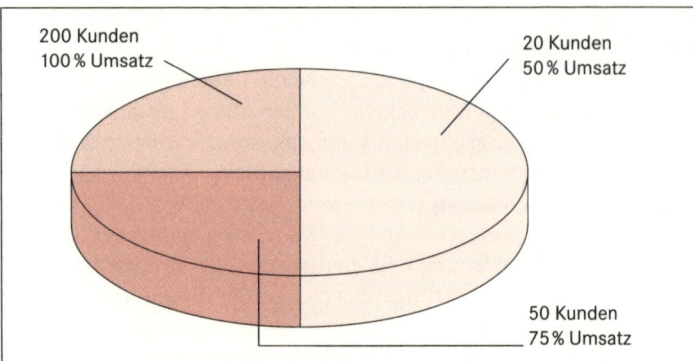

200 Kunden
100 % Umsatz

20 Kunden
50 % Umsatz

50 Kunden
75 % Umsatz

Abb. 7: Beispiel für Kundenkonzentration

Erwirtschaftet ein Unternehmen hingegen den Großteil seiner Umsätze mit wenigen Kunden, besteht die Gefahr der wirtschaftlichen Abhängigkeit. Großabnehmer mit starkem Einfluss können die Preise drücken, höhere Qualität oder bessere Leistung verlangen und Wettbewerber gegeneinander ausspielen. Das geht zu Lasten der Rentabilität des Unternehmens und birgt das Risiko, bei einem Verlust dieses Kunden Umsatzeinbrüche verkraften zu müssen. Daher sollten Abnehmer gewählt werden, die eine möglichst geringe Verhandlungsmacht besitzen. Auch wenn das Unternehmen individuellere Produkte anbietet, ist der Wechsel eines Kunden zu einem anderen Lieferanten mit hohen Umstellungskosten verbunden.

Checkliste

Kundenpflege

✔ Welche Anforderungen stellen die Kunden?

✔ Wie können die Kunden stärker an das eigene Unternehmen gebunden werden?

✔ Welchen Kunden(-gruppen) muss welche Aufmerksamkeit geschenkt werden?

✔ Wie werden die unterschiedlichen Kundengruppen betreut?

✔ Welche Form von Dialog, Kommunikation, Information, Beratung, Service benötigen die Kunden?

✔ Wie wird in Erfahrung gebracht, welche Leistungen des Unternehmens für die Kunden besonders wichtig sind?

✔ Wie kann sich das Unternehmen gegenüber seinen Kunden im Vergleich zum Wettbewerb besser positionieren?

✔ Was waren im vergangenen Jahr die häufigsten Beschwerdegründe?

✔ Welche anderen Kunden wären für das Unternehmen interessant?

✔ Wie können diese potenziellen Kunden gewonnen werden?

Die **Gefahr durch neue Markteintritte** besteht insbesondere in renditestarken Märkten bzw. in Wachstumsmärkten. Durch die zunehmende Konkurrenz entwickelt sich dann schnell ein Preiskampf, dem sich das Unternehmen nur durch Produkte mit speziellen Eigenschaften, Zusatzleistungen (Service, Kundendienst, Montage), eine besonders gute örtliche Verkaufslage o. Ä. entziehen kann. Seine vorhandene Stellung am Markt ist dabei ein ausschlaggebendes Kriterium.

Neue Markteintritte

In Märkten mit hohen Markteintrittsbarrieren ist die Gefahr neuer Markteintritte relativ gering. Dazu zählen beispielsweise Voraussetzungen für die Ausbildung bestimmter Berufsgruppen (Steuerberater, Wirtschaftsprüfer, Arzt) oder auch gesetzliche Bestimmungen (Arzneimittelgesetz, Gewerbeerteilung von Gaststätten). Außerdem können auch ökonomische Marktbarrieren wirksam werden, z. B. hohe Investitionsaufwendungen, ein sehr niedriges Preisniveau etc.

Das Risiko neuer Markteintritte lässt sich mit der folgenden Checkliste abschätzen. Je häufiger »trifft zu« angekreuzt wird, umso höher ist das Risiko neuer Markteintritte.

Kriterium	trifft zu	trifft nicht zu
In der Branche werden hohe Gewinne erzielt.		
Wettbewerber können mit verhältnismäßig geringem Kapitaleinsatz starten.		
Die Produktion großer Stückzahlen führt zu deutlicher Kostenersparnis.		
Die in der Branche produzierten Güter können auch über andere Vertriebswege verkauft werden.		

Checkliste

Wenn das Unternehmen in einer kritischen Branche eine schwache Position hat und sich einem negativen Branchentrend nicht entziehen kann, sollten die Übertragungspartner gemeinsam darüber nachdenken, wie sie ihren Markt erweitern wollen. Können zusätzliche Produkte vertrieben werden (ein Autoverkäufer bietet seinen Kunden Versicherungen an) oder gibt es andere Märkte für eigene Produkte (Kinder-Computer)? Wenn die Übergabepartner in diesem Thema zusammen arbeiten und die jahrelangen Erfahrungen auf der einen und die unverbrauchte Innovativkraft auf der anderen Seite zusammen wirken lassen, können so ganz neue Ideen und Ansatzpunkte für das Unternehmen entstehen.

Zukunftssicherung durch Markterweiterung

1.3.4   Produkt und Produktion

Womit macht der Betrieb eigentlich sein Geld? Die Antwort scheint einfach: Eine Schreinerei stellt Möbel her. Aber ist das alles? Was genau ist die eigentliche Geschäftstätigkeit und mit welchen Produkten werden welche Umsatzanteile erwirtschaftet? Diese Informationen gehören genauso in das Unternehmensprofil des Übergebers, wie in den Geschäftsplan des Nachfolgers.

Produkte und Dienstleistungen sind häufig erklärungsbedürftig. Dabei ist für den zukünftigen Erfolg des Unternehmens weniger relevant, welche technischen Details, innovative Designs oder spezielle Funktionen das Produkt aufweisen kann – entscheidend ist seine Stellung, die es im Markt einnimmt. Wie lange können sich Produkte im Markt behaupten, wie wird der Kundennutzen wahr genommen? Wie sieht der Produktlebenszyklus aus? Und wie vertreibt das Unternehmen Produkte und Leistungen?

Sind die Produkte zukunftsfähig?

Erklärungsbedürftig ist vor allem, wenn nur ein Produkt oder eine Dienstleistung angeboten wird. Dann ist die Gefahr groß, dass Marktveränderungen Umsatzrisiken auslösen. Auch scheinbar »ewige« Produkte wie Schokolade, Mineralwasser oder Kleidung haben einen Lebenszyklus, der sich durch Sorten- und Modeveränderungen bestimmt. Der Übergeber muss erläutern, mit welchen Aktivitäten er seine Produkte und Leistungen am Markt platziert.

Innovationsfähigkeit

Auch die Innovationsfähigkeit des Unternehmens ist für die Zukunft wichtig. Nicht nur Entwicklungen am Produkt selbst sind relevant. Innovationen müssen in den gesamten Produktauftritt eingearbeitet sein, denn der Kunde nimmt das Produkt multiperspektivisch wahr.

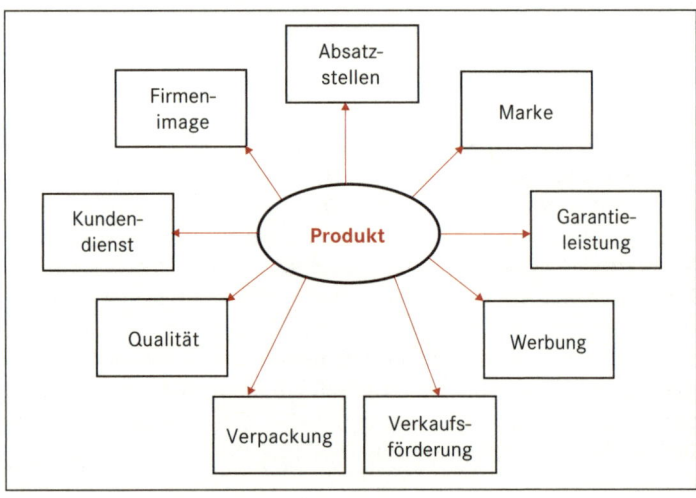

Abb. 8: Produktwahrnehmung

Bei der Analyse der Produktpalette sollten die Kernkompetenzen und Wettbewerbsvorteile herausgestellt werden. Je dauerhafter, nachfrageorientierter und erkennbarer sie sind, desto besser. Auch die Umsatzstärke einzelner Produkte bzw. Dienstleistungen ist für den Nachfolger interessant. Anhand dieser Informationen kann die Produktpalette gegebenenfalls aktualisiert und ergänzt werden. Aber was kann von den aktuellen Produkten oder Dienstleistungen in Zukunft erwartet werden? Die Antwort erfordert eine systematische Strukturierung anhand der folgenden Fragen.

Checkliste

Strukturierung von Produkten und Dienstleistungen

✔ Zu welchen Produktgruppen gehören die Produkte?
✔ Wie waren die jeweiligen Umsätze im Vorjahr?
✔ Wie sind die Planumsätze für das laufende Jahr?
✔ In welcher Phase des Produktlebenszyklus befinden sich die einzelnen Produkte?
✔ Welche Lebensdauer ist noch zu erwarten?
✔ Gibt es Nachfolgeprodukte?
✔ Welche Deckungsbeiträge erwirtschaften die einzelnen Produkte?

Qualitätsmanagement

Die Qualität der Produkte oder Dienstleistungen ist eines der Aushängeschilder des Unternehmens. Die Einführung bzw. Optimierung eines Qualitätsmanagementsystems dient nicht nur der kontinuierlichen Verbesserung der Verfahren und Abläufe im Unternehmen, sondern trägt auch in hohem Maße zu Kostensenkungen bei. Ist kein Qualitätsmanagementsystem vorhanden, sollte der Übernehmer eine baldige Einführung nach der Übergabe prüfen und dem Unternehmen damit positive Impulse geben. Außerdem: Viele Abnehmer setzen bei ihren Lieferanten eine ISO-Zertifizierung voraus. Für mittelständische Betriebe bedeutet dies, dass sie ein Qualitätsmanagementsystem im Voraus einführen müssen, um die Aufträge zu behalten.

Vertrieb

Wie funktioniert der Vertrieb? Auch diese Frage ist für die Charakterisierung des Unternehmens von großer Bedeutung: Denn der Vertrieb ist die Schnittstelle zum Kunden. In welchem Zeitraum kann das Unternehmen z. B. sein Produkt liefern? Kurze Lieferzeiten sind zweifellos gute Verkaufsargumente, sie sind in aller Regel aber teuer. Welche Transportmittel werden verwendet? Für den Endkunden ist das Transportmittel meist ohne große Bedeutung. Anders ist die Interessenlage beim Hersteller: Bei zahlreichen, weit verstreuten Anlieferstellen empfiehlt sich der Einsatz von Frachtmitteln (Spedition, Post, Paketdienst, Bahn). Bei wenigen Anlieferstellen, kurzen

Strecken oder transportkritischen Produkten (empfindliche Geräte, verderbliche Waren) arbeitet ein eigener Fuhrpark in der Regel besser.

Lieferservice

Unmittelbar zum Vertrieb zählt die Frage nach dem Lieferservice des Unternehmens. Darunter werden die Zusatzfunktionen des Lieferanten bei der Anlieferung verstanden. Sie erlauben eine positive Differenzierung von den Wettbewerbern ohne großen Aufwand z. B. durch:

- telefonische oder schriftliche Mitteilung des genauen Liefertermins kurz vor der Lieferung,
- Ausladen und Austragen der Ware,
- Montage, Installation und Zusammenbau,
- Beseitigung des Verpackungsmaterials.

Tipp

> Um sich einen umfassenden Gesamteindruck von den betrieblichen Abläufen und der produzierten Qualität zu verschaffen, ist eine Betriebsbesichtigung während der Produktionszeit unabdingbar.

Für Übernehmer, die einen ihnen bisher fremden Betrieb übernehmen wollen, ist eine Betriebsbesichtigung eine sehr gute Gelegenheit, sich wichtige Informationen zu beschaffen. Gerade in der ersten Kontaktphase wird sich der Übergeber mit zu detaillierten Informationen über seinen Betrieb zurückhalten. Doch gegen eine Betriebsbesichtigung eines »externen Besuchers« dürfte er kaum etwas einzuwenden haben, und diese Gelegenheit sollte der Nachfolger für eine erste unauffällige, aber gewissenhafte Prüfung nutzen.

Erkenntnisse einer Betriebsbesichtigung

Selbst ohne technisches Expertenwissen sind dabei schon mit dem gesunden Menschenverstand einige wichtige Erkenntnisse zu gewinnen. Wie ist der Zustand des Unternehmens? Ist es gepflegt oder eher heruntergekommen? Wie ist das Umfeld des Betriebs? Bietet es Platz für Expansion? Wie ist der Zustand der Maschinen? Sind schon bald neue Investitionen nötig?

Aufschlussreich ist auch, wie gut der Unternehmer selbst auf dem Laufenden ist. Wenn er den Übernehmer durch den Betrieb führt – weiß er dann, welcher Auftrag dort gerade abgewickelt wird? Kennt er seine Mitarbeiter mit Namen? Hat er eine präzise Vorstellung von den bevorrateten Lagerbeständen? Wenn er hier gut informiert ist, wird er dem Übernehmer später auch verlässliche Zahlen vorlegen können. Er hat seinen Betrieb bisher mit Umsicht und entsprechender Sorgfalt geführt.

Betriebsbesichtigung

Standort:

✔ Betriebsfläche

✔ Verkehrslage

✔ Lage am Arbeitsmarkt

✔ Lieferzufahrten

✔ Einzugsbereich für wichtige Außenkontakte

✔ Umweltschutzbedingungen

✔ Stromversorgung

✔ Zustand des Betriebsgeländes

Betriebsobjekte:

✔ Zustand der Gebäude für Verwaltung und Produktion

✔ vorhandene Kapazitäten

✔ Expansionsmöglichkeiten

✔ alternative Verwendungsmöglichkeiten

Maschinen und Einrichtungen:

✔ Alter der Maschinen

✔ Zustand der Maschinen

✔ Produktionskapazität und ihre Flexibilität

✔ Auslastung

✔ technologischer Standard

Produktionsprozess:

✔ Fertigungsablauf, Schwerpunkt und Dauer

✔ Standorte der Werkstätten, Lage und Umfang

✔ Produktionsverfahren, Aktualität und Gefährdungen

✔ Binnen-Transportwege, Umfang und Techniken

✔ Raumaufteilung der Anlagen, Leer- und Nutzflächen, technische
Ausstattung

Waren- und Materiallager:

✔ Zustand der Waren

✔ Zustand des Lagers, Übersichtlichkeit und technische Ausstattung

✔ Lagerbestand, verwertbar und Ladenhüter

✔ Lagerhaltungskosten

✔ System der Bestandsprüfung

Betriebsklima:

✔ Umgang mit den Mitarbeitern

✔ Stimmung im Betrieb

✔ Führungsverhalten

Rechtliche Auflagen beachten

Vor allem bei Produktionsunternehmen ist die rechtliche Seite zu beachten: Unternehmen in Deutschland unterliegen einer Vielzahl von rechtlichen Auflagen. Zu prüfen ist, ob der besichtigte Betrieb diese Auflagen erfüllt. Im Folgenden werden die wichtigsten Punkte aufgeführt, mit denen ein Übernehmer konfrontiert werden kann:

● **Altlasten**
Unternehmen aus der metallverarbeitenden Industrie, Lackierereien, Speditionen, Autohäuser oder auch Hersteller von Farben bzw. anderen chemisch belasteten Gütern haben unter Umständen in der Vergangenheit den Boden ihres Standorts kontaminiert. Der Boden muss auch unter einem neuen Inhaber wieder in Stand gesetzt werden. Vor einer Übergabe sollte deshalb dringend geklärt werden, wer die Haftung und damit die Kosten für diese Altlastbeseitigung übernimmt.

● **Emissionsschutz**
Viele Unternehmen unterliegen Emissionsschutzbedingungen. Wie diese im Einzelnen aussehen, kann bei Verbänden und Kammern erfragt werden.

● **Arbeitsschutz**
Auch im Bereich der Arbeitsschutzbestimmungen gibt es viele Einzelaspekte, die berücksichtigt werden müssen. Kompetente Ansprechpartner sind hier neben den Verbänden und Kammern auch die jeweiligen Innungen.

● **Hygiene-Auflagen**
Im Bereich der Lebensmittelproduktion oder auch der Gastronomie greifen weitere Bestimmungen, die der Sicherheit des Verbrauchers dienen. In den Arbeitsräumen einer Metzgerei dürfen beispielsweise bestimmte Temperaturen nicht überschritten werden.

Über die genannten wie auch alle weiteren branchenspezifischen Auflagen informieren Verbände und Kammern. Auch die Berufsgenossenschaft und das Gewerbeaufsichtsamt sind ein wichtiger Ansprechpartner.

1.3.5   Management und Mitarbeiter

Jeder Wechsel in der Unternehmensführung führt zu Instabilitäten. Nicht nur die Person an der Spitze wird ausgetauscht, auch die Organisationsstruktur wird sich ändern. Dafür muss die notwendige Flexibilität vorhanden sein. Ist die Unternehmenskultur konservativ geprägt und stark hierarchisch orientiert, so wird der Nachfolger möglicherweise Schwierigkeiten haben, seine Ideen in die Tat umzusetzen. Eher wird es ihm wie Herrn Fischer ergehen, damals bei seiner Übernahme:

Sein Vater war als Patriarch der Großfamilie und Alleinherrscher im Unternehmen bekannt. Herr Fischer jun. wollte das ganz anders machen. Er belegte Kurse in moderner Personalführung, in denen er die wichtigsten Techniken erlernte, mit denen seine Belegschaft hochmotiviert und besser arbeiten sollte. Herr Fischer jun. war begeistert. Er führte wöchentliche Teamtreffen ein und bat die Teilnehmer gleich bei der ersten Sitzung um ihre Hilfe. Zur Lösung eines bestimmten Problems verteilte er Metaplan-Karten und forderte seine Mitarbeiter zum »Brainstorming« auf. Sechs Augenpaare sahen ihn völlig verständnislos an. Keiner sagte ein Wort. Erst langsam und allmählich stellte sich das Verständnis für den neuen Führungsstil ein, und auch der Mut, zum Wohle des Unternehmens Kritik zu äußern, musste erst wachsen.

Führungsstil behutsam ändern

Frischer Wind im Unternehmen kann Mitarbeiter und Mitarbeiterinnen mitreißen und neu motivieren. Herr Albrecht als ehemaliger Mitarbeiter hat dabei Vorteile, weil er den Betrieb und auch die informellen Strukturen gut kennt. Auf der anderen Seite werden ihm die ehemaligen Kollegen vielleicht Arroganz und Standesdünkel vorwerfen. Akzeptanzprobleme der Mitarbeiter gegenüber dem neuen Chef (gerade wenn dieser aus den eigenen Reihen stammt) werden oft unterschätzt. Dabei ist es von entscheidender Bedeutung für den Erfolg einer Nachfolgeregelung, dass das Personal die Übergabe als Chance und nicht als Gefährdung sieht. Immerhin müssen sie sich in vielen Bereichen umstellen und dem Nachfolger gegenüber neu profilieren. Gerade die zweite Führungsebene wird unter Umständen Schwierigkeiten haben, einen neuen Chef »vor die Nase« gesetzt zu bekommen, vor allem, wenn sie sich selbst Chancen auf den Aufstieg ausgerechnet hat.

Den Nachfolger als Chef respektieren

Vor der Einführung eines neuen Führungsstils sollte daher geprüft werden, wie viel Veränderung den Mitarbeitern zugemutet werden kann: Fluktuation und Krankenstand können Anhaltspunkte für das bisherige Klima sein. Auch die Anzahl und Qualifikation der Mitarbeiter ist ein wichtiger Aspekt. Gibt es genügend Fachkräfte und werden diese effizient eingesetzt? Wie sieht es mit der Weiterbildung aus?

Last but not least ist auch die Altersstruktur der Mitarbeiter zu untersuchen: Gehen mit dem bisherigen Inhaber möglicherweise weitere Führungskräfte, mit denen wichtige Erfahrungen wegfallen? Ist das Team jung genug, um einen dynamischen Nachfolger als Chance und nicht als Last zu verstehen?

Offene Informationspolitik

Mittelständische Unternehmen müssen sich permanent den sich immer schneller wandelnden Wettbewerbsbedingungen anpassen. Neben der Führungsmannschaft müssen deshalb alle Mitarbeiter auf neue Wettbewerbssituationen eingestellt werden, um betriebliche Erfolge zu stabilisieren und auszubauen. Bewährt hat sich – auch in der mittelständischen Praxis – eine offene Informationspolitik zu allen Mitarbeitern. Nur wenn die Wege zum Erfolg klar aufgezeigt und gegebenenfalls durch die Vereinbarung von messbaren Zielen mit jedem Mitarbeiter konkretisiert werden, können Motivation und Begeisterung gefördert werden. Regelmäßige Teamtreffen in Arbeitsgruppen (z.B. alle Projektleiter, alle Mitarbeiter einer Baustelle, bei kleinen Unternehmen alle Mitarbeiter) dienen dem Informationsaustausch über aktuelle Arbeiten und wichtige Zielsetzungen des Unternehmens. Darüber hinaus können Mitarbeiter in diesem Kreis Fragen, Kritik und Verbesserungsvorschläge äußern.

Damit sich erste Erfolge, die der Nachfolger erzielen konnte, nicht schnell wieder abnutzen, sollten folgende Regeln während der Übertragungszeit und danach berücksichtigt werden:

Checkliste

Mitarbeiterführung

✔ Informationsfluss: Erhalten die Mitarbeiter regelmäßig alle relevanten Informationen?

✔ Mitarbeitereinsatz: Können die Mitarbeiter Entscheidungen nachvollziehen, werden sie gefragt oder sogar in Entscheidungsprozesse einbezogen?

✔ Ausrichtung/Zielklarheit: Wissen die Mitarbeiter, welche Ziele verfolgt werden, welche Vorrang haben und auch warum diese Ziele vereinbart wurden?

✔ Anerkennung und Feedback: Werden die Mitarbeiter für gute Leistungen unmittelbar gelobt und darüber informiert, was gut und was nicht so gut gelaufen ist?

✔ Übertragung von Aufgaben und Kompetenz: Werden den Mitarbeitern wesentliche Aufgaben und die dafür notwendigen Kompetenzen übertragen?

✔ Fehler: Werden Fehler im Sinne von »learning by doing« und als eine Möglichkeit für Verbesserungen betrachtet oder beginnt sofort die Suche nach dem Schuldigen?

✔ Arbeitsklima: Kümmert sich der Unternehmer um das Arbeitsklima? Ist es freundlich und humorvoll oder verkniffen ernst mit hohem Druck?

✔ Loyalität: Steht der »Chef« auch hinter den Mitarbeitern, vertritt auch deren Ideen und Vorschläge nach außen?

✔ Coach: Ist der Unternehmer ein »Coach«, der bestrebt ist, die Potenziale und Fähigkeiten der Mitarbeiter anzuerkennen und zu fördern?

✔ Bezahlung und Absicherung: Wird den Mitarbeitern eine faire Bezahlung und soziale Absicherung geboten, so dass der Unternehmenserfolg auch von den Mitarbeitern positiv empfunden wird (Gewinn-Gewinn-Situation)?

✔ Arbeitsorganisation: Hat das Unternehmen den Mut, neue Organisationsformen zu realisieren, die stärker die Ablauforganisation berücksichtigen und weniger Statusfragen in den Vordergrund stellen?

✔ Arbeitszeitmodelle: Bietet das Unternehmen flexible Arbeitszeitmodelle, die z. B. Teilzeitbeschäftigung ermöglichen?

Quelle: BMWi, Junge Unternehmen, S. 36

Regelmäßige Gespräche, in denen die Anforderungen des Unternehmens an die Mitarbeiter sowie die persönlichen Vorstellungen des Mitarbeiters von seiner Tätigkeit diskutiert werden, helfen, gemeinsam realistische Ziele festzulegen. Ein Bewertungssystem (z. B. durch Schulnoten) unterstützt beide Seiten bei der Einschätzung der Leistungen und der Entwicklung des Mitarbeiters.

Kriterium	Aktuelle Bewertung	Letzte Bewertung
Fachliche Qualifikation		
Qualität der Arbeit		
Zuverlässigkeit		
Pünktlichkeit		
Arbeitsgeschwindigkeit		
Selbstständiges Arbeiten		
Einstellung zur Weiterbildung		
...		
...		

Beispiel eines Bewertungssystems

Doch der Übernehmer muss nicht nur zu den Mitarbeitern passen und sie professionell führen – er muss sich auch in die Unternehmenskultur einfügen. Nicht alles wird sich ändern lassen, auch er muss bereit sein, sich anzupassen. Jedem Externen ist daher nur zu empfehlen, auch die »soft-facts« des Unternehmens eingehend zu analysieren, damit es nicht erst beim Einstieg in den Betrieb zu einem bösen Erwachen kommt.

Die Unternehmenskultur kann u.a. anhand der folgenden Merkmale geprüft werden:

- **Ziele und Werte**
  Passen die Wertvorstellungen noch in das heutige Betriebsumfeld? Können sich die Betriebsangehörigen mit ihnen identifizieren bzw. durch sie motivieren oder müssen sie angepasst werden?

- **Äußeres Erscheinungsbild**
  Ist die Architektur und Einrichtung modern oder passen zum Unternehmen eher Möbel in Eiche rustikal? Erscheint die Chefsekretärin täglich im grauen Kostüm oder auch schon mal in Jeans? Auch das Erscheinungsbild des Betriebs gibt Anhaltspunkte über die Kommunikation und den Stil des Unternehmens.

- **Sprache und Umgangston**
  Wie stellen sich die Gesprächspartner vor (oder lassen sie sich vorstellen)? Legen sie Wert auf Titel? Schließlich sagt auch der Grad der Förmlichkeit viel über die Unternehmenskultur aus.

Tipp

> Bei der Übernahme eines Unternehmens tritt der Nachfolger für die Rechte, aber auch für die Pflichten des bisherigen Inhabers ein.

Nach § 613a BGB sind die Mitarbeiter und Mitarbeiterinnen bei einem Vermögensübergang vor Kündigungen geschützt. Notwendige Personalbereinigungen sollten daher immer vor der Eigentumsübertragung stattfinden. Darüber hinaus haben alle Arbeitnehmer seit dem 01.04.2002 die Möglichkeit, dem Verkauf des Unternehmens zu widersprechen.

Bei einer Unternehmensübergabe muss der bisherige Arbeitgeber oder der neue Inhaber die Mitarbeiter deshalb über folgende Punkte schriftlich unterrichten:

- genauer oder geplanter Zeitpunkt der Übergabe,
- Begründung für die Übergabe,
- Zukunftsplanungen, die alle Beschäftigten betreffen sowie
- rechtliche, wirtschaftliche und soziale Folgen für den Arbeitnehmer.

Um Probleme zu vermeiden, sollten sich Käufer und Verkäufer rechtzeitig über die korrekte Abwicklung des Verfahrens informieren. Darüber hinaus sollten sie den Vorgang dokumentieren und sich z.B. den Erhalt des Schreibens von allen Mitarbeitern schriftlich bestätigen lassen, um jeden Zweifel an der Ordnungsmäßigkeit des Verfahrens ausräumen zu können.

Die Mitarbeiter haben einen Monat Zeit, dem wechselnden Arbeitsverhältnis schriftlich zu widersprechen. Bei einer nicht ordnungsgemäßen Mitteilung des Unternehmers haben die Mitarbeiter sogar über die Monatsfrist hinaus Zeit für den Widerspruch. Kündigt beispielsweise der Übernehmer einem Mitarbeiter ein Vierteljahr später, kann auch der Alt-Inhaber von seinem ehemaligen Personal belangt und auf Lohnfortzahlung oder Weiterbeschäftigung verklagt werden. Doch auch Firmenkäufer sehen sich durch die Änderung des § 613a BGB einem neuen Risiko gegenüber: Wenn Leistungsträger die Übergabe verweigern, kann dies dem Unternehmen nachhaltig schaden.

Widerspruchsrecht

Übergeber und Übernehmer müssen sich im Falle eines Verkaufs bzw. Kaufs des Unternehmens gründlich mit der rechtlichen Situation beschäftigen und die Forderungen des Gesetzgebers berücksichtigen. Eine Beratung ist in diesen Fällen sinnvoll und notwendig.

1.3.6   Die Ertragslage

Jeder Nachfolger wird die Attraktivität eines Unternehmens nicht zuletzt anhand der Ergebniszahlen beurteilen. In diesem Kapitel geht es nicht um die Anleitung zur Analyse einer Bilanz, sondern um wesentliche Besonderheiten bei einer Unternehmensübertragung. Denn: Bei einer Unternehmensübergabe ändern sich die Ertragszahlen des Unternehmens. Zusatzerträge und Zusatzlasten treten – vielfach zur völligen Überraschung der Beteiligten – hervor.

Da hat Herr Schulte bislang keine Miete berechnet, obgleich die Gebäude, in denen sich sein Unternehmen befindet, in seinem Privatbesitz stehen. »Das darf ich als Einzelunternehmer nicht, hat mir mein Steuerberater gesagt«, erklärt er Herrn Albrecht. Das ist zwar richtig, allerdings will Herr Schulte die Gebäude nicht zusammen mit dem Betrieb veräußern. Nach der Übergabe soll die Pacht aus den Immobilien einen Teil seines Lebensunterhaltes sichern. Das bedeutet für den Betrieb einen weiteren Aufwandsfaktor, der den Ertrag schmälert. In anderen Fällen entsprechen die Mietzahlungen aus steuerlichen Gründen nicht immer dem ortsüblichen Mietniveau. Nach der Übergabe wird dagegen eine ortsübliche Miete verlangt. Die Differenz wird folglich das Betriebsergebnis ändern.

Gleiches gilt für nicht oder nur gering verzinste Gesellschafterdarlehen und für besonders hohe oder geringe Geschäftsführergehälter. Auch die Annehmlichkeiten des Unternehmerdaseins wie der Firmenwagen und gelegentliche personelle Unterstützungen (z.B. bei der Hausreinigung oder im Garten) entfallen; dies wirkt sich ertragsteigernd aus. Häufig werden Verwandte des Altgesellschafters als Gehaltsempfänger des Unternehmens auftauchen, obwohl sie nur einen sehr geringen Anteil an der unternehmerischen Wertschöpfung haben. Diese Posten belasten das Betriebsergebnis. Auch steuerlich motivierte Abschreibungsmethoden und die Bildung von – mehr oder weniger nachvollziehbaren – Rückstellungen müssen bei der Betrachtung des ausgewiesenen Betriebsergebnisses ebenso berücksichtigt werden, wie die Bewertung von Vorräten und fertigen sowie halbfertigen Erzeugnissen. Nicht selten stellt sich beim Gang durch das Lager heraus, dass sich auf hoch bewerteten Vorräten schon eine mehrere Zentimeter dicke Staubschicht gebildet hat und diese Produkte beim besten Willen nicht mehr veräußerbar sind.

Bewertungsspielräume erkennnen

Last but not least: Eine zusätzliche Belastung tritt während der Übergabephase auf, wenn sowohl der Übergeber als auch der Übernehmer im Betrieb arbeiten. Dann muss im Vorfeld überprüft werden, ob das Unternehmen genügend Gewinn abwirft, um zwei Chefs und gegebenenfalls noch deren Familien zu versorgen. Keiner von beiden kann und will in der Regel auf eine Vergütung verzichten.

Unternehmenssteuerung durch Controlling

Um die Auswirkungen zusätzlicher Belastungen auf das Unternehmen prüfen zu können, ist ein aussagefähiges Controlling notwendig, das die Voraussetzung für die Beurteilung der Ertragskraft ist. Ein umfassendes Kostencontrolling wäre beispielsweise in der Schreinerei Schulte dringend anzuraten. Schleichende Kostensteigerungen wurden von Herrn Schulte jahrelang nicht bemerkt. Bislang hat er Vorschläge der Mitarbeiter zur Einführung eines strukturierten Controlling immer als zu teuer abgelehnt. Die Analyse der Aufwandszusammensetzung, die Herr Albrecht schließlich durchsetzen kann, zeigt schnell Optimierungsmöglichkeiten auf. Beispielsweise stellt sich heraus, dass die Materialkosten extrem hoch sind, weil Holz teilweise mehrere Jahre lagert und viele fertige Erzeugnisse ohne System in einer alten Halle lagern. Hohe Ausschüsse und unnötige Mehrkäufe sind die Folgen, was den Materialeinsatz hochschnellen lässt.

Der Grundstein für ein wirksames Controlling ist ein aussagekräftiges Rechnungswesen. Das Rechnungswesen können auch Externe, z. B. Steuerberater, übernehmen; es muss jedoch exakt auf den jeweiligen Betrieb zugeschnitten sein. Einem Automobilhändler sagen die Umsatzklassen »Neuwagen«, »Gebrauchtwagen« und »Werkstatt« mehr als eine Verbuchung der Umsätze nach den Mehrwertsteuersätzen. Nur wenn die Entwicklung des Unternehmens anhand aktueller Zahlen nachvollzogen werden kann, ist das Rechnungswesen hilfreich.

Zukunftsplanung

»Nur wer das Ziel kennt, kann treffen.« Das wussten schon die alten Römer. Eine Zukunftsplanung als zweites Element für ein aussagefähiges Controlling spezifiziert Ziele und Zeiträume für Maßnahmen und Ressourcen. Bei der Planung werden die Umsätze, die das

Unternehmen erreichen soll, dem geplanten Material- und Warenein-satz und den weiteren Kosten gegenübergestellt. Die Informationen daraus fließen als Erträge und Aufwendungen in das Budget und als Einnahmen und Ausgaben aus dem laufenden Geschäftsbetrieb in den Finanzplan. Zusammen mit Investitionen, Tilgungen und Ausschüttungen ist daraus die Finanzsituation des Unternehmens ersichtlich.

Der Aufwand für eine Planung ist in der Regel überschaubar, der Nutzen groß, wenn die Planung regelmäßig den Ist-Zahlen gegen-übergestellt und ausgewertet wird. Durch regelmäßige Analyse der Abweichung einzelner Werte können Übergeber und Übernehmer erkennen, wohin das Unternehmen steuert und wo Handlungsbedarf besteht (s. auch Kapitel 2.6.2).

Typische Fehler beim Controlling

✔ Keine Zeit: Der tägliche Stress und die zu erledigenden Aufträge verleiten dazu, »den lästigen Papierkram« links liegen zu lassen.

✔ Der Laden läuft zu gut: Auf den ersten Blick ein Widerspruch – doch wenn sich erfolgreiche Unternehmen auf ihren Lorbeeren ausruhen, vernachlässigen sie den Blick auf Kunde und Markt.

✔ Alles im Kopf: Sicher haben viele Unternehmer die wichtigsten Informationen über ihren Betrieb präsent. Wer diese Informationen jedoch schriftlich fixiert, gewinnt ein schärferes Unternehmensbild und merkt in der Regel schneller, wenn das Schiff in die falsche Richtung dreht.

✔ Das erledigen meine Leute: Controlling ist Chefsache! Nicht selten delegieren Firmenlenker die ungeliebten Aufgaben an Mitarbeiter. Die Folge: Sie verlieren leichter den Überblick.

✔ Controlling aneinander vorbei: Ein funktionierendes Rechnungswe-sen garantiert noch kein funktionierendes Controlling. Nur wenn die Geschäftsleitung genau die Informationen bekommt, die zur Steuerung dieses Betriebs benötigt werden, können Controllingziele erreicht werden.

Checkliste

1.3.7   Die finanzielle Situation

Liquiditätssicherung ist eine wesentliche Aufgabe für jede Unterneh-mensführung, insbesondere für Unternehmen vor der Übergabe!

Tipp

Liquiditätsengpässe sind eine der häufigsten Ursachen für das Scheitern einer Unternehmensnachfolge. Deswegen sind Engpässe in diesem Bereich des Unternehmens rechtzeitig auszumachen und gegebenenfalls im Vorfeld auszuräumen. Denn gerade in dieser Zeit sollte das Unternehmen liquide sein und Verbindlichkeiten fristgerecht bedienen können. Wenn die Bank beispielsweise den Kontokorrentkredit ganz oder teilweise kündigt, weil sie um die Zukunft des Unternehmens fürchtet, kann die Zukunft tatsächlich ganz schnell gefährdet sein.

Finanzplanung

Hierzu ist eine systematische Finanzplanung unabdingbar. Sie sollte nahtlos die Erträge und Aufwendungen in Einnahmen und Ausgaben überführen und durch ertragsunwirksame Einnahmen bzw. Ausgaben, z.B. Aufnahme oder Tilgung eines Darlehens, regelmäßige Entnahmen oder Investitionen ergänzen. Eine solide Finanzplanung gehört zu einem aussagekräftigen Unternehmensprofil ebenso wie zu einem sorgfältigen Geschäftsplan für den Nachfolger.

Bei der Aufstellung der zukünftigen und aktuellen Finanzlage müssen Änderungen durch die Übertragung berücksichtigt werden. Dabei müssen nicht nur der Kaufpreis für das Unternehmen sondern auch z.B. Investitionen und finanzielle Aufwendungen für Änderungen in der Belegschaft (z.B. Abfindungen) langfristig aus dem Unternehmen finanziert werden. Andere Liquiditätsbelastungen wirken sich nicht auf das Unternehmen, sondern auf den privaten Bereich des Übernehmers aus: Der Kaufpreis von Kapitalgesellschaften (AG, GmbH, GmbH aA) ist durch den Übernehmer privat zu finanzieren und damit auch zu verzinsen und zu tilgen. Die Finanzlage des Unternehmens bleibt davon unberührt. Anders bei Personengesellschaften oder Einzelunternehmen – diese sind direkt mit der Privatperson des Übernehmers verbunden und tragen somit auch Zins- und Tilgungsbelastungen für den Kaufpreis.

Steuern und Pensionszusagen

Finanzielle Engpässe können auch bei unentgeltlichen Übertragungen auftreten, wenn z.B. aufgrund von Erbstreitigkeiten Erben ausbezahlt werden müssen oder wenn die Erbschaftsteuer zu leisten ist. Und schließlich muss geprüft werden, ob eine vereinbarte Rentenzahlung für den Übergeber aus dem Unternehmen überhaupt erwirtschaftet werden kann. Frau Fischer muss monatlich 2000 € für die betriebliche Pensionszusage an ihren Vater überweisen. Wenn das Unternehmen dies nicht hergibt, leidet die finanzielle Versorgung des Übergebers bzw. der Übergeberin. Im schlimmsten Fall sind bei einer Auflösung der Pensionsrückstellung sogar Ertragsteuern zu zahlen, was dann die Liquidität des Betriebs enorm belastet.

1.3.8 Unternehmensstrategie und Entwicklungsperspektiven

Zur sorgfältigen Prüfung des Unternehmens gehört schließlich auch, sich Gedanken über die derzeitige Strategie und die zukünftigen Aussichten des Unternehmens zu machen. Der Ausspruch des Übergebers: »Nach mir die Sintflut« ist ebenso falsch wie seine Vorstellung, der Nachfolger setze sich in ein gemachtes Nest. Strategien hängen vom Strategen ab und der wird in Zukunft Albrecht und nicht mehr Schulte heißen. Andererseits: Herr Albrecht mag zwar erfolgversprechende Strategien haben, jedoch werden diese kaum realisierbar sein, wenn er dem Betrieb nicht genügend Zeit gibt, sich auf den neuen Chef einzustellen.

Herr Fischer hat sich bereits jetzt überlegt, wie die Stabilität des Betriebs auch in Zukunft gesichert werden kann. Er ist der Auffassung, dass in einem Produktbereich eine Ausweitung des Umsatzes sinnvoll ist und lässt eine Marktstudie für dieses Segment anfertigen. Sein Fuhrpark genügt für derzeitige Ansprüche zwar, muss für eine Vergrößerung des Unternehmens jedoch ausgebaut und modernisiert werden. Weil er annimmt, dass seine Hausbank ihm als langjährigen Kunden leichter einen Kredit gibt als seiner dort noch unbekannten Nachfolgerin, vereinbart er einen gemeinsamen Termin, um seiner Tochter den Einstieg zu erleichtern.

> Neben einer intensiven Analyse der Ist-Situation sollte auch das Wachstumspotenzial des Unternehmens geprüft werden.

Tipp

Wurde der Gewinn der letzten drei Jahre beispielsweise lediglich durch neutrale Erlöse – beispielsweise den Verkauf von Maschinen – gesichert? Dann sind die Zukunftsaussichten des Unternehmens eher trüb.

Ist das Unternehmen so ertragsstabil, dass es auch eventuellen Anfangsfehlern des Nachfolgers standzuhalten vermag? Gerade in der ersten Zeit sind Fehler des Übernehmers nicht immer vermeidbar und sollten daher in den Ertragsperspektiven des Unternehmens berücksichtigt werden.

Ein wichtiger Faktor bei dieser Überprüfung ist gerade bei produzierenden Unternehmen der Zustand der Maschinen. Herr Schulte ist der Ansicht, dass für Neuanschaffungen das Geld fehlt, so dass er die scheinbar günstigeren Reparaturen vorzieht. In der Zukunft wird sich dieser Investitionsstau auch auf mögliche Wachstumsimpulse negativ auswirken: Das Unternehmen wird einen Großteil des

Investitionen nach der Übergabe

Maschinenparks ersetzen müssen. Dadurch entsteht ein hoher Kapitalbedarf, der sich nicht nur auf das Investitionsgut allein (z. B. eine Maschine) erstreckt. Zu berücksichtigen sind außerdem die Montage- und Anlaufkosten sowie alle Nebenkosten (Umbauten auf dem bisherigen Gelände, Umstellungen von Maschinen etc.). Nicht zu unterschätzen sind zudem Eigenleistungen, die selbstverständlich auch »Geld« kosten. Möglicherweise kommt es durch die Anschaffung auch zu Ausfallzeiten, in denen nicht produziert werden kann.

Doch nicht nur der Ersatz von veralteten Maschinen, sondern auch die Umstrukturierung und Modernisierung des Maschinenparks sollte beizeiten geplant werden. Sofern Herr Albrecht zukünftig Computer gestützt arbeiten möchte, muss auch für diese Neuinvestitionen eine Investitionsanalyse durchgeführt und eine strategische Entscheidung getroffen werden: Sollen sie jetzt angeschafft werden oder erst zu einem späteren Zeitpunkt?

Zeitpunkt der Investitionen

Dabei muss jedoch bedacht werden, dass Investitionen, die getätigt werden, solange Herr Schulte noch im Unternehmen ist, den Kaufpreis erhöhen – wenn die Erträge stimmen. Einigen sich Herr Schulte und Herr Albrecht darauf, dass notwendige Investitionen erst nach der Übergabe durchgeführt werden, wird Herr Schulte nur einen geringeren Kaufpreis erzielen können.

1.3.9   Zusammenfassende Checkliste »Unternehmen«

Checkliste

Folgende Fragen sollten Übergeber und Übernehmer zur Vorbereitung des Unternehmens auf die Übertragung diskutieren:

✔ Was sind die Meilensteine in der Unternehmensgeschichte?

✔ Wer ist für welche Aufgaben in der Geschäftsleitung zuständig? Gibt es Vertreter?

✔ Wer sind die Bevollmächtigten für Bankgeschäfte?

✔ Wer ist der Ansprechpartner für Kunden und Lieferanten?

✔ Wie ist die rechtliche Situation des Unternehmens (Rechtsform, Anteilverteilung, Gesellschafts- und sonstige Verträge)?

✔ Wurde eine Betriebsanalyse durchgeführt?

✔ Sind Unternehmenskonzept und Unternehmenszweck bereits einmal schriftlich fixiert worden?

✔ Welche Erwartungen gibt es für die Entwicklung der Branche?

✔ Wo steht das Unternehmen in seinem Markt?

✔ Waren seine Marketingmaßnahmen in der Vergangenheit erfolgreich?

✔ Wie viel Marktmacht haben die Lieferanten des Unternehmens?

✔ Wie sind der Grad der Kundenbindung und der Kundenkonzentration einzuschätzen?

✔ Besteht die Gefahr neuer Markteintritte oder werden Ersatzprodukte auf den Markt kommen?

✔ Wie lässt sich die Produktpalette beschreiben?

✔ Verlaufen Produktionsprozess und Vertrieb reibungslos und werden die Qualitätsstandards erfüllt?

✔ Wie sind das Management und die Mitarbeiter organisiert? Gibt es regelmäßige Mitarbeitergespräche?

✔ Kann das Unternehmen die finanzielle Zusatzbelastung durch einen Übergabeprozess verkraften?

✔ Gibt es ein funktionierendes Controlling?

✔ Ist die Finanzplanung auf die Belastungen nach der Übergabe abgestimmt?

✔ Wie sind das Wachstumspotenzial und die Strategie des Unternehmens?

✔ Ist ein Investitionsstau auszumachen?

✔ Wo besteht noch Anpassungsbedarf? Was muss noch getan werden, damit das Unternehmen reibungslos übertragen werden kann?

2   Das Nachfolge-Konzept

Wenn sich Übergeber und der oder die Übernehmer gefunden haben und ihre Ausgangspositionen sowohl für sich allein als auch in gemeinsamen Gesprächen geklärt haben, kommt nun der zweite wichtige Schritt auf sie zu: das Konzept für die Übergabe zu erstellen.

Ziel dieses Konzepts ist es, einen gangbaren Weg zu finden, an dessen Ende die vollständige Übertragung des Unternehmens an den oder die Nachfolger steht. Eine solche reibungslose Übergabe bedeutet aber auch, dass der Übergeber einen für ihn akzeptablen Eintritt in die dritte Lebensphase erlebt und dass der Übernehmer in der ersten Zeit direkt nach der Übertragung nicht allein gelassen wird.

Vermögen und Management getrennt übertragen

Bei der Unternehmensnachfolge sind zwei unterschiedliche Dinge zu planen: Zum einen ist zu überlegen, wer in welchem Umfang das Unternehmensvermögen erhalten soll, zum anderen ist zu entscheiden, wer die Führungsverantwortung für das Unternehmen übernehmen soll.

Zwar ist im Mittelstand aufgrund der weitverbreiteten Rechtsform des Einzelunternehmens das Eigentum in vielen Fällen mit der Unternehmensführung verknüpft, doch gerade bei der Unternehmensübergabe macht es Sinn, diese beiden Bereiche getrennt zu betrachten.

Die Übergabe der Unternehmensführung ist für die langfristige Existenz des Unternehmens ausschlaggebend, da die Person des Unternehmers maßgeblich verantwortlich ist für den Unternehmenserfolg. Zu prüfen ist hier vor allem die Qualifikation des oder der Nachfolger für ihre unternehmerische Aufgabe. Durch sukzessive Erweiterung der Zuständigkeitsbereiche kann getestet werden, ob der Übernehmer bzw. die Übernehmerin dieser Aufgabe auch gewachsen ist.

Diese Entscheidung hat jedoch noch keine direkten Auswirkungen auf die Eigentumsverhältnisse. Im Falle der Eigentumsübertragung geht es vor allem um die Frage, wie das Vermögen innerhalb der Familie aufgeteilt werden soll, ob die Altersversorgung ausreicht oder ob der Erlös aus dem Unternehmen zum Leben im Ruhestand benötigt wird.

Mit der langfristigen und gezielten Übergabe von Vermögensteilen bzw. Gesellschaftsanteilen z. B. an zukünftige Erben lassen sich auch die steuerlichen Möglichkeiten optimal nutzen. Bei der Planung der Übergabe sollte deshalb geprüft werden, ob es vorteilhafter ist, zunächst schrittweise die Unternehmensführung zu übertragen oder zuerst das unternehmerische Vermögen. Die Entscheidung ist im Einzelfall zu treffen; in den wenigsten Fällen ist es ratsam, beide Übergänge in einem Schritt zu vollziehen.

2.1 Die Nachfolge-Planung

2.1.1 Ziele definieren

Die Ergebnisse der Bestandsaufnahme bestimmen das weitere inhaltliche und zeitliche Vorgehen. Stellt sich beispielsweise heraus, dass der Übergeber keine finanzielle Vorsorge für sein Alter getroffen hat, wäre es sinnlos, mit seinem Nachfolger eine Schenkung zu vereinbaren, so sehr sich alle Beteiligten dies wünschen. Ein anderes Beispiel: Vielleicht muss der Eintritt des Juniors in den Betrieb noch um einige Zeit verschoben werden, da ihm die nötige Berufserfahrung fehlt.

Die Spannbreite der Rahmenbedingungen ist sehr groß. Daher ist jede Nachfolgeplanung individuell und einzigartig: Kaum etwas kann so wenig verallgemeinert werden wie der Ablauf einer Übergabe. Dabei dürfen vor allem die Ziele der Beteiligten nicht aus den Augen verloren werden, denn nichts wird im Geschäftsleben so häufig unterschätzt wie die persönlichen und emotionalen Bedürfnisse der Akteure. In aller Regel werden die Ziele von Übergebern und Übernehmern nicht identisch sein, woraus sich eine Vielzahl an offenen und versteckten Konflikten ergeben kann. Sind mehrere Nachfolger vorhanden, so sind in einem ersten Schritt zunächst einmal die individuellen Vorstellungen jedes einzelnen zu einem Gesamtziel zu bündeln. Nicht selten scheitern vermeintlich sinnvolle und praktikable Lösungen, weil sie mit den individuellen Vorstellungen eines der Beteiligten nicht konform gehen.

Zielkonflikte lösen

Herr Schulte hat als Ergebnis seiner Bestandsaufnahme und Zielsetzung folgende Punkte festgelegt:

- Er möchte, dass der Lebensunterhalt für ihn und seine Frau gesichert ist. Die Bestandsaufnahme ergab, dass diese Sicherung nur durch die im Unternehmen steckenden Werte gewährleistet werden kann. (Konfliktpotenzial bei einem Verkauf wird hier in den Verhandlungen um den Kaufpreis liegen.)
- Abgesehen davon soll das Unternehmen unter (fast) allen Umständen weitergeführt werden, denn Herr Schulte will den beiden mit ihm konkurrierenden Innenarchitekten den Triumph

einer Schließung der »Schreinerei Schulte« nicht gönnen. (Konfliktpotenzial könnte darin liegen, dass Herr Albrecht die Produktausrichtung des Unternehmens ändern möchte.)

- Einen totalen Rückzug aus dem Unternehmen kann sich Herr Schulte nicht vorstellen. Ihm wäre es am liebsten, wenn er auch nach seinem offiziellen Ausscheiden noch Einfluss nehmen könnte. (Herr Albrecht könnte sich sehr gut vorstellen, Herrn Schulte als Berater zu beschäftigen. Konflikte können sich dann ergeben, wenn Herr Schulte nicht als Berater, sondern weiterhin als Unternehmer agiert.)
- Da Herr Schulte das Unternehmen als sein Lebenswerk betrachtet, wäre es ihm am liebsten, wenn der Betrieb auch nach seinem Ausscheiden seinen Namen weiter führt. (Dies stimmt auch mit den Interessen von Herrn Albrecht überein, der diesen Firmenwert aktiv nutzen möchte.)

Als Orientierung bei der Zielformulierung können die folgenden Übersichten dienen. Entscheidend ist, dass die Ziele konkret sind und möglichst genau beschreiben, was mit der Übergabe erreicht werden soll. So kann frühzeitig erkannt werden, welche Ziele sich realisieren lassen und welche nicht. Außerdem können nur so klare und verbindliche Vereinbarungen zwischen Übergeber und Übernehmer getroffen werden. Je präziser und offener die Übergabepartner miteinander über ihre Ziele sprechen können, um so weniger kommt es zu falschen Erwartungen und Missverständnissen. Die Statistik zeigt, dass viele Übertragungen im mittelständischen Bereich gerade hier scheitern: nicht an wirtschaftlichen oder organisatorischen Hürden, sondern auf Grund von Kommunikationsschwierigkeiten, die durch eine unscharfe Zielplanung entstehen.

Ziele transparent darstellen

Die Ziele des Übergebers

Ziele aus Übergeber-Sicht

- Ich will allen Mitarbeitern ihre Arbeitsplätze erhalten.
- Das Unternehmen soll in meinem Sinne weitergeführt werden.
- Ich will raus aus der Haftung.
- Ich will finanziell unabhängig sein.
- Zum 31.12. soll aber Schluss sein!

- ....
- ....
- ....

Ziele aus Übernehmer-Sicht

Die Ziele des
Übernehmers

- Ich will rationalisieren und möglichst viel Geld verdienen.
- Mein Einkommen soll gesichert sein.
- Ich möchte eher auf Ertrag verzichten, als mich krumm zu legen.
- Ich will von Anfang an alleinige Entscheidungsfreiheit haben.
- In der Anfangszeit will ich noch vom Übergeber mit seinem Know-how unterstützt werden.

- ....

- ....

- ....

Ziele aus Sicht des Unternehmens/Betriebliche Ziele

Die Ziele für das
Unternehmen

- Das Unternehmen soll seinen Namen behalten, weil es darunter im Markt bekannt ist.
- Die wichtigsten Mitarbeiter sollen bleiben.
- Der Kaufpreis darf die Liquidität des Unternehmens nicht belasten.
- Der bisherige Inhaber soll noch im Unternehmen tätig sein.

- ....

- ....

- ....

Entscheidend ist, dass die Übertragungspartner auch konfliktträchtige Ziele ansprechen und gemeinsam nach Kompromissen suchen. Die Einigung auf den kleinsten gemeinsamen Nenner führt dabei eher zum Erfolg als hochfliegende Ziele, die – unausgesprochen – in unterschiedliche Richtungen führen.

2.1.2   Der Nachfolge-Fahrplan

Im Rahmen eines Nachfolgekonzepts gilt es u.a., die Alternativen für die Nachfolgeregelung festzulegen, die Unternehmensbewertung und Kaufpreisverhandlungen durchzuführen, eine Vermögens-/ Schuldenstrategie für den Übergeber zu entwickeln, eine Investitionsstrategie und ihre Finanzierung im Unternehmen zu erarbeiten oder auch die betriebswirtschaftliche Gestaltung für die Übergabe

Nachfolgekonzept

z.B. hinsichtlich der Rechtsform zu definieren. Zu all diesen Punkten werden die folgenden Kapitel vertiefende Auskunft geben.

Berater nutzen

Bei der Erstellung des Nachfolgekonzepts ist eine Unterstützung durch externe Spezialisten sinnvoll, damit alle Bereiche (betriebswirtschaftliche, steuerliche, rechtliche und persönliche Aspekte) möglichst gleichberechtigt in die Lösung einfließen. Eine pauschal zusammengestellte Übergabeplanung hingegen – die berühmte »Lösung von der Stange«, die die individuellen Eigenarten eines jeden Falls nicht berücksichtigt – kann den Betrieb teuer zu stehen kommen.

Phasen
des Wechsels

Das Nachfolgekonzept ist in einen Nachfolge-Fahrplan umzusetzen, der alle drei Phasen des Wechsels umfasst, nämlich

- **die Vorbereitungsphase**,
  in der Übergeber und Nachfolger ihre jeweiligen Aufgaben angehen (z.B. erstellt der Übergeber sein Testament, oder der Nachfolger sammelt Berufserfahrung in einem befreundeten Betrieb),
- **die Übergangsphase**,
  in der Übergeber und Nachfolger gemeinsam im Unternehmen tätig sind, und
- **die Übergabephase**,
  in der der Übergeber das Unternehmen verlässt, da sowohl Führungs- als auch Eigentumsverhältnisse in die Hände des Nachfolgers übergegangen sind.

Angenommen Herr Schulte sagt zu, innerhalb des nächsten Monats Herrn Albrecht Prokura zu erteilen. Herr Albrecht wird im Gegenzug in der gleichen Zeit mit seiner Frau einen Ehevertrag abschließen.

Dann stünde Folgendes im Nachfolge-Fahrplan:
Herr Schulte verpflichtet sich, bis zum 31.10.2007 Herrn Albrecht Prokura erteilt zu haben.

Erledigt am:

(Unterschrift)

Herr Albrecht verpflichtet sich, bis zum 31.10.2007 mit seiner Ehefrau einen Ehevertrag abgeschlossen zu haben, der folgende Aspekte regelt ...

Erledigt am:

(Unterschrift)

Natürlich sind diese beiden Punkte schon sehr konkret. In der Regel werden die Übertragungspartner mit einer gröberen Struktur beginnen und sich dann an die Umsetzung der einzelnen Schritte heran tasten. Die folgende Grafik zeigt eine Übersicht über alle Bereiche, die in einem umfassenden Nachfolge-Fahrplan berücksichtigt werden sollten:

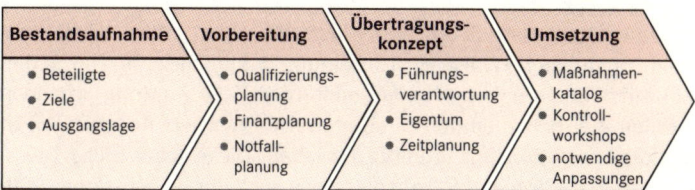

Abb. 9 : Der Nachfolge-Fahrplan

Nachdem die Übertragungspartner wie in Kapitel 1 geschildert ihre jeweilige Ausgangslage durchleuchtet und auf dieser Basis ihre konkreten Ziele und Wünsche formuliert haben, ergeben sich zur professionellen Vorbereitung der Übertragung erste Maßnahmen, die geplant werden müssen. Sind bei dem oder den Nachfolgern beispielsweise Qualifizierungslücken festgestellt worden, muss eine Vorgehensweise entwickelt werden, wie diese geschlossen werden können. Gleiches gilt für die Finanzplanung von Übergeber und Übernehmer: Beide Seiten müssen Maßnahmen entwickeln, mit denen sie im einen Fall den Kaufpreis des Unternehmens finanzieren können, im anderen Fall für die Zeit nach der Übergabe ihr weiteres Auskommen sichern. Eine umsichtige Notfallplanung ist dabei die »Notbremse«, die greift, wenn einem der Übertragungspartner unerwartet etwas zustoßen sollte. Sie sichert die weitere Handlungsfähigkeit des Unternehmens. Die Maßnahmen, die in diesen Punkten beschlossen werden, haben unmittelbare Auswirkungen auf das Übertragungskonzept: Stellt sich beispielsweise heraus, dass der Übergeber keine ausreichende Altersvorsorge hat, muss dies bei der Planung für die Übertragung des Eigentums berücksichtigt und eine der Situation entsprechende Lösung gefunden werden. Oder kommt der Übernehmer zu dem Schluss, dass er in einem bestimmten Bereich noch erheblichen Schulungsbedarf hat, verzögert dies seinen Einstieg in das Unternehmen und beeinflusst damit die Übertragung der Führungsverantwortung, aber auch die Zeitplanung der gesamten Nachfolgeregelung.

Die Vielzahl an einzelnen Schritten und Maßnahmen, die durch das Übertragungskonzept strukturiert werden, münden in einen

Nachfolge-Fahrplan

Notfallplanung

Maßnahmenkatalog, der gemeinsam von Übergeber und Übernehmer getragen wird.

Tipp

Alle Ergebnisse einer Nachfolge-Planung sollten schriftlich festgehalten und mit festen Terminen für die einzelnen Schritte der Übertragung und die Erledigung noch offener Fragen versehen werden.

Letter of Intent

In einer Absichtserklärung (LoI = Letter of Intent) sollten alle Beteiligten ihren festen Willen zur Umsetzung dokumentieren. Durch den LoI entsteht zwar keine umfassende rechtliche Bindung, dennoch werden die Absichten der Beteiligten dokumentiert und zumindest mit einer emotionalen Bindung versehen. Diese schriftliche Dokumentation des Nachfolge-Fahrplans wie auch der gemeinsamen Willensbekundung erleichtert den Übertragungspartnern die eigene, aber auch die gegenseitige Kontrolle. Sie sorgt dafür, dass die Umsetzung der Nachfolge nicht im hektischen Tagesgeschäft untergeht, sondern Stück für Stück abgearbeitet wird.

Zwei Dinge sollten bei der Erstellung des Nachfolge-Fahrplans noch beachtet werden.

Erstens: In der Übertragungsphase kann es wiederholt zu Konflikten kommen, da hier zwei Generationen mit unterschiedlichen Wertvorstellungen eng zusammen arbeiten. Die Generation der Übergeber ist – aufgrund ihrer Erfahrungen aus der Nachkriegszeit bis in die 60er-Jahre hinein – geprägt durch eine hohe Sparbereitschaft und ein klares Leistungsdenken, aber auch ein Leben, das der Konvention folgt, und keine Gedanken an schwindende Ressourcen verschwendet, da diese unbegrenzt erschienen. Ihre Kinder und Enkelkinder hingegen haben eine wesentlich stärkere Verschuldungsbereitschaft und Freizeitorientierung und leben eher individuell als konventionell mit dem Bewusstsein, dass die Ressourcen der Erde immer knapper werden und entsprechend rationiert werden müssten. Diese kleine Gegenüberstellung zeigt bereits, dass Reibungen zwischen den Generationen kaum zu vermeiden sind. Die Zeitplanung sollte daher nach dem Motto »So lang wie nötig, so kurz wie möglich!« aufgestellt werden und einen klaren Endpunkt der Übergangsphase festlegen, auch wenn der Übergeber unmittelbar vor **Ausstiegstermin festlegen** dem Stichtag seines Ausscheidens die ganze Angelegenheit gerne rückgängig machen würde. Ein fester Ausstiegstermin ist wichtig, damit der Übernehmer weiß, woran er ist und nicht in eine scheinbar endlose und irgendwann frustrierende Warteschleife geschickt wird, weil der Übergeber seinen endgültigen Ausstieg wieder und wieder verschiebt.

Zweitens: Die Übertragungspartner müssen damit rechnen, dass während der Umsetzung des Nachfolge-Fahrplans Anpassungen nötig sind. Sie müssen daher auch während der Übertragung beweglich und im permanenten Gespräch bleiben. Selbst wenn sich Übergeber und Nachfolger z. B. wünschen, dass sie für eine gewisse Zeit das Unternehmen gemeinsam führen, kann der Betrieb womöglich aufgrund einer veränderten Absatzsituation eine solche Regelung finanziell nicht tragen. Oder: Das Unternehmen ist nach den Bedürfnissen des Nachfolgers umstrukturiert worden – da erkrankt der wichtigste Mitarbeiter, der dem Nachfolger in der ersten Zeit zur Hand hätte gehen sollen, und stellt damit alle weiteren Regelungen in Frage.

Anpassungen einplanen

2.2   Die Übergabe der Führungsverantwortung

2.2.1   Der Einstieg ins Unternehmen

Wenn es um das Thema Übergabe der Führungsverantwortung geht, wird zumeist von einem idealtypischen Zustand ausgegangen, bei dem der Nachfolger erst dann in das Unternehmen eintritt, wenn seine Qualifizierung bereits abgeschlossen ist.

Dies mag bei einer familieninternen Nachfolgeregelung wie bei den Fischers möglich sein, wo die Tochter von klein auf an die Nachfolge herangeführt wurde, entsprechende Schulen besuchte, ein passendes Studium absolvierte und nun erste Führungserfahrungen in einem befreundeten Unternehmen sammeln wird. Im Falle einer familienexternen Regelung wie bei der Schreinerei Schulte ist dies jedoch nicht realistisch, da Herr Albrecht nicht so viel Vorlauf hat und auch ohne eine Jahre lange Vorbereitung Verantwortung übernehmen wird. Die Einstiegsposition des Nachfolgers sollte sich dann am Qualifikationsprofil orientieren (vgl. auch das Kapitel 1.2.4).

So kommen die Übertragungspartner vielleicht zu dem Schluss, dass Herr Albrecht erste Verantwortungsbereiche übernehmen kann (z. B. die Leitung der Werkstatt) ohne eine noch ausstehende Qualifizierung im Bereich Marketing und Vertrieb abgeschlossen zu haben. Es mag sinnvoll sein, wenn er zunächst einen Posten im mittleren Management besetzt, wo er lernt, Arbeiten zu delegieren, andererseits aber auch immer einen Ansprechpartner hat, den er im Zweifelsfalle fragen kann.

Am Qualifikations-profil orientieren

Gibt es diese Führungshierarchie im Unternehmen nicht, muss eine andere Lösung gefunden werden. In diesen Fällen muss ein inhaltlicher und zeitlicher Weiterbildungsplan erstellt werden (inklusive Lernzielkontrolle), der für den Übernehmer dann auch verbindlich ist. Sonst besteht die Gefahr, dass der Nachfolger die Führung des Unternehmens noch nicht übernehmen kann, wenn der Übergeber das Feld räumen will.

Tipp

> Der Einstieg ins Unternehmen sollte inhaltlich und zeitlich geplant und kontrolliert werden.

Unabhängig von der Einstiegsposition: Der Nachfolger sollte durch Job-Rotation (sofern die Unternehmensorganisation dies zulässt) möglichst viele Stellen und Bereiche im Betrieb intensiv kennen lernen. Um dabei den Gesamtzusammenhang nicht aus den Augen zu verlieren, bietet sich häufig ein kompaktes Trainee-Programm an.

Alle Bereiche des Unternehmens kennenlernen

Damit lernt der Übernehmer nicht nur alle Bereiche des Unternehmens kennen, sondern kann auch heraus finden, wo seine tatsächlichen Stärken und Schwächen im Berufsalltag liegen. Dies wiederum lässt Schlüsse zu, in welchen Positionen der Übernehmer auch nach der Übertragung die Unterstützung von neuen oder bewährten alten Mitarbeitern benötigen wird. Bei der Personalplanung muss außerdem bedacht werden, dass mit dem Chef unter Umständen auch langjährige Mitarbeiter gehen werden, Positionen also neu besetzt werden müssen und kurzfristig die Nachfolge vielleicht auch auf der Mitarbeiterseite zu regeln ist.

Infolge der Übergabe
- sind keine Personalveränderungen zu erwarten ☐
- wird zusätzlicher Personalbedarf notwendig ☐

Folgende Stellen sind durch die Übergabe neu zu besetzen

	zu besetzen ab	Personalsuche durch	Einarbeitung durch
1.			
2.			
3.			
4.			
5.			

Abb. 10: Personalveränderungen durch die Übergabe

2.2.2   Engagement und Gehalt

Nicht unüblich ist folgende Situation: Der Übergeber glaubt, alle anderen lebten von seinem Einsatz (und dementsprechend auf seine Kosten). Deshalb erwartet er von seinem Nachfolger mehr Engagement für eine geringe Vergütung.

Wann beginnt ein Arbeitstag und vor allem wann ist er für einen Unternehmer beendet? Vermutlich sind sich die Herren Schulte und Albrecht darin einig, dass ein Unternehmer eher nicht mit 40 Stunden pro Woche auskommt. Allerdings sollten die Ergebnisse dann auch angemessen entlohnt werden, sofern das Unternehmen dies hergibt.

Und hier entsteht eine Kluft zwischen den Wünschen der Übergabepartner: Denn Herr Schulte wird von Herrn Albrecht selbstverständlich mehr erwarten als von anderen Mitarbeitern. Dafür darf er ja auch einmal das Unternehmen kaufen. Ihm sei schließlich auch nichts geschenkt worden.

Im Gegenzug erwartet Herr Albrecht allein schon für sein erhöhtes zeitliches Engagement einen finanziellen Ausgleich. Hier ist ein weiterer Punkt, über den Übergeber und Übernehmer offen miteinander reden müssen.

> **Tipp**
> Eine adäquate Vergütung ist im Nachfolge-Fahrplan zu regeln.

Dies gilt insbesondere für Übertragungen innerhalb der Familie. Denn: Die Gehaltsfrage gestaltet sich bei einer familieninternen Nachfolgeregelung noch weitaus schwieriger, da viele Unternehmer der Ansicht sind, ihre Kinder bekämen ja ohnehin einmal alles geschenkt, also müssten sie sich jetzt in Verzicht üben. Doch auch die entgegengesetzte Variante ist denkbar: Der designierte Nachfolger aus der Familie muss ungeachtet seiner Leistungen ein fürstliches Gehalt bekommen, weil dies nun mal seiner Position entspricht. Auch diese Lösung sorgt für böses Blut, weil eine Diskrepanz zwischen Leistung und Entlohnung langfristig dem Unternehmen schadet.

Leistungsgerechte Entlohnung

> **Tipp**
> Als Faustregel gilt daher: Den Kindern sollte das gezahlt werden, was ein Dritter in vergleichbarer Position auch erhalten würde.

2.2.3 Den Führungswechsel gestalten

Ob der Führungswechsel sofort oder sukzessiv stattfinden sollte, darauf gibt es keine allgemein gültige Antwort. Eine Entscheidung hierüber ist zum einen abhängig von der Unternehmensorganisation und der Betriebsgröße (treten sich die Beteiligten im wahrsten Sinne des Wortes gegenseitig auf die Zehen?). Zum anderen spielt auch das Verhältnis zwischen Übergeber und Nachfolger eine Rolle. Wenn der Übernehmer schon aus Prinzip eine gegenteilige Meinung vertritt, wird ein sukzessiver Führungswechsel nur schwer realisierbar sein.

Die Vor- und Nachteile der jeweiligen Lösung sind klar. Bei einem sofortigen Führungswechsel können Konflikte aufgrund von unterschiedlichen unternehmerischen Vorstellungen am ehesten vermieden werden. Der Nachfolger kann im Unternehmen frei schalten und walten. Vor allem wenn der Betrieb auf eine Krise zusteuert, kann ein schneller Wechsel in der Geschäftsführung für den erhofften Umschwung sorgen. Voraussetzung ist allerdings, dass der Nachfolger die notwendige Qualifikation zur Krisenbewältigung mitbringt.

Sukzessiv oder sofort wechseln?

Dagegen hat die sukzessive Übertragung der Unternehmensführung den Vorteil, dass der Übergeber den Nachfolger kontinuierlich bei den Mitarbeitern, Kunden und Lieferanten einführen kann. Wichtige Informationen können in der Praxis ausgetauscht werden; der »alte Hase« kann dem Nachfolger direkt zeigen, welche Strategien und Lösungen für bestimmte Probleme sich seiner Erfahrung nach bewährt haben. Außerdem erhält der Nachfolger auch Einblick in die inoffiziellen Strukturen des Unternehmens. Voraussetzung ist allerdings eine tragfähige, kooperative Beziehung zwischen Übergeber und Nachfolger.

Tipp

> Aus Sicht des Unternehmens ist eine sukzessive Übergabe in aller Regel vorzuziehen.

Ein sukzessiver Wechsel läuft oft in drei Schritten ab:

Ablauf beim sukzessiven Wechsel

- **Der erste Schritt: Vormachen und Testen**

  Durch seine langjährige Tätigkeit im Betrieb kennen sich Herr Albrecht und Herr Schulte gut, doch macht sich jeder ein nur unzulängliches Bild von der Arbeitsweise und dem Aufgabengebiet des anderen. So hält Herr Schulte seinen potenziellen Nachfolger zwar für sehr kreativ, er glaubt jedoch nicht, dass alle Ideen von Herrn Albrecht erfolgreich in die Tat umgesetzt werden können.

  Herr Albrecht dagegen unterstellt seinem Chef Ineffizienz, weil dieser regelmäßig weit mehr als 60 Stunden pro Woche arbeitet. So etwas wird es bei ihm nicht geben. Außerdem reizt ihn zwar die Selbstständigkeit – was ihn konkret erwartet, weiß er jedoch nicht.

  Damit beide Parteien die Gelegenheit haben, sich über das Verhältnis Chef und Angestellter hinaus als Unternehmer und Nachfolger kennen zu lernen, empfiehlt sich eine Testphase, in der beide eng zusammenarbeiten. In dieser Zeit kann Herr Albrecht

seine zukünftigen Aufgaben kennenlernen und Herr Schulte
merkt, ob Herr Albrecht mit den ihm übertragenen Aufgaben fer-
tig wird.

- **Der zweite Schritt: Mitmachen und Orientieren**
  In dieser Phase sollte sich der Nachfolger überlegen, wie er einzelne Bereiche in Zukunft gestalten will. Einzelne Verantwortungsbereiche übernimmt er möglichst eigenständig, während
  ihm der Übergeber mit Rat und Tat zur Seite steht, ohne ihn zu
  bevormunden.
  Herr Schulte schlägt Herrn Albrecht in dieser Phase die Übernahme des Vertriebs für einen Teilbereich vor. Außerdem stellt
  er für gute Ergebnisse eine Erfolgsbeteiligung in Aussicht. Auf
  diese Art und Weise lernt Herr Albrecht unternehmerisches Vorgehen. Außerdem kann er dadurch seine finanziellen Mittel für
  den Unternehmenskauf aufstocken.

- **Der dritte Schritt: Selbermachen und Übergeben**
  Dieser dritte Schritt ist für Herrn Schulte der schwierigste: die
  endgültige Übergabe der (gesamten) Führungsverantwortung
  an seinen Nachfolger. Vielleicht wird er diesen Schritt hinauszögern wollen, weil er sich damit endgültig von seinem Unternehmen trennen muss. Spätestens jetzt sollte Herr Albrecht (Mit-)
  Geschäftsführer des Unternehmens sein. Auch das Unternehmen
  sollte den Führungswechsel verkraften können. Die Betriebsorga-
  nisation muss nach den Belangen des Nachfolgers umstrukturiert
  werden, und einzelne Aufgabenbereiche sind gegebenenfalls an
  andere Mitarbeiter zu delegieren. Auch Kunden und Lieferanten
  ist der Stabwechsel mitgeteilt worden.

Abb. 11 zeigt, wie die hier skizzierte sukzessive Führungsübertragung optimal geplant werden kann:

**Führungsüber-
tragung planen**

Die Übergabe der Managementverantwortung ● soll ohne Übergang erfolgen ☐ ● soll schrittweise erfolgen ☐		
	Verantwortungsbereiche Übergeber	**Verantwortungsbereiche Übernehmer**
Testphase Zeitraum von bis		
Orientierungsphase von bis		
Übergabephase von bis		

Abb. 11: Planung der Führungsübertragung

**Vierter Schritt:
Unterstützung
von außen**

In manchen Fällen schließt sich an die genannten drei Schritte noch ein vierter an: die Unterstützung von außen. Der Nachfolger kann so auch nach dem Ausscheiden des bisherigen Inhabers von dessen Erfahrungen profitieren. Allein bei der Vermittlung von Kontakten ist die Hilfe des in der Region bekannten Übergebers häufig nützlich, und auch bei betrieblichen Fragen kann eine Unterstützung des früheren Unternehmers sinnvoll sein.

Tipp

> Manche Herausforderungen stehen nicht in Lehrbüchern, sondern lassen sich mit der Erfahrung eines »alten Hasen« viel leichter lösen.

Der Alteigentümer kann dabei die Position eines externen Beraters oder eines Beirats besetzen. Eine solche Regelung bringt Vorteile für beide Seiten: Zum einen erhält der Nachfolger hilfreiche Unterstützung, zum anderen hat der Übergeber eine ihn befriedigende Aufgabe, die mit »seinem« Unternehmen zusammenhängt. Ob diese Lösungen realisierbar sind, hängt von den Vorstellungen der Beteiligten und der Chemie zwischen beiden ab.

Bei der Ausgestaltung des Beraterverhältnisses ist darauf zu achten, dass die Aufgabengebiete und damit die Einflussmöglichkeiten des Übergebers klar begrenzt werden, damit keine unnötigen Konflikte heraufbeschworen werden. Andererseits ist ein Beiratsmitglied auch kein »Frühstücksdirektor« (s. auch Kapitel 3.3).

2.3   Die Übertragung des Vermögens

Die bei der Bestandsaufnahme ermittelten Informationen über die Vermögensausstattung der Beteiligten und die vom bisherigen Firmeninhaber gewünschte finanzielle Absicherung nach der Unternehmensübergabe werden benötigt, um eine für alle Seiten optimale Übertragung des Vermögens zu gewährleisten. Bei diesen Überlegungen spielen auch rechtliche und steuerliche Aspekte eine entscheidende Rolle. Daher ist es wichtig, nach Erstellung des betrieblichen Übergabe-Fahrplans das Konzept steuerlich zu optimieren und rechtlich zu sichern.

**Möglichkeiten
der Übertragung**

Es gibt drei grundlegende Möglichkeiten, unternehmerisches Vermögen zu übertragen:

- unentgeltlich durch eine Schenkung oder Erbschaft,
- entgeltlich durch den Verkauf des Unternehmens
- und schließlich durch die Trennung von Eigentum und Management, wenn Entscheidungen verzögert oder eine vollständige Übertragung des Eigentums vermieden werden sollen.

2.3.1 Die unentgeltliche Übertragung durch Schenkung oder Erbschaft

2.3.1.1 Formvorschriften und Besonderheiten

Gerade bei Unternehmensübertragungen innerhalb der Familie sind unentgeltliche Formen der Übergabe sehr beliebt. Doch auch dann muss die Altersvorsorge des Übergebers gesichert sein. Anderenfalls ist eine Übertragung durch Schenkung des Unternehmens nicht zu realisieren. Die Übertragungspartner müssen dann eine Lösung finden, die die »Versorgungslücke« des Übergebers schließt, z. B. eine regelmäßige Rentenzahlung aus dem Unternehmen, die extra abgesichert wird.

Bei einer unentgeltlichen Übergabe ist aus rechtlicher Sicht ein sauberer Schenkungs- oder Erbvertrag von entscheidender Bedeutung. Dieser Vertrag sollte nicht nur den Willen des Übergebers unmissverständlich wieder geben, sondern auch dem Unternehmen seine Handlungsfähigkeit erhalten und es vor zu hohen Liquiditätsabflüssen schützen (s. auch Kapitel 1.1.3.2).

Damit ein Schenkungs- bzw. Erbvertrag gültig ist, müssen bestimmte Formvorschriften erfüllt sein. Dazu gehört die notarielle Beurkundung – nicht nur bei Grundstücken. Für die Wirksamkeit einer Schenkung reicht es zwar im Grunde aus, wenn das Geschenk tatsächlich übergeben wird, was bei unternehmerischem Vermögen jedoch faktisch nur selten möglich sein wird. Schenkungen, die nicht durch die Übergabe des Schenkungsgegenstandes besiegelt werden (können), müssen daher vor einem Notar erfolgen, um rechtsgültig zu sein. **Notarielle Beurkundung**

Der Vertrag ist neben dem Schenker auch vom Beschenkten zu unterschreiben. Im Schenkungsvertrag wird festgelegt, wer wem welche Gegenstände oder Rechte zu welchen Bedingungen schenkt. Es ist eine Besonderheit der Schenkung bzw. der Vererbung, dass sie an Bedingungen geknüpft werden kann.

> **Beispiel für einen Schenkungsvertrag:**
>
> *Mein Sohn Hanno Schmitz erhält von mir als Schenkung mein Unternehmen, die Firma Tischlerei Schmitz, Pützchensweg 3, 50731 Köln. Die Schenkung ist aufschiebend oder auflösend bedingt, bis mein Sohn im nächsten Jahr seine Prüfung zum Tischlereimeister erfolgreich bestanden hat.*
>
> *Köln, 23.10.2007   Ludger Schmitz*

Die individuelle Lösung ist in jedem Fall mit dem beurkundenden Notar oder einem Rechtsanwalt zu besprechen.

In jeden Schenkungsvertrag gehört außerdem eine Rückfallklausel für den Fall eines Vorversterbens des Beschenkten. Sonst fallen **Rückfallklausel einbauen** womöglich (erneut) Steuern an wie in dem Fall, als der Vater 50 % der Anteile seiner florierenden GmbH seinem unverheirateten Sohn schenkte, der jedoch kurze Zeit später bei einem Verkehrsunfall tödlich verunglückte. Die Eltern als Erben des vormals geschenkten Vermögens mussten nun erneut Steuern zahlen.

Geschenkt ist geschenkt

Ansonsten gilt: Geschenkt ist geschenkt! Eine Rückforderung der Schenkung ist nur möglich, wenn der Schenker so verarmt ist, dass er aufgrund seiner aktuellen Vermögens- und Einkommenssituation seinen Lebensunterhalt nicht mehr finanzieren kann. Ansonsten ist nur für fest definierte Ausnahmefälle ein Widerruf möglich (vgl. Beispiel für einen Schenkungsvertrag). Eine Schenkung kann außerdem widerrufen werden, wenn sich der Beschenkte einer schweren Verfehlung gegenüber dem Schenker oder dessen Angehörigen schuldig macht.

Checkliste

> **Unternehmer, die ihren Betrieb im Rahmen eines Erb- oder Schenkungsvertrags übergeben wollen, können mit folgenden Fragen prüfen, ob sie wirklich an alles gedacht haben:**
>
> ✔ Welche Vermögensteile sollen vererbt oder verschenkt werden?
> ✔ Welche Vorteile sprechen für eine Schenkung zu Lebzeiten, welche für den Erbfall?
> ✔ Wurde geprüft, ob Pflichtteilsansprüche das Unternehmen gefährden können?
> ✔ Ist der Erbvertrag auf dem aktuellsten Stand?
> ✔ Ist er mit anderen Verträgen, z. B. dem Ehevertrag oder dem Gesellschaftsvertrag, harmonisiert worden?
> ✔ Soll der Erbe oder Beschenkte gewisse Auflagen erfüllen?
> ✔ Sind alle Regelungen steuerlich einwandfrei?
> ✔ Sind alle Familienmitglieder mit der geplanten Erbregelung oder der Schenkung einverstanden oder gibt es Konflikte?

Mehrere Gesellschafter

Häufig streben Unternehmer mit mehreren Kindern eine Beteiligung der Geschwister am Familienbetrieb an, die vorsieht, dass eines der Kinder die Geschäftsführung des Unternehmens übernimmt und mehrheitlich am Unternehmen beteiligt ist, während die anderen zu Minderheitsgesellschaftern werden. Doch diese Vererbung mit einer Mehrheiten-/Minderheitenlösung birgt Risiken: So lange das Unternehmen Gewinne erwirtschaftet, kann diese Regelung durchaus funktionieren, verschlechtert sich allerdings die wirtschaftliche Lage, können fehlende Entnahmemöglichkeiten und geringe Gewinne zu Streit unter den Beteiligten führen.

Die Qualität des Gesellschaftervertrags steht und fällt an dieser Stelle mit den Entnahme-Regelungen. Dabei sollten von Anfang an die Karten offen gelegt werden. Auch wirtschaftlich unerfahrene Nachkommen müssen erkennen, dass ein Unternehmen keine stetig fließende Geldquelle ist. Wer sein Unternehmen mit einer Mehrheiten-/Minderheitenlösung übertragen möchte, sollte deshalb eine vertragliche Regelung finden, die die Interessen aller Beteiligten fair und ausreichend berücksichtigt. Minderheitsgesellschafter sollten ausreichend bedacht werden und angemessene Entnahmen tätigen können, die an den erwirtschafteten Ergebnissen des Unternehmens ausgerichtet sind. **Entnahmepolitik**

Auch das Ausscheiden eines Gesellschafters muss geregelt werden. Vor Abfindungsregelungen »von der Stange« muss dabei allerdings gewarnt werden: Sie richten oft mehr Schaden an, als sie nützen, da sie mit großer Wahrscheinlichkeit am individuellen Bedarf der Gesellschaft vorbei gehen. **Ausscheiden von Gesellschaftern**

Grundsätzlich empfiehlt es sich, bei einem unzureichenden Konfliktmanagement der Gesellschafter untereinander einen Beirat einzuberufen, der dann z.B. über Entnahmen oder Abfindungsregelungen entscheidet. Die Möglichkeit einer neutralen »dritten« Instanz kann jedoch nur dann greifen, wenn sie zuvor im Gesellschaftsvertrag festgelegt worden ist.

Herr Fischer hat sich bereits viele Gedanken über diesen Teil seiner Nachfolgeregelung gemacht; schließlich hat er einen Sohn und eine Tochter. Sein Sohn interessiert sich zwar nicht für das Unternehmen, soll jedoch bei der Verteilung des Fischerschen Vermögens nicht leer ausgehen. Für die Vermögensübertragung hat sich Herr Fischer deshalb Folgendes überlegt:

Herr Fischer bezieht ein regelmäßiges Einkommen aus der Verpachtung und Vermietung von Grundstücken und Immobilien, so dass für sein Alter gesorgt ist. Er möchte, dass seine Tochter Eigentümerin des Unternehmens wird, es aber nicht kaufen muss. Herr Fischer fürchtet jedoch, dass seine Tochter einen fremden Geschäftsführer in das Unternehmen holen könnte. Außerdem möchte er seinen Sohn im Fall einer Schenkung nicht ungerecht behandeln. Daher hat er durch einen Notar gemeinsam mit seinen Kindern und seiner Frau einen Erb- und Schenkungsvertrag aufsetzen lassen, der Folgendes beinhaltet: **Erb- und Schenkungsvertrag**

● Die Tochter Elke bekommt das Unternehmen im Jahr 2006 als Schenkung im Sinne einer vorweggenommenen Erbschaft. Sollte Herr Fischer vorher sterben, erbt Elke das Unternehmen. Sollte Elke Fischer vorher sterben, bleibt das Unternehmen Eigentum ihres Vaters. Herr Fischer übernimmt die anfallenden Schenkungsteuern. Im Gegenzug verpflichtet sich Elke, das Unternehmen mindestens für die nächsten fünf Jahre selbst zu führen, das Unternehmen nicht zu verkaufen oder zu liquidieren. (Ausnahmen wie z. B. eine Erwerbsunfähigkeit sind geregelt.)

- Frau Fischer erbt nach dem Tod ihres Mannes dessen Immobilien. Im Gegenzug verpflichtet sie sich, diese nicht zu veräußern.
- Nach dem Tod von Frau Fischer (sofern sie Herrn Fischer überlebt) erbt der Sohn die Immobilien, die Tochter Elke erhält das Betriebsgebäude.
- Alle Beteiligten verzichten auf ihre Pflichtteilsansprüche.
- Von dieser Regelung ausgenommen sind alle Vermögensgegenstände, die nach Vertragsabschluss erwirtschaftet werden. Für sie gilt, sofern nichts anderes vereinbart, die gesetzliche Erbfolge.

Mit dieser Regelung werden die Bedürfnisse aller Beteiligten berücksichtigt:

- Das Unternehmen bleibt in der Familie.
- Das Unternehmen bleibt liquide.
- Tochter Elke braucht kein zusätzliches Kapital aufzubringen, um das Unternehmen zu erwerben.
- Die Eheleute Fischer sind versorgt, auch wenn einer der beiden verwitwet.
- Der Sohn erbt nach Ableben der Eheleute die privaten Immobilien. Dafür, dass er »so lange warten« muss, geht er aber auch keinerlei Verpflichtungen ein (abgesehen vom Verzicht auf seine Pflichtteilsansprüche).

Die Vererbung bzw. die Schenkung des Unternehmens ist in diesem Fall die beste, weil zielgerichtete Lösung.

Tipp

> Es empfiehlt sich für die familieninterne unentgeltliche Übergabe fast immer, einen Erb- und Schenkungsvertrag aufzusetzen. Besser als bei einem einseitigen Testament wissen damit alle Beteiligten, woran sie sind.

2.3.1.2   Steuerliche Aspekte von Schenkung und Erbschaft

Ermittlung der Steuerbelastung

Schenkungen und Erbschaften (unentgeltliche Übertragung von Vermögen) unterliegen der Erbschaft- und Schenkungsteuer. Bei der Planung der Unternehmensnachfolge ist zu beachten, dass nicht nur die unentgeltliche Übertragung von Betriebsvermögen der Erbschaft- und Schenkungsteuer unterliegt: Für die Ermittlung der Steuerbelastung werden sämtliche unentgeltlichen Übertragungen an dieselbe Person innerhalb von zehn Jahren zusammengerechnet.

Bei der unentgeltlichen Übertragung werden je nach Verwandt-schaftsgrad unterschiedlich hohe persönliche Freibeträge gewährt. Die steuerliche Belastung der Übertragung von Betriebsvermögen wird durch einen zusätzlichen Betriebsvermögensfreibetrag in Höhe von 225 000 € und einen Wertabschlag von 35 % gemildert. Außer-dem wird der Übernehmer immer in die günstigste Steuerklasse ein-geordnet.

Da sowohl die persönlichen Freibeträge als auch der Betriebsver-mögensfreibetrag nach Ablauf von zehn Jahren abermals gewährt werden, kann die Belastung einer Vermögensübertragung mit Erb-schaft- und Schenkungsteuer allein durch eine voraus schauende zeit-liche Planung erheblich reduziert werden. Bei einer ausschließlichen Betrachtung des Betriebsvermögensfreibetrages kann bei einer auf 20 Jahren verteilten Übertragung ein Gesamtfreibetrag für die Über-tragung von Betriebsvermögen in Höhe von 675 000 € zusätzlich zu den persönlichen Freibeträgen in Anspruch genommen werden.

Freibeträge mehrmals nutzen

2.3.1.2.1   Freibeträge und Steuersätze

Für die Gewährung von **persönlichen Freibeträgen** und für die **Er-mittlung des Steuersatzes** werden die Erben oder Beschenkten in unterschiedliche Steuerklassen eingeteilt, wobei grundsätzlich gilt: Je entfernter das Verwandtschaftsverhältnis desto höher die Steuer-belastung.

Das Erbschaft- und Schenkungsteuergesetz sieht eine Einteilung in drei Steuerklassen vor. Zur günstigen Steuerklasse 1 zählen der Ehegatte, die Kinder und Enkelkinder sowie Eltern und Großeltern bei Erwerben von Todes wegen (Erbschaft). Die Eltern und Großel-tern bei Schenkungen, Geschwister und die Kinder der Geschwister sowie die Stiefeltern, Schwiegerkinder, Schwiegereltern und der ge-schiedene Ehegatte sind in der Steuerklasse 2 zusammengefasst. Für alle übrigen Erwerber (bspw. nicht verwandte Bedachte oder Cousin und Cousinen) gilt die ungünstigste Steuerklasse 3.

Steuerklassen nach Verwandtschafts-grad

Die Steuersätze der Erbschaft- und Schenkungsteuer betragen in Abhängigkeit vom Wert des steuerpflichtigen Erwerbes und der Steuerklasse 7 % bis 50 %.

Wird Betriebsvermögen (Einzelunternehmen, Anteile an einer Personengesellschaft oder auch ein Teilbetrieb), ein Betrieb der Land- und Forstwirtschaft oder werden Anteile an einer inländischen Kapitalgesellschaft, an der der Übergeber zu mehr als 25 % unmittel-bar beteiligt war, übertragen, so ermittelt sich die Steuerbelastung für dieses Vermögen immer nach der günstigen Steuerklasse 1, auch wenn der Erwerber den Steuerklassen 2 oder 3 zuzuordnen ist. Steu-ertechnisch wird diese verringerte Steuerbelastung durch einen Ent-lastungsbetrag hergestellt.

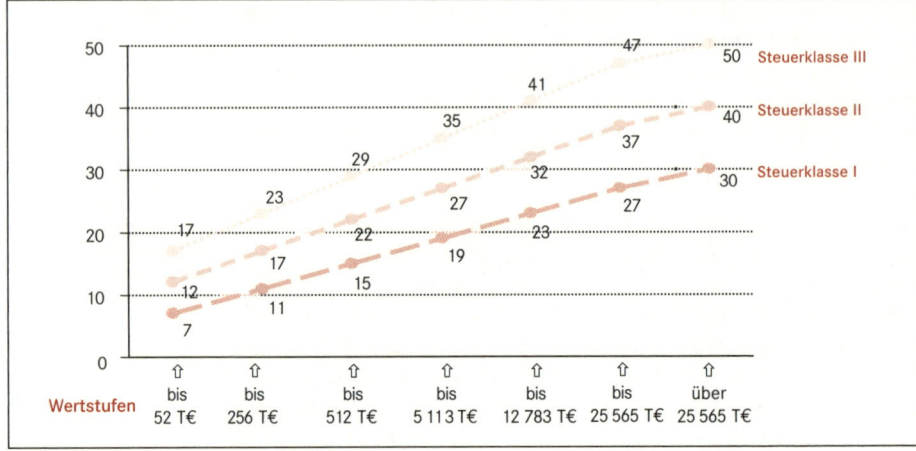

Abb. 12: Überblick Erbschaftsteuersätze

Beispiel:

Ein Unternehmer überträgt seinen Betrieb unentgeltlich an seinen Neffen. Für die Ermittlung des anzuwendenden Steuersatzes ist grundsätzlich die Steuerklasse 2 maßgebend, da der Neffe als Abkömmling ersten Grades von Geschwistern in die Steuerklasse 2 einzuordnen ist (Steuersätze von 12 % bis 40 %). Da es sich bei der Übertragung aber um Betriebsvermögen handelt, wird wirtschaftlich die Steuerklasse 1 angewendet (Steuersätze 7 % bis 30 %).

Persönliche Freibeträge

Das Erbschaft- und Schenkungsteuergesetz sieht die Gewährung von persönlichen Freibeträgen vor. Hierbei steht dem Ehegatten ein Freibetrag von 307 000 € zur Verfügung. Neben diesem persönlichen Freibetrag, der bei Schenkungen und bei Erwerben von Todes wegen gewährt wird, erhält der Ehegatte bei Erwerben von Todes wegen zusätzlich einen Versorgungsfreibetrag in Höhe von 256 000 €. Stehen dem überlebenden Ehegatten Versorgungsbezüge zu, die nicht der Erbschaftsteuer unterliegen (bspw. gesetzliche Renten oder Betriebsrenten), so wird der Versorgungsfreibetrag um den Kapitalwert der Versorgungsbezüge gekürzt.

Beispiel:

Frau Meyer erbt von ihrem verstorbenen Ehemann Vermögen mit einem steuerlichen Wert in Höhe von 6 00000 €. Außerdem wird ihr eine Hinterbliebenenrente von monatlich 2000 € aus der betrieblichen Altersversorgung gewährt. Als Ehegattin erhält Frau Meyer einen persönlichen Freibetrag von 307 000 € zzgl. des Versorgungsfreibetrages in Höhe von 256 000 €, allerdings ist der Versorgungsfreibetrag um den Kapitalwert der Hinterbliebenenrente in Höhe von 215 760 € zu kürzen. (Zur Berechnung ist § 14 BewG heranzuziehen; außerdem ist die Annahme gemacht worden, Frau Meyer habe das 70. Lebensjahr vollendet.)

Lösung:
Die Bemessungsgrundlage der Erbschaftsteuer errechnet sich aus:

steuerlichem Wert des Vermögens	*6 00 000 €*
abzüglich persönlichem Freibetrag	*./. 307 000 €*
abzüglich gekürztem Versorgungsfreibetrag	
(256 000 € ./. 215 760 €)	*./. 40 240 €*
Bemessungsgrundlage für die Erbschaftsteuer	*252 760 €*

Auf den Betrag von 252 760 € ist der Steuersatz der Steuerklasse 1 in diesem Fall mit 11 % anzuwenden. Somit beträgt die Erbschaftsteuer bei einem Erwerb von 600 000 € noch 27 803,60 €.

2.3.1.2.2   Die Ermittlung der Bemessungsgrundlage

Neben den gewährten Freibeträgen und den Steuersätzen wird die Höhe der Erbschaft- und Schenkungsteuer maßgeblich durch die **Ermittlung der Bemessungsgrundlage** bestimmt.

Die Ermittlung der Bemessungsgrundlage erfolgt für Personenunternehmen (Einzelunternehmen und Anteile an Personengesellschaften) und Kapitalgesellschaften unterschiedlich. Während bei Personenunternehmen grundsätzlich die Buchwerte herangezogen werden, erfolgt die Bewertung von Kapitalgesellschaftsanteilen fast ausschließlich nach dem sogenannten Stuttgarter Verfahren (vgl. auch Kapitel 2.4.2.4).

Grundsätzlich ist für die Bewertung von Anteilen an Kapitalgesellschaftsanteilen der gemeine Wert (Verkehrswert) maßgebend. Bei börsennotierten Kapitalgesellschaften wird der niedrigste am Stichtag notierte Wert herangezogen. Bei Anteilen an Kapitalgesellschaften, die nicht an einer deutschen Börse gehandelt werden, ist der steuerliche Wert aus den Verkäufen innerhalb des letzten Jahres vor dem Übertragungsstichtag zu ermitteln. Bei der Übertragung von Anteilen an Kapitalgesellschaften im Mittelstand liegen in der Regel keine Verkäufe vor, so dass der Wert ohne Rückgriff auf den Marktpreis zu ermitteln ist. In diesen Fällen (und hierbei handelt es sich um den Regelfall im Mittelstand) wird der steuerliche Wert der Kapitalgesellschaftsanteile für die Erbschaft- und Schenkungsteuer mittels des bereits erwähnten Stuttgarter Verfahrens bestimmt. Grundsätzlich gehen in dieses Verfahren Vermögens- und Ertragsbestandteile ein. Da es eine ganze Reihe von Besonderheiten gibt (bestimmter Beteiligungsbesitz, Behandlung von Sonderabschreibungen, Teilwertabschreibungen, einmalige Gewinne) können hier nur die Grundzüge dargestellt werden.

Steuerliche Vermögensbewertung bei Kapitalgesellschaften

Stuttgarter Verfahren

Für den Vermögenswert des Stuttgarter Verfahrens ist grundsätzlich das Betriebsvermögen der Kapitalgesellschaft maßgebend; dieses wird unmittelbar aus der Steuerbilanz der Kapitalgesellschaft entnommen. Wesentliche Korrekturen betreffen die Betriebsgrundstücke der Kapitalgesellschaft und Anteile an inländischen Kapitalgesellschaften. Für die Betriebsgrundstücke ist nicht der Steuerbilanzwert anzusetzen, sondern es wird der sogenannte Grundbesitzwert ermittelt. Bei Betriebsgrundstücken, die sich schon sehr lange im Betriebsvermögen der Kapitalgesellschaft befinden, ist tendenziell der Grundbesitzwert deutlich höher. Die Bewertung der Anteile inländischer Kapitalgesellschaften, die von der zu bewertenden Kapitalgesellschaft gehalten werden, erfolgt nach den oben dargestellten Grundsätzen. In die Ermittlung des Vermögenswertes gehen sowohl die Wirtschaftsgüter (der Aktivseite) als auch die Schulden der Kapitalgesellschaft ein. Der ermittelte Vermögenswert wird mit dem Nennkapital der Kapitalgesellschaft verglichen. Bei einem Vermögenswert von beispielsweise 100 000 € und einem Nennkapital von 25 000 € beträgt der Vermögenswert für das Stuttgarter Verfahren 400 %.

Die Berücksichtigung der Vergangenheitserträge

Der Ertragswert im Stuttgarter Verfahren wird als Ertragshundertsatz bestimmt. Von diversen Korrekturen abgesehen (bspw. nicht angemessene Geschäftsführergehälter, nicht abziehbare Aufwendungen, Abhängigkeit von der persönlichen Tätigkeit des Geschäftsführers) leitet sich der Ertragswert aus den durchschnittlichen Erträgen der letzten drei Jahre vor dem Bewertungsstichtag ab. Hierbei werden die letzten drei Jahre unterschiedlich gewichtet. Das letzte Jahr wird mit dem Faktor 3, das vorletzte Jahr mit dem Faktor 2 und das am weitesten zurückliegende Jahr mit dem Faktor 1 gewichtet. Das Ergebnis ist der gewichtete Durchschnittsertrag der letzten drei Jahre.

Ist der Durchschnittsertrag negativ (auf Grund von Verlusten) wird der Ertragswert nicht berücksichtigt. Da mit diesem Ertragswert die künftige Ertragskraft der Kapitalgesellschaft bestimmt werden soll, kann bei begründeten grundlegenden Gewinn- und Kostenstrukturänderungen ein anderer Schätzungsmaßstab angewendet werden, so z.B. beim Wegfall bisher regelmäßig gewährter Ertragszuschüsse.

Der ermittelte Jahresertrag ist zum Nennkapital ins Verhältnis zu setzen. Bei einem durchschnittlichen Ertrag von beispielsweise 200 000 € und einem Nennkapital von 25 000 € beträgt der Ertragshundertsatz für das Stuttgarter Verfahren 800 %.

Zur Ermittlung des Anteilswertes gilt folgende Formel:

Wert der Anteile = 0,68 × (Vermögenswert + 5 × Ertragswert) × Nennkapital

Für die obigen Beispiele folgt daraus:
748 000 € = (0,68 × (400 % + 5 × 800 %)) × 25 000 €.

Bei Einzelunternehmen und Personengesellschaften wird im Falle der unentgeltlichen Übertragung des Unternehmens als steuerliche Bemessungsgrundlage für die Erbschaft- und Schenkungsteuer der Einheitswert des Betriebsvermögens angesetzt. Der Einheitswert des Betriebsvermögens für Personenunternehmen wird ebenso wie der Vermögenswert beim Stuttgarter Verfahren aus den Steuerbilanzwerten der Wirtschaftsgüter und Schulden abgeleitet. Es handelt sich insoweit nicht um das Betriebsvermögen (Aktivseite), sondern um das Reinbetriebsvermögen (Steuerbilanzwerte der Wirtschaftsgüter der Aktivseite abzüglich Schulden). Zu den Schulden zählen sowohl die Verbindlichkeiten als aber auch die Rückstellungen der Steuerbilanz. Auch bei den Personenunternehmen wird für die Betriebsgrundstücke der Grundbesitzwert und für inländische Anteile an Kapitalgesellschaften der gemeine Wert angesetzt.

Personengesellschaften und Einzelunternehmen

Beispiel:
Ein Unternehmer überträgt seinen Betrieb an seine Tochter. Aus der Steuerbilanz ergeben sich folgende Werte: Aktiva ohne Betriebsgrundstück 370 000 €, Grundbesitzwert des Betriebsgrundstückes 210 000 €; Verbindlichkeiten 400 000 € und Rückstellungen 60 000 €.

Lösung:
Als Bemessungsgrundlage ergibt sich ein Wert von 120 000 €.

Die Bemessungsgrundlage der Erbschaft- und Schenkungsteuer bei der unentgeltlichen Übertragung von Personenunternehmen ist unabhängig von der Ertragssituation des Personenunternehmens. Ausschlaggebend sind im Wesentlichen die ertragsteuerlichen Steuerbilanzwerte. Hingegen fließt in die Ermittlung des Wertes von Kapitalgesellschaftsanteilen neben dem Vermögenswert auch die Ertragssituation der letzten drei Jahre ein. Sofern die Kapitalgesellschaft in den Jahren vor der Anteilsübertragung sehr ertragsstark war, erhöht sich aus der Ertragskraft der Kapitalgesellschaft heraus der Wert der Anteile für die Erbschaft- und Schenkungsteuer. Dies kann zu einer deutlich höheren Belastung bei der Übertragung von Kapitalgesellschaftsanteilen gegenüber der Übertragung eines ansonsten identischen Unternehmens in der Rechtsform eines Personenunternehmens führen.

Auswirkungen der Ertragssituation bei unterschiedlicher Rechtsform

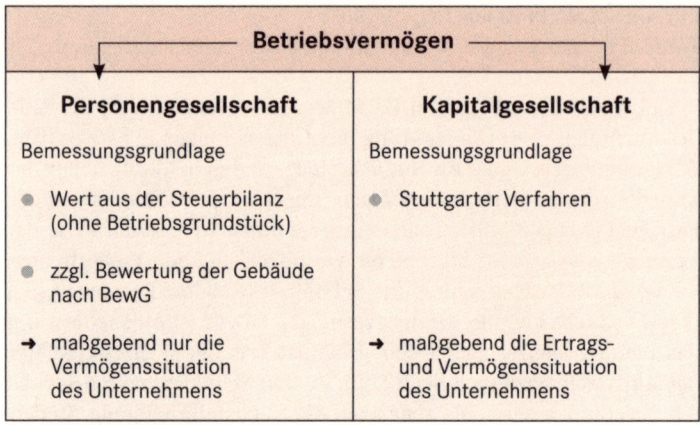

Abb. 13: Bewertung von Betriebsvermögen

Tipp

Bei ertragsstarken Unternehmen, die vor der Übertragung in der Rechtsform eines Einzelunternehmens oder in der Rechtsform einer Personengesellschaft betrieben werden, sollte geprüft werden, ob die Umwandlung in eine Kapitalgesellschaft erst nach der Übertragung vorgenommen werden kann, da anderenfalls eine vermeidbare höhere Steuerbelastung mit Erbschaft- und Schenkungsteuer entsteht.

§ 13a ErbStG

Die Übertragung von Betriebsvermögen wird gemäß § 13a ErbStG in zweierlei Hinsicht begünstigt. Zum einen wird ein Freibetrag in Höhe von 225 000 € gewährt und zum anderen gibt es einen Bewertungsabschlag in Höhe von 35 %. D. h. bei einem ermittelten steuerlichen Wert für die Erbschaft- und Schenkungsteuer von bspw. 1 000 000 € wird dieser um den Freibetrag in Höhe von 225 000 € gekürzt. Vom verbleibenden Betrag in Höhe von 775 000 € gehen nur 65 % in die erbschaft- und schenkungsteuerliche Bemessungsgrundlage ein. In diesem Fall 503 750 €. Dieser Betrag wird noch um die persönlichen Freibeträge gekürzt.

Der Betriebsvermögensfreibetrag wird für inländisches Betriebsvermögen (Einzelunternehmen), Teilbetriebe, Anteile an Personengesellschaften und Anteile an inländischen Kapitalgesellschaften zugestanden, wenn der Übergeber im Zeitpunkt der Übertragung zu mehr als 25 % an der Kapitalgesellschaft beteiligt war. Der 35 %ige Wertabschlag wird grundsätzlich gewährt, wohingegen der Freibetrag erst nach Ablauf von zehn Jahren ein weiteres Mal in Anspruch genommen werden kann. Auch hier zeigt sich deutlich, dass eine Nachfolgeregelung durchdacht geplant werden sollte.

Beispiel:

Ein Unternehmer möchte sein ertragreiches Unternehmen, das bisher in der Rechtsform eines Einzelkaufmanns geführt wird, auf seinen Sohn übertragen. Der Wert des Betriebsvermögens für schenkungsteuerliche Zwecke beträgt 1 000 000 €. Da er nach der Übertragung noch ein gewisses Mitspracherecht haben möchte und für die nächsten Jahre auch noch am Ergebnis beteiligt sein will, allerdings die persönliche Haftung ausschließen will, entschließt er sich, das Einzelunternehmen in eine GmbH umzuwandeln und 25 % der Anteile als Sperrminorität nicht auf den Sohn zu übertragen.

Lösung:

Für schenkungsteuerliche Zwecke ermittelt sich der Wert nun nach dem Stuttgarter Verfahren, in den wie oben gezeigt sowohl der Vermögenswert als auch die Ertragskraft einfließt. Das Nennkapital der GmbH beträgt 100 000 €, der Vermögenswert entsprechend dem Einzelunternehmen beläuft sich auf 1 000 000 €, die durchschnittlichen Gewinne der letzten drei Jahre (abgeleitet aus dem Einzelunternehmen vor Umwandlung) werden mit 600 000 € ermittelt. Nach dem Stuttgarter Verfahren beträgt der gemeine Wert der GmbH-Anteile dann:

$(0{,}68 \times (1\,000\,000\,€ / 100\,000\,€ \times 100 + 5 \times 600\,000\,€ / 100\,000\,€ \times 100)) \times 100\,000\,€ = 2\,720\,000\,€.$

Schon aus dem Vergleich der beiden Steuerwerte (1 000 000 € bei Personenunternehmen und 2 720 000 € bei einer Kapitalgesellschaft) wird ersichtlich, dass die Umwandlung vor der Übergabe steuerlich teuer bezahlt werden muss. Wird das Unternehmen auf den Sohn bzw. die Tochter übertragen, ohne dass weiteres Vermögen innerhalb der letzten zehn Jahre unentgeltlich übertragen wurde, berechnet sich die Schenkungsteuer für Personenunternehmen und Kapitalgesellschaft wie folgt:

Rechtsform beeinflusst Steuerbelastung

Berechnung der Schenkungsteuer

	Personen-unternehmen	Kapital-gesellschaft
steuerlicher Wert	1 000 000 €	2 720 000 €
Freibetrag für Betriebs-vermögen	./. 225 000 €	./. 225 000 €
verbleibender Betrag	775 000 €	2 495 000 €
Bewertungsabschlag 35%	./. 271 250 €	./. 873 250 €
Zwischensumme	503 750 €	1 621 750 €
persönlicher Freibetrag	./. 205 000 €	./. 205 000 €
Bemessungsgrundlage	298 750 €	1 416 750 €
Steuersatz Steuerklasse 1	15 %	27 %
Schenkungsteuer (ohne Prüfung gem. § 19 Abs. 3 ErbStG)	**44 813 €**	**382 523 €**

Obwohl es grundsätzlich richtig ist, möglichst frühzeitig mit den Übergabevorbereitungen zu beginnen und alle Aspekte – nicht nur steuerliche – in die Überlegungen einzubeziehen, ist der Umwandlungszeitpunkt in diesem Fall ungünstig gewählt.

Durch eine zeitliche Gestaltung über zehn Jahre kann in diesem Beispiel die Belastung mit Erbschaft- und Schenkungsteuer gänzlich vermieden werden, sofern das Unternehmen in der Rechtsform einer Personenunternehmung geführt und übergeben wird. (Dabei verbleiben noch persönliche Freibeträge für die Übertragung von Privatvermögen. Als Gestaltungsvariante hätte sich für dieses Unternehmen die Umwandlung in eine KG oder GmbH & Co. KG angeboten.)

Vorsicht bei sukzessiver Übertragung

Wenn bei der Übertragung im betrachteten Beispiel nicht die gesamte Nachfolgeregelung einbezogen wird, wartet eine weitere Falle: Sollte die Zielsetzung des Unternehmers durch eine Übertragung von 75 % der Anteile im ersten Übertragungsschritt vollzogen werden, geht der Betriebsvermögensfreibetrag in Höhe von 225 000 € bei der Übertragung der restlichen 25 % der Anteile verloren, da der Unternehmer dann ja nicht mehr zu mehr als 25 % an der Kapitalgesellschaft beteiligt ist. Nach geltender Rechtslage sollten in diesem Fall im ersten Schritt also lediglich 74,9 % der Anteile auf den Sohn übertragen werden.

Der Betriebsvermögensfreibetrag und der verminderte Wertansatz sollen die unentgeltliche Nachfolgeregelung steuerlich fördern. Aus diesem Grunde sieht § 13a Abs. 5 ErbStG eine Reihe von steuerschädlichen Verwendungen des übertragenen Betriebsvermögens vor, bei denen der Betriebsvermögensfreibetrag und der Bewertungsabschlag mit Wirkung für die Vergangenheit wegfallen. Das heißt, dass die Erbschaft- und Schenkungsteuer ohne die betrieblichen Vergünstigungen erneut zu ermitteln ist. Über das erlangte Betriebsvermögen kann der Übernehmer also erst nach Ablauf von fünf Jahren seit dem Zeitpunkt des Erwerbs ohne jegliche erbschaft- oder schenkungsteuerliche Einschränkung verfügen.

Ohne auf alle Einzelheiten einzugehen, liegen steuerschädliche Verwendungen grundsätzlich dann vor, wenn der erlangte Betrieb, Teilbetrieb oder Anteil an einer Personengesellschaft vor Ablauf der fünf Jahre veräußert oder aufgegeben wird oder wenn sogenannte Überentnahmen als persönlich haftender Gesellschafter getätigt werden. Ebenso liegt eine steuerschädliche Verwendung vor, wenn Anteile an einer Kapitalgesellschaft innerhalb der Frist von fünf Jahren veräußert werden, wenn die Kapitalgesellschaft aufgelöst wird, ihr Nennkapital herabgesetzt oder wenn das Vermögen der Kapitalgesellschaft auf ein Personenunternehmen übertragen wird. Auch die Veräußerung wesentlicher Betriebsgrundlagen stellt eine steuerschädliche Verwendung dar.

Steuerschädliche Verwendung

2.3.1.2.3 Steuerfalle Betriebsaufspaltung

Bei zahlreichen mittelständischen Unternehmen liegt steuerlich eine sogenannte Betriebsaufspaltung vor. Bei einer steuerlich wirksamen **Betriebsaufspaltung** wird die operative unternehmerische Tätigkeit durch eine Kapitalgesellschaft – meistens in der Rechtsform einer GmbH – ausgeführt (Betriebsgesellschaft). In der klassischen Variante steht das »wertvolle« Vermögen – meistens Grund und Boden, Gebäude und Maschinen mit hohen Anschaffungskosten – im Eigentum des Unternehmers persönlich (Besitzgesellschaft). Sofern mindestens eine wesentliche Betriebsgrundlage der Kapitalgesellschaft zur Nutzung überlassen wird (eine sogenannte sachliche Verflechtung, die sowohl mietweise als auch unentgeltlich erfolgen kann) und eine Person oder eine Personenmehrheit sowohl im Besitzunternehmen als auch in der Betriebsgesellschaft einen einheitlichen geschäftlichen Betätigungswillen durchsetzen kann, sind die Bedingungen für eine steuerlich wirksame Betriebsaufspaltung erfüllt.

Eine wesentliche Betriebsgrundlage stellen Wirtschaftsgüter dar, die zur Erreichung des Betriebszwecks erforderlich sind und die ein besonderes wirtschaftliches Gewicht für die Betriebsgesellschaft darstellen (bspw. Produktionsgebäude). Für die personelle Verflech-

Voraussetzungen

tung ist es in der Regel erforderlich, dass die gleichen Personen sowohl in der Betriebsgesellschaft mehr als 50 % der Anteile halten und auch bei den Wirtschaftgütern des Besitzunternehmens zu mehr als 50 % Eigentümer sind.

Steuerfolgen

Die Rechtsfolge einer steuerlich wirksamen Betriebsaufspaltung besteht darin, dass mit dem Besitzunternehmen Einkünfte aus Gewerbebetrieb und nicht Einkünfte aus Vermietung und Verpachtung vorliegen. Damit stellt das Vermögen des Besitzunternehmens steuerliches Betriebsvermögen und nicht Privatvermögen dar. Bei Veräußerungen und Entnahmen sind die in den Wirtschaftsgütern enthaltenen stillen Reserven aufzudecken und zu versteuern. Zum notwendigen Betriebsvermögen des Besitzunternehmens zählen nicht nur die der Kapitalgesellschaft überlassenen Wirtschaftsgüter, sondern auch die Anteile an der Betriebskapitalgesellschaft.

Werden bei einer Nachfolgeregelung Anteile an der Betriebskapitalgesellschaft auf den Übernehmer übertragen (gegen Entgelt oder unentgeltlich), so dass der Übernehmer die Mehrheit der Stimmrechte innehat, und behält sich gleichzeitig der Übergeber das Eigentum an den der Kapitalgesellschaft überlassenen Wirtschaftsgütern vor (die Nachfolge könnte ja scheitern), liegt keine personelle Verflechtung mehr vor, da nun unterschiedliche Personen – der Übernehmer bei der Betriebskapitalgesellschaft und der Übergeber beim Besitzunternehmen – ihren geschäftlichen Betätigungswillen durchsetzen können. Die steuerliche Betrachtung geht dann von einer Aufgabe des Besitzunternehmens aus. Damit müssen wie bei jeder Betriebsaufgabe die stillen Reserven in den Wirtschaftsgütern aufgedeckt und der Einkommensteuer unterworfen werden. Bei einer unentgeltlichen Übertragung der Mehrheit der Anteile an einer Kapitalgesellschaft unter Zurückbehaltung des der Kapitalgesellschaft überlassenen Vermögens wird die Nachfolgeregelung also doppelt steuerlich belastet: Die unentgeltliche Übertragung unterliegt der Erbschaft- und Schenkungsteuer und der Wegfall der Betriebsaufspaltung unterliegt der Einkommensteuer. Diese negativen einkommensteuerlichen Folgen des Wegfalls einer Betriebsaufspaltung können auf zwei Wegen verhindert werden. Zum einen kann die Betriebsaufspaltung durch eine Personenidentität beibehalten werden; zum anderen könnte das Besitzunternehmen vor Übertragung der Kapitalgesellschaftsanteile in eine gewerblich geprägte Personengesellschaft eingebracht werden.

Steuerliche Reserven aufdecken und versteuern

2.3.1.3   Sonderfall: Stiftung

Stiftungen stehen in Deutschland noch immer im Ruf, etwas besonders Elitäres zu sein. Doch ein Unternehmer muss keine Berühmtheit sein, um eine Stiftung zu gründen. Aus solchen Vermögensübertragungen sind bereits bekannte Stiftungen wie die Robert-Bosch-Stiftung in Stuttgart oder die Körber-Stiftung in Hamburg hervorgegangen. Die Bauelemente einer Stiftung sind

Bauelemente
einer Stiftung

- der Stiftungszweck,
- das Stiftungsvermögen und
- die Stiftungsorgane,

die nach wirtschaftlichen Erfordernissen und betriebsspezifischen Notwendigkeiten gestaltet werden sollten. Mit diesen Bauelementen ähnelt die Stiftung einer Aktiengesellschaft, hat jedoch anders als sie keine Eigentümer. Die Stiftung gehört sich selbst.

Die freie Gestaltung des Stiftungsvermögens bietet die Möglichkeit, Eigentum und Management getrennt zu übertragen, wenn es die individuelle Situation erfordert. Die getrennte Übertragung von Eigentum und Management kann den Erhalt des Unternehmens sichern und die Voraussetzung für den Einstieg eines qualifizierten, vom bisherigen Unternehmen unabhängigen Führungsgremiums schaffen. Die Stiftung bietet damit einen Ausweg für viele verfahrene Erbstreitigkeiten – auch in mittelständischen Unternehmen. Der Stifter kann entsprechende Verfügungen in der Stiftungssatzung oder in zusätzlichen Erbverträgen verbindlich festlegen. Er kann die Stiftung zu seinen Lebzeiten aktivieren oder festlegen, dass sie erst nach seinem Tode entstehen soll.

Art und Umfang des Stiftungsvermögens können vom Stiftenden frei gewählt werden. Er kann sein Privat- oder Firmenvermögen ganz oder teilweise mit oder ohne Nießbrauch oder Kapitalanteile mit oder ohne Stimmrechte ebenso einbringen wie Kunstwerke, Wertpapiere oder Immobilien. Die Übertragung des Vermögens ist allerdings endgültig und nicht mehr rückgängig zu machen: Das Vermögen ist dem Zugriff und Einfluss des Unternehmers und seiner Familie endgültig entzogen. Die Verfügungsmacht geht stattdessen an die neu berufenen Stiftungsorgane über.

Eigentum und
Management
trennen

Aber Achtung: Fremde Eigentumsansprüche (auch rückständige Steuern) erlöschen durch die Stiftungsgründung nicht. Darauf ist vor allem bei Pflichtteilsansprüchen der Erben erster Ordnung – insbesondere Ehepartner und gemeinsame Kinder – zu achten. Ihre Ansprüche bleiben unangetastet, auch wenn sie erst nach dem Ableben des Stifters geltend gemacht werden können. Hat der Stifter mit den Pflichtteilsberechtigten keinen Verzicht auf ihren Pflichtteilsanspruch vereinbart, muss die Stiftung die Hälfte des gesetzlichen Erbanspruchs (= Pflichtteilsanspruch) zahlen, selbst wenn das ihre Existenz gefährden sollte.

Pflichtteilsrechte
beachten

Checkliste

> **Eine Stiftung bietet also folgende Vorteile:**
>
> ✔ Eine Vermögenszersplitterung an mehrere Erben wird vermieden, das Vermögen bleibt als Ganzes erhalten.
>
> ✔ Unerwünschte Erben werden vom Vermögen ferngehalten.
>
> ✔ Der Übergeber und seine Familie können über entsprechende Regelungen finanziell versorgt werden.
>
> ✔ Das Lebenswerk und die Erinnerung an die eigene Person bleiben über den Tod hinaus erhalten.
>
> **Als Nachteile müssen folgende Punkte betont werden:**
>
> ✔ Die Übertragung des Vermögens ist endgültig und nicht mehr rückgängig zu machen.
>
> ✔ Dem Unternehmer und seiner Familie wird der direkte Einfluss und Zugriff auf das Unternehmen endgültig entzogen.
>
> ✔ Auch bei der Übertragung an eine Stiftung bleiben die Ansprüche der Erben auf ihre Pflichtteile bestehen.
>
> ✔ Eine Stiftung ist nur dann erfolgreich, wenn die Satzung genug Flexibilität für schnelle Reaktionen im Wirtschaftsleben lässt.
>
> ✔ Sind alle Familienmitglieder mit der geplanten Erbregelung oder der Schenkung einverstanden oder gibt es Konflikte?

Welche Form der Stiftung sinnvoll ist, muss jeweils individuell geklärt werden. Hier spielen eine Vielzahl wirtschaftlicher, rechtlicher und steuerlicher Aspekte, die zusammen mit spezialisierten Beratern bearbeitet werden sollten, eine entscheidende Rolle.

2.3.1.4   Geplante Änderung des Erbschaftsteuergesetzes ab dem 01.01.2009

Das Bundesverfassungsgericht hat in einem Beschluss vom 07.11.2006 entschieden, dass das Erbschaftsteuerrecht in seiner derzeitigen Fassung als verfassungswidrig einzustufen ist. Die derzeitigen Kriterien zur Bewertung von Betriebsvermögen, Grundvermögen und Anteilen an Kapitalgesellschaften widersprechen laut diesem Beschluss dem Gleichheitssatz aus dem Grundgesetz. Der Gesetzgeber muss aus diesem Grund bis zum 31.12.2008 eine verfassungsgemäße Neuregelung treffen. Bis dahin wird es zu einer Umgestaltung der Bewertungsregelungen kommen, eine Abänderung der persönlichen Steuerklassen und Freibeträge ist derzeit jedoch nicht zu erwarten.

Nachfolgend werden die zum Zeitpunkt der Herausgabe angenommenen Veränderungen der Bewertung von Vermögen dargestellt.

a) Mobiliarvermögen:

Die bisherigen Bewertungskriterien bleiben bestehen.

b) Immobiliarvermögen:

Die Bewertung von Immobiliarvermögen soll sich in Zukunft am Verkehrswert ausrichten, wobei eine Toleranz von ca. 20% gegenüber einem vergleichbaren Marktpreis nicht ausgeschlossen wird.

Zukünftig: Ausrichtung am Verkehrswert

	Aktuelle Regelung	Neue Regelung
Unbebautes Grundstück	Fläche x Bodenrichtwert x 8%	Alte Regelung bleibt bestehen
Bebautes Grundstück	Jahresrohmiete x 12,5 x (1 ./. Alter/200) (Ein- und Zweifamilienhäuser + 20%)	Verkehrswert (Toleranz von +/./. 20% zum vergleichbaren Marktpreis)
Spezielle Firmengrundstücke	Fläche x Bodenrichtwert x 70% + Wert Gebäude (Steuerbilanz)	Es könnte noch ein zusätzlicher Freibetrag/Abschlag geschaffen werden

c) Betriebsvermögen:

Bislang richtet sich die Bewertung des Betriebsvermögens bei Personengesellschaften im Erbschaftsteuerrecht im Wesentlichen nach den Buchwerten. Bei Kapitalgesellschaften gelangt das Stuttgarter Verfahren zur Anwendung. Es ist geplant, ab 2009 bei der Berechnung der Erbschaftsteuer, unabhängig von der Rechtsform, den Verkehrswert des Betriebsvermögens anzusetzen.

	Aktuelle Regelung	Neue Regelung
Personengesellschaft	Werte aus Steuerbilanz (ohne Grundstücke) Bewertung von Gebäude nach BewG (vermögensorientierte Bewertung)	Verkehrswert (statt Bilanzwerte)
Kapitalgesellschaft	Stuttgarter Verfahren, basierend auf den Jahresabschlüssen der letzten drei Jahre	

Aktuelle Informationen finden sich unter:
- www.bundesverfassungsgericht.de
- www.unternehmensnachfolge-portal.com

2.3.1.5   Zusammenfassende Checkliste »Vor- und Nachteile einer Schenkung«

Checkliste

Mögliche Vorteile einer Schenkung

✔ Mit mehrfachen Schenkungen können steuerliche Freibeträge mehrfach ausgenutzt werden, was die Schenkungsteuerschuld erheblich reduziert. Da die Freibeträge alle zehn Jahre erneut zur Verfügung stehen, kann die Steuerschuld sogar bis auf Null reduziert werden.

✔ Auch bei der Erbschaftsplanung können Schenkungen von Vorteil sein, da das zu vererbende Vermögen gezielt reduziert werden kann. Dadurch sinkt die Bemessungsgrundlage der Erbschaftsteuer und auch die Höhe eventueller Pflichtteile.

✔ Einzelunternehmen oder Anteile an Personengesellschaften können zum Buchwert übergeben werden. Vorhandene stille Reserven müssen nicht aufgedeckt werden, wenn der Beschenkte das Unternehmen als Unternehmer weiterführt, so dass ertragsteuerlich kein Veräußerungsgewinn entsteht. Der Nachfolger hat bei gleichbleibenden Buchwerten allerdings auch kein zusätzliches Abschreibungspotenzial.

✔ Schenkungen können mit Auflagen oder Bedingungen versehen werden:
  - Schenkung von Todes wegen (das Geschenk steht dem Beschenkten erst nach dem Tod des Schenkers zu);
  - Nießbrauchsvorbehalt (der Schenkende kann sich die Nutzungsrechte am Geschenk vorbehalten, ein typisches Beispiel ist hier das Wohnrecht);
  - Bedingungen (der Beschenkte muss sich beispielsweise verpflichten, den Schenker zu pflegen, oder er muss einen bestimmten Berufsabschluss erlangen).

✔ In wirtschaftlichen Notfällen kann die Erfüllung eines Schenkungsversprechens verweigert werden.

Mögliche Nachteile einer Schenkung

✔ Geschenkte Vermögensteile sind der Einflussnahme des Schenkenden zumeist endgültig entzogen.

✔ Es kommt vor, dass ein Geschenk bisweilen nicht die nötige Wertschätzung erfährt. Dem Nachfolger ist nicht immer bewusst, dass die erhaltenen Vermögenswerte mühevoll aufgebaut worden sind. Ein (wenn auch unter dem Marktpreis liegender) Übernahmebetrag könnte die Haltung des Nachfolgers in diesem Punkt ändern und sein Verantwortungsbewusstsein stärken.

✔ Auch ein geschenktes Unternehmen bringt nicht nur Vorteile. Mit der Übernahme übernimmt der Nachfolger auch die vielleicht erheblichen Verbindlichkeiten und Belastungen des Betriebs, was vor Annahme des Geschenkes bedacht werden muss.

✔ Das Geschenk unterliegt der Schenkungsteuer.

✔ Vor allem bei ertragstarken Kapitalgesellschaften kann die Steuerschuld aus der Schenkungsteuer sogar höher sein als die beim Verkauf anfallende Einkommensteuer. Im Einzelfall sollte deshalb genau gerechnet und der Rat eines Steuerexperten hinzu gezogen werden.

2.3.2 Kauf und Verkauf des Unternehmens

Der Verkauf des Unternehmens ist die klassische Form der Unternehmensübertragung, wenn der Nachfolger nicht aus der Eignerfamilie stammt. Allerdings bedarf es einer besonderen Analyse, inwieweit das Unternehmen ohne seinen bisherigen Inhaber auf dem Markt bestehen kann. Sollten Übergeber und Übernehmer im Zuge ihrer Bestandsaufnahme zu dem Schluss kommen, dass die Abhängigkeit des Betriebs vom bisherigen Unternehmer zu groß ist, muss diese Situation durch entsprechende Gegenmaßnahmen (z. B. eine längere Übergangsphase) im Vorfeld des Verkaufs entschärft werden oder – wenn zu erwarten ist, dass das Unternehmen nur in dieser Konstellation am Markt bestehen kann – sogar eine Liquidation des Betriebs in Betracht gezogen werden.

Der Verkauf hat im Vergleich zur Vererbung bzw. Schenkung für den Übergeber den Vorteil, dass er durch den Erlös seine Altersvorsorge festigen kann, falls diese nicht sogar ausschließlich aus dem Verkaufserlös bestritten werden muss. **Kaufpreis als Altersvorsorge**

Allerdings wird sich der Übergeber immer wieder verdeutlichen müssen, dass der Unternehmenswert die benötigte Altersversorgung nicht automatisch berücksichtigt. Entscheidend für den Kaufpreis ist, was sich am Markt mit dem Unternehmen erzielen lässt. Für den Käufer zählen bei seinem Kaufangebot nur die harten Fakten, während ein Unternehmer vor allem sein Lebenswerk und dessen ideellen Wert sieht (s. auch Kapitel 2.4).

Um das Unternehmen als eigenes Gebilde zu erhalten, scheuen viele Unternehmer den Verkauf an einen Konzern oder gar an die eigene Konkurrenz. Wenn eine Übernahme schon außerhalb der Familie stattfinden muss, dann soll der Betrieb seinen mittelständischen Charakter behalten. In diesem Fall bietet sich ein sogenanntes Management-Buy-In (MBI) oder Management-Buy-Out (MBO) an. Kennzeichnend für die Verkaufsformen des MBO/MBI ist, dass die Käufer Privatpersonen sind: beim MBO leitende Mitarbeiter aus dem **MBO/MBI**

Unternehmen (eben Herr Albrecht, der die Schreinerei Schulte übernimmt), beim MBI eine betriebsexterne Führungskraft bzw. ein
Managementteam. Auch Mischformen haben sich in der Praxis bewährt. Während ein ehemaliger Mitarbeiter intime Kenntnisse über
das Unternehmen beisteuert, bringt ein Externer frischen Wind und
den Blick von außen sowie die Erfahrung aus anderen Unternehmen
ein. Voraussetzung für ein Funktionieren des sogenannten BIMBO
(Buy In Management Buy Out) ist ein grundlegendes Vertrauen zwischen den Nachfolgepartnern und eine offene Zusammenarbeit. In
allen Fällen wird der mittelständische Charakter des Unternehmens
fortgeführt.

Tipp

> Achtung: Ein guter leitender Mitarbeiter ist nicht generell ein guter
> Unternehmer.

Der Unternehmensverkauf kennt keine Parallelen zu anderen strategischen Fragestellungen. Für den Firmeninhaber ist er in der Regel
einmalig und unwiderruflich. Ist der Entschluss jedoch erst einmal ge-
fasst, gehen viele Übergeber den Verkauf planlos und unstrukturiert
an, was teure Folgen haben kann, z. B. bei Nichtbeachtung wichtiger
Einzelheiten wie Haftungsfragen für bestehende betriebliche Verbindlichkeiten, die Kündigung oder die Übernahme von Mitarbeitern.

Ein typischer Unternehmensverkauf läuft idealerweise in folgenden Phasen ab:

**Typischer
Unternehmens-
verkauf**

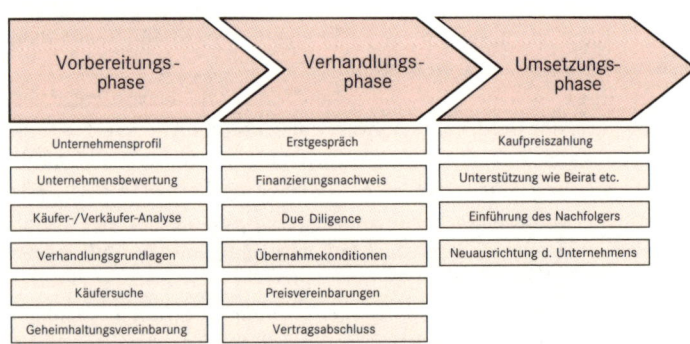

Abb. 14: Phasen eines Unternehmensverkaufs

2.3.2.1   Das Unternehmensprofil

Am Anfang eines Unternehmensverkaufs steht die Erstellung eines
Unternehmensprofils, mit dem Interessenten die wichtigsten Infor-
mationen über den Betrieb erhalten. Dies geschieht zumeist in zwei
Schritten: zum einen durch ein Kurzprofil, das eine erste grobe Dar-

stellung des Unternehmens enthält. Dieses Kurzprofil wird Kaufinteressenten zur Verfügung gestellt, um die Personen zu sondieren, die einerseits wirklich interessiert sind und andererseits grundsätzlich als Käufer in Frage kämen. Dabei ist es für den Prozess selbst gleichgültig, ob diese erste Sondierung vom Übergeber selbst vorgenommen wird oder ob ein Berater eingeschaltet wird, der dafür sorgt, dass die erste Phase des Unternehmensverkaufs anonym und diskret abgewickelt wird. Da die Diskretion beim Betriebsverkauf jedoch für viele mittelständische Unternehmer einen sehr hohen Stellenwert hat, werden in vielen Fällen professionelle Unternehmensberater eingeschaltet – zu groß ist die Sorge, die bestehenden Verkaufsabsichten könnten zu Abwanderungen von Kunden führen.

Kurzprofil

Zum anderen geschieht dies durch ein ausführlicheres Unternehmensprofil, das wesentlich mehr Informationen über den Betrieb enthält. Es variiert von Fall zu Fall, ob dabei die Anonymität des Unternehmens noch gewahrt wird oder ob in engen Branchen und Märkten der potenzielle Verkäufer ohnehin aus den Unterlagen erkannt wird.

Ist zu Beginn der Verkaufsbemühungen noch nicht geklärt, woher mögliche Käufer kommen könnten, kann professionelle Unterstützung ebenfalls hilfreich sein. Nachdem der Übergeber präzisiert hat, welche Ziele er mit dem Unternehmensverkauf verfolgt (Soll in erster Linie die Tradition des Hauses bewahrt werden oder will der Verkäufer vor allen Dingen einen guten Preis erzielen?), zeichnet sich bereits ab, welche Käufer in Frage kommen. Es zeigt sich, ob es sinnvoller ist, die potenziellen Käufer nach dem »Gießkannenprinzip«, also z.B. über eine Anzeige in einem Branchenfachblatt, anzusprechen oder ganz gezielt durch ein Anschreiben, dem das oben beschriebene Kurzprofil beigefügt wird. Aus diesen bereits sehr stark selektierten Adressaten können sich dann Kontakte ergeben, denen Einsicht in das ausführliche Unternehmensprofil gewährt wird.

Käufersuche

Ein Unternehmensprofil wird allerdings nur selten ohne eine vorher unterzeichnete Vertraulichkeitserklärung herausgegeben. Das Unternehmen will und muss sich vor der Weitergabe von internen Daten und Informationen schützen. Der Verstoß gegen die Vertraulichkeitserklärung wird deshalb auch durch eine entsprechend scharfe Vertragsstrafe sanktioniert. Allerdings darf der Wert einer Vertraulichkeitserklärung auch nicht überschätzt werden. Redliche Kaufleute werden sich an die Vereinbarungen halten, aber schwarze Schafe gibt es überall.

Vertraulichkeitserklärung

Muster für eine Vertraulichkeitserklärung:

(Name des Interessenten) erklärt mit seiner Unterschrift unter diese Vertraulichkeitserklärung für sich und für die von ihm vertretene Firma (im Folgenden Kaufinteressent), dass er jegliche Informationen über die Gesellschaft, die Geschäftstätigkeit, die Wirtschaftsdaten sowie sonstige den möglichen Verkauf betreffende Daten absolut vertraulich behandeln wird. Dazu gehören nicht nur schriftliche, sondern auch mündliche, visuell oder elektronisch übermittelte Informationen.

Der Kaufinteressent wird die ihm überlassenen Unternehmensinformationen ausschließlich zum Zwecke der Prüfung des möglichen Erwerbs dieser Gesellschaft verwenden.

Insbesondere dürfen keine Informationen oder Unterlagen an Dritte weitergeleitet oder Dritten zugänglich gemacht werden. Dies gilt auch für mündliche Übermittlungen. Es dürfen keine Kopien, Abschriften oder andere Arten von Duplikaten hergestellt werden. Von diesen Beschränkungen kann im Einzelfall nur mit schriftlicher Zustimmung abgewichen werden. Der Kaufinteressent übt hierbei die höchste Sorgfalt aus. Alle dem Kaufinteressenten überlassenen Unterlagen sind in sicheren, verschlossenen Räumen und Schränken aufzubewahren.

Auf Verlangen sind alle Unterlagen unverzüglich, ohne jegliche Verzögerung zurückzugeben.

Nicht der Vertraulichkeit unterliegen nur die Informationen, die nachweislich bereits öffentlich bekannt sind oder zum allgemein zugänglichen Wissensstand gehören. Die Nachweispflicht obliegt dem Kaufinteressenten.

Bei Nichteinhaltung dieser Vereinbarung wird eine Vertragsstrafe in Höhe von 50 000 € fällig. Weiter gehende Schadenersatzansprüche bleiben dadurch unberührt.

Die Verpflichtung aus dieser Vereinbarung endet 36 Monate nach der Unterzeichnung. Sie erlischt bei Vollzug des Kaufs durch den Kaufinteressenten.

(Unterschrift mit Ort und Datum, ggf. Firmenstempel)

Nach Unterzeichnung der Vertraulichkeitserklärung erhält der Interessent das Unternehmensprofil, das sowohl qualitative als auch quantitative Faktoren umfasst.

Qualitative Elemente des Unternehmensprofils

Zu den **qualitativen Eckdaten** eines Betriebs zählen beispielsweise:

- **Historie**

  Welchen Weg hat das Unternehmen seit der Gründung genommen? Es gilt, die Meilensteine zu beschreiben, die das Unternehmen geprägt und zu dem gemacht haben, was es heute ist. Tradition und Wandel charakterisieren gleichermaßen den im Laufe der Jahre erworbenen Ruf des Betriebs.

● **Betriebsfläche**

Die Angaben zur Betriebsfläche vermitteln einen ersten Überblick über die Größe und die funktionale Einteilung des Unternehmens. Erweiterungs- und Ausbaumöglichkeiten können für den Nachfolger eine wichtige Entscheidungsgrundlage bei einer Übernahme sein. Wesentlich sind außerdem die Eigentumsverhältnisse der Grundstücke und Gebäude bzw. die Restlaufzeit von Miet- oder Pachtverträgen.

● **Stellung im Markt**

Wo steht das Unternehmen im Markt? Wo liegen die Vorteile seiner Produkte und Leistungen im Vergleich zum Wettbewerb? Es sollte deutlich werden, ob das geschäftliche Umfeld attraktiv ist oder ob Marktanteile hart erkämpft werden müssen. Vor allem klare Wettbewerbsvorteile, die das Unternehmen im Vergleich zur Konkurrenz hat, sollten anschaulich dargelegt werden.

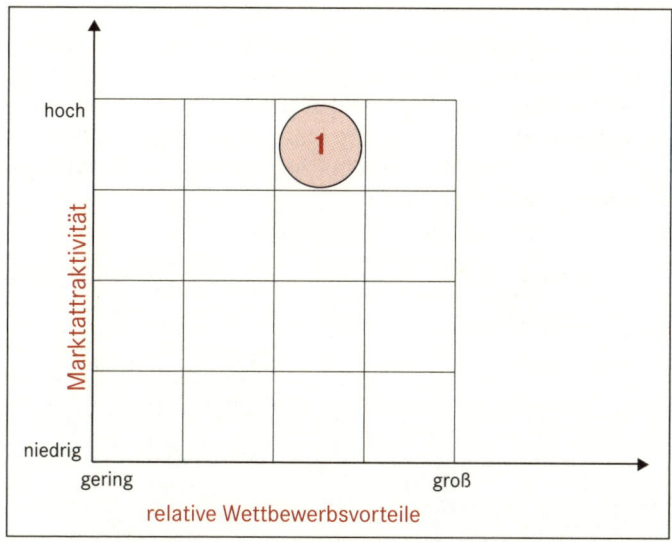

Abb. 15: Stellung des Unternehmens im Markt

● **Kundenstruktur**

Die Nachfrage nach den Leistungen und Produkten des Unternehmens muss auch in Zukunft gesichert sein. Eine Charakterisierung der bestehenden Geschäftsbeziehungen und eine Beschreibung der Kundenstruktur geben dem potenziellen Übernehmer Aufschluss über seine Perspektiven.

- **Sitz des Unternehmens**

Die Standortbedingungen eines Betriebs sind in der Regel nur wenig beeinflussbar. Diese fixen Rahmenbedingungen können sich jedoch nachhaltig auf Kosten und Umsatz auswirken, so dass sie für eine Entscheidung des Käufers wichtig sind.

	trifft zu			trifft nicht zu
Der Firmensitz ist geprägt durch ...	**1**	**2**	**3**	**4**
gute Verkehrsanbindung ins Rheinland und ins Ruhrgebiet.	X			
unmittelbare Nähe zu Kunden.	X			
hohe Verfügbarkeit von Arbeitskräften in NRW.			X	
Möglichkeiten in der Ausweitung der Betriebsfläche.				X
relative Nähe der Mitarbeiter zum Arbeitsplatz.	X			
Kooperationsmöglichkeiten zu benachbarten Unternehmen aus der gleichen Branche.		X		

- **Mitarbeiterstruktur**

Die Mitarbeiter eines Unternehmens tragen in hohem Maße zum Betriebserfolg bei. Ganz besonders in der Anfangsphase ist der Nachfolger auf ihre Erfahrungen und ihr unternehmensspezifisches Wissen angewiesen. Einzelne wichtige Angestellte mit besonderen Aufgaben und mit besonderer Kompetenz werden gesondert beschrieben.

Mitarbeiter	Alter	tätig im Unternehmen seit
Werkzeugmacher	63	1996
Werkzeugmacher	43	2005
Metallbauer	33	1994
Metallbauer	49	1992
Dreher	43	1990
Dreher	51	1999
Teilzeitkraft (Produktion)	ca. 50	1986
Teilzeitkraft (Produktion)	26	2007
Bürokraft volle Stelle	24	2003
Bürokraft volle Stelle	52	1969

- **Sonstiges**

Alle sonstigen Besonderheiten in der Struktur des Unternehmens werden hier dargestellt, sofern sie für die Übergabe von Bedeutung sind. Auch alle ergänzenden Informationen, die nach Meinung des Übergebers zum Profil dieses speziellen Unternehmens dazu gehören, werden hier erfasst.

Die zweite wichtige Informationsquelle eines Unternehmensprofils sind die **quantitativen Faktoren**. Hierzu zählen die wichtigsten Kennzahlen der Gewinn- und Verlustrechnungen sowie der Bilanzen. Und auch wenn viele Unternehmer zögern, diese Zahlen preiszugeben – der Übernehmer muss sie doch kennen, um sich ein umfassendes Bild vom Unternehmen machen zu können. Die Vertraulichkeitserklärung des Übernehmers gibt hier eine gewisse Sicherheit. Ausführlicher erläutert werden sollten:

Quantitative Elemente des Unternehmensprofils

- **Gewinn- und Verlustrechnungen**
  Welche Rendite wurde in den letzten Jahren erwirtschaftet und worin ist dies begründet? Die Ertragskraft des Unternehmens spielt für einen Nachfolger neben Art und Inhalt der Geschäftstätigkeit eine herausragende Rolle. Deswegen müssen die Entwicklung der Erträge und Aufwendungen sowie die Entstehung des Gewinnes oder Verlustes dargestellt und erläutert werden.

- **Bilanzen**
  Woher kommen die finanziellen Mittel des Betriebs, und wie werden sie eingesetzt? Die Bilanz zeigt dem Nachfolger die Vermögensverhältnisse, den Kapitalaufbau und die Finanzierung des Unternehmens. Bereits aus einer Übersicht über die letzten drei Jahren wird ersichtlich, welche Entwicklung das Unternehmen genommen hat und wie es weitergehen könnte.

- **Ertragspotenzial und Investitionsbedarf**
  Wie werden sich die Umsatzerlöse realistischer Weise entwickeln und wie viel Material und Personal muss eingesetzt werden, um die gesteckten Ziele zu erreichen? Auch die sonstigen Sachaufwendungen (Abschreibungen, Zins und Miete etc.) müssen dezidiert in diese Ertragspotenzialanalyse aufgenommen werden. Darüber hinaus ist für einen Kaufinteressenten von großem Interesse, ob bzw. wann neue Maschinen angeschafft werden müssen und wie hoch die dafür zu erwartenden Ausgaben sein werden. Wie alt oder neu ist der Maschinenpark oder auch die Geschäftsausstattung des Unternehmens, wenn der Standard der Branche heran gezogen wird?

Wer sich ernsthaft für den Betrieb interessiert, wird das Unternehmensprofil intensiv studieren. In den sich anschließenden Gesprächen der potenziellen Käufer mit dem Berater des Unternehmens oder mit dem Übergeber selbst trennt sich dann die Spreu vom Weizen. Durch das persönliche Kennen lernen von Übergeber und potenziellem Übernehmer entscheidet sich häufig, ob unter den Interessenten passende Kandidaten sind und, wenn es mehrere Alternativen gibt, wer den endgültigen Zuschlag erhält. Ist sich der Übergeber dann sicher, den richtigen Käufer gefunden zu haben, folgt der nächste Schritt einer Betriebsveräußerung.

Nachfolgerauswahl

Letter of Intent Nach der Sichtung der ersten Informationen sowie einer Betriebsbesichtigung (vgl. auch Kapitel 1.3.4) und einem ersten Gespräch wird eine Absichtserklärung (»Letter of Intent«) ausgetauscht, in der die Verhandlungsgrundlagen, über die sich die Parteien geeinigt haben, und die bisherigen Vertragsmodalitäten fixiert werden. Weiterhin sollte der Letter of Intent einen Zeitplan für den Erwerbsvorgang enthalten und die Gründe benennen, die einen der Beteiligten zu einem Abbruch der Verhandlungen berechtigen. Diese frühzeitige Formulierung der Vertragsgrundlagen und Zielsetzungen des Unternehmensverkaufs durch Käufer und Verkäufer gemeinsam tragen entscheidend dazu bei, Missverständnisse im weiteren Verlauf der Verhandlungen zu vermeiden.

Durch den Letter of Intent dokumentiert der potenzielle Käufer seinen ernsthaften Willen, das Unternehmen zu erwerben. Zumeist legt er in diesem Zusammenhang auch ein Grobkonzept für die Fortführung des Unternehmens, ein indikatives Kaufpreisangebot sowie sein Modell für die Finanzierung des Kaufpreises vor. Der Letter of Intent konkretisiert die Verhandlungspositionen der Parteien und ihre Spielräume, einschließlich der Möglichkeiten zum Abbruch des Vertrags.

Im Folgenden ein Muster eines LoI, das noch für jeden Einzelfall ergänzt und individualisiert werden muss:

Muster »Letter of Intent«:

Gemeinsame Erklärung von

Name/Anschrift

und

Name/Anschrift

Es wird folgende Vereinbarung getroffen:

Das oben genannte Unternehmen soll veräußert werden zum ....
Zu diesem Zweck ist zunächst ein Unternehmensexposé erstellt worden, auf dessen Basis mehrfach Übernahmegespräche geführt worden sind. Diese Übernahmegespräche sind zwischenzeitlich soweit gediehen, dass mit der Realisierung der Übernahme konkret begonnen werden soll. Die Grundlage der erforderlichen Umsetzungsmaßnahmen bilden dabei die folgenden Verhandlungsergebnisse:

- *Der oben genannte Übernehmer strebt die Übernahme des oben genannten Unternehmens an. Den Übernahmemodus/Übernahmeumfang regelt der noch abzuschließende rechtsverbindliche Übernahmevertrag einschließlich seiner Anlagen.*
- *Das Unternehmen soll – voraussichtlich – mit Wirkung zum .... übernommen werden.*

- *Der Standort des Unternehmens bleibt erhalten.*
- *Die Mitarbeiter des Unternehmens werden sämtlich mit übernommen.*
- *Die erforderlichen weiteren rechtlichen/steuerrechtlichen und sonstigen Schritte werden unmittelbar nach Abschluss dieser Vereinbarung eingeleitet.*
- *Die Einarbeitung des Übernehmers kann – nach Absprache – ggf. schon vor dem Übernahmedatum .... beginnen.*
- *Die Vertragsparteien werden zur optimalen Nutzung der Übergangsphase einen Einarbeitungsplan definieren, der einen bestmöglichen Übergang sowohl der Geschäfte als auch des betrieblichen Knowhows auf den Übernehmer ermöglicht.*
- *Unternehmen und Übernehmer beenden ihre sonstigen Aktivitäten zur Suche nach einem Nachfolger bzw. einer anderen Übernahmemöglichkeit und verpflichten sich zur wechselseitigen Loyalität.*
- *Das Unternehmen wird dem Übernehmer selbst oder einem von diesem beauftragten Dritten (Unternehmensberater, Steuerberater, Rechtsberatung) alle betrieblichen Unterlagen und Informationen uneingeschränkt zur Verfügung stellen (Einsichtnahme oder Überlassung), soweit diese Unterlagen und Informationen für die angestrebte Unternehmensübernahme relevant sind.*
- *Das Unternehmen stellt dem Übernehmer fortlaufend aktuelle Informationen über seine Weiterentwicklung zur Verfügung, insbesondere betriebswirtschaftliche Auswertungen.*
- *Das Unternehmen wird den Übernehmer über besondere Entwicklungen, insbesondere negativer Art, unverzüglich informieren. Dies gilt auch für Vorhaben (z. B. größere Investitionen), die ggf. erforderlich werden bzw. durchgeführt werden sollen und eine wesentliche Veränderung darstellen.*

Diese gemeinsame Erklärung ersetzt nicht einen ordentlichen Vertrag zum Übergang der Geschäfte. Beiden Parteien werden sich bei der Abfassung eines Übernahmevertrags anwaltlich/steuerrechtlich beraten lassen.

Bestandteil dieser Absichtserklärung ist die beigefügte Umsetzungsplanung. Beide Parteien sind sich darüber einig, dass sie von dieser gemeinsamen Erklärung nicht ohne wichtigen Grund abrücken werden.

Ort/Datum/Unterschriften

Darüber hinaus kann eine Exklusivitätsvereinbarung getroffen werden, die Parallelverhandlungen mit Dritten verbietet. Um eine Verzögerung der Verhandlungen zu vermeiden oder um nach einem Scheitern unverzüglich neue Verhandlungen mit Dritten aufnehmen zu
können, sollte die Exklusivität zeitlich eng begrenzt oder mit einem
Kündigungsrecht ausgestattet sein. Ein sauberer LoI begründet für
beide Parteien gewisse Sorgfaltspflichten, bei deren Verletzung ein
Geschädigter Schadenersatzansprüche geltend machen kann.

2.3.2.2 Die Due Diligence

Zwar hat der potenzielle Käufer mit dem Firmenprofil bereits eine
ausführliche Beschreibung des Unternehmens vorliegen, jeder muss
sich allerdings einen eigenen Eindruck von der Richtigkeit der Angaben und allen weiteren Aspekten des Unternehmens verschaffen.
Will heißen: Nach einem intensiven Studium des Kfz-Prospekts und
aller technischen Daten des Wagens, folgt nun die »Motorinspektion
beim TÜV«.

Dieser als Due Diligence bezeichnete Schritt bedeutet eine intensive ganzheitliche Unternehmensanalyse. Sie stellt eine wesentliche
Grundlage für die Wertermittlung des Unternehmens dar und zeigt
die Problempunkte auf, die bei der Vertragsgestaltung, insbesondere bei den Gewährleistungen, Zusicherungen und Garantien berücksichtigt werden müssen (Weiteres hierzu in Kapitel 2.3.2.3).
Zentrales Hilfsmittel zur effizienten Durchführung einer Due Diligence sind Fragebögen und Checklisten. Muster-Checklisten finden
sich beispielsweise in der juristischen oder betriebwirtschaftlichen
Literatur zum Unternehmenskauf; sie müssen allerdings immer an
die individuelle Situation des jeweiligen Unternehmens angepasst
werden.

Die Due Diligence wird in den meisten Fällen durch ein Team
durchgeführt, das aus dem Übernehmer und externen Beratern besteht. Als externe Berater kommen zumeist Unternehmensberater,
Wirtschaftsprüfer, Steuerberater, Rechtsanwälte, aber auch je nach
Bedarf technische Sachverständige und Immobiliengutachter in Betracht.

Durch eine Due Diligence erhält der Übernehmer Einblick in alle
wichtigen Unternehmensdaten, der wesentlich tiefer geht als die
Darstellungen im Unternehmensprofil. Dazu zählen neben den Jahresabschlüssen der letzten vier Jahre natürlich auch die aktuellen
betriebswirtschaftlichen Auswertungen des Steuerberaters bzw.
der Finanzbuchhaltung. Die Darstellung der Finanzierung ist dabei
ebenso von Bedeutung wie eine Auflistung der vorhandenen Vermögenswerte (Grundstücke, Immobilien, Maschinen etc.).

Aber auch die Marktdaten (Kundenstruktur, Wettbewerbsanalysen, Absatzzahlen einzelner Produktgruppen etc.) sollten den potenziellen Käufer interessieren. An sorgfältig aufbereiteten Analysen ist zu erkennen, ob das Management des Unternehmens bisher professionell gearbeitet hat.

Schließlich sind alle längerfristigen Verträge von Interesse. Auch hier muss der Übernehmer wissen, was auf ihn zukommt: Wie sind die einzelnen Arbeitsverträge gestaltet? Welche Maschinen sind geleast? Aber auch: Wie lange läuft der Mietvertrag für die Produktionsstätte? Ist er vielleicht befristet, so dass in Kürze ein kostspieliger Umzug ansteht?

Ist der potenzielle Käufer zugleich ein Wettbewerber, so empfiehlt sich ein mehrstufiges Verfahren zur Weitergabe der Due-Diligence-Informationen. Zu Beginn der Verhandlungen erhält der Interessent nur die weniger vertraulichen Informationen, während die vertraulicheren Informationen erst in einem fortgeschrittenem Stadium der Verhandlungen weiter gegeben werden, wenn die Ernsthaftigkeit der Kaufabsichten beurteilt werden kann. Auch eine Anonymisierung von Due-Diligence-Informationen, z.B. bei der Angabe der wichtigsten Kunden des Zielunternehmens, kann helfen, wettbewerbsrelevante Informationen nicht preiszugeben und den potenziellen Käufer trotzdem bei seiner Entscheidung zu unterstützen. **Umgang mit Wettbewerbern**

Eine Risikominimierung kann außerdem durch die Art der Informationsvermittlung als solche erzielt werden. Die Einsichtnahme in Unterlagen birgt beispielsweise weniger Risiken als ein Aufzeichnungsrecht, die Auslage der Unterlagen in einem Besprechungszimmer des Unternehmens ist weniger riskant als dem Übernehmer zu erlauben, die Unterlagen mit nach Hause zu nehmen.

2.3.2.3   Der Kaufvertrag

Sind sich Käufer und Verkäufer nach der Due Diligence einig, kann ein Kaufvertrag geschlossen werden. Erläuterungen zur Bewertung und Preisfindung von mittelständischen Unternehmen finden sich im Kapitel 2.4.

Folgende Aspekte müssen mindestens in einem Kaufvertrag geregelt werden:

✔ Was wird verkauft?

✔ Wann geht das Unternehmen auf den neuen Eigentümer über (Stichtag)?

✔ Wie hoch ist der Kaufpreis?

✔ Wer trägt die Kosten des Kaufvertrags?

Checkliste

✔ Auf welche Weise wird der Kaufpreis bezahlt (Einmalzahlung, Raten, Fälligkeit usw.)?

✔ Welche Sicherheiten werden bei Ratenzahlung bzw. wiederkehrenden Leistungen gestellt?

✔ Wird das Unternehmen unter dem gleichen Namen fortgeführt?

✔ Ist der Verkäufer der Eigentümer der verkauften Gegenstände und Gebäude? Welche gehören nicht zu seinem Eigentum?

✔ Wurde eine Vertragsstrafe vereinbart für den Fall, dass sich bei einer späteren Betriebsprüfung Nachlässigkeiten des Altinhabers herausstellen?

✔ Stimmen evtl. Vermieter, Versicherungsgesellschaft, Lieferanten usw. der Übertragung zu (gilt nur für Einzelunternehmen und Personengesellschaften)?

✔ Wurden die Mitarbeiter über die Unternehmensübertragung und die damit verbundenen möglichen Konsequenzen so informiert, wie es der § 613a BGB vorschreibt?

✔ Haben Mitarbeiter von ihrem Widerspruchsrecht gemäß § 613a BGB Gebrauch gemacht?

✔ Soll eine Klausel vereinbart werden, nach der der Verkäufer keine gleichartige Tätigkeit vor Ort aufnehmen darf (Konkurrenzklausel)?

✔ Wurde vereinbart, dass der Verkäufer für eventuell nachträglich aufgedeckte Altlasten haftet?

✔ Unter welchen Bedingungen kann der Käufer vom Vertrag zurücktreten?

Haftung für falsche Informationen

Vor der Unterzeichnung sollte überprüft werden, dass alle notwendigen Unterlagen über die aktuelle Unternehmenssituation vorliegen. Mit Hilfe dieser Unterlagen kann sich der Übernehmer sicher sein, dass er alle belegbaren Informationen zum Unternehmen kennt. Diese Unterlagen sollten im Kaufvertrag erwähnt und ihre Richtigkeit vom Verkäufer bestätigt werden. Der Verkäufer kann noch bis zu 30 Jahre für falsch vermittelte Informationen über das Unternehmen haften. Der Käufer muss dies allerdings innerhalb von drei Jahren nach Kenntnis geltend machen.

Checkliste

Mit dem Kaufvertrag vorzulegende Unterlagen:

✔ Unbedenklichkeitsbescheinigung des Finanzamtes, wonach alle öffentlichen Abgaben für das Betriebsgrundstück bis zum Übertragungsstichtag abgeführt wurden.

✔ Negativbescheinigung des Finanzamtes, wonach bis zum Übertragungsstichtag keine betrieblichen Steuerschulden bestehen (Ansonsten haftet der Käufer nämlich für alle im Unternehmen bestehenden Steuerverbindlichkeiten. Dazu gehören Umsatzsteuer, Gewerbesteuer, Lohnsteuer, betriebliche Kfz-Steuer usw. Der Nachfolger haftet maximal in Höhe des Unternehmenswertes. Die Haftung für Steuerschulden kann vertraglich nicht ausgeschlossen werden).

✔ Bestätigung der Sozialversicherung, wonach alle Beiträge abgeführt wurden.

✔ (Evtl.) Zustimmung weiterer Gesellschafter zur Übertragung.

✔ Inventarliste aller Gegenstände des Unternehmens.

✔ Bestätigung des Verkäufers, wonach eine Betriebsprüfung des Finanzamtes durchgeführt wurde.

✔ Auflistung aller gewerblichen Schutzrechte, Vertriebsverträge, Kundenverträge (-aufträge), Kooperationsverträge, Versicherungs- und Leasingverträge und Lieferverträge.

✔ Sämtliche Arbeitsverträge schriftlich

✔ Kreditverträge, die vom Käufer übernommen werden.

✔ Bestätigung, wonach keine schwebenden gerichtlichen und außergerichtlichen Auseinandersetzungen (Prozessklausel) existieren.

Mit der Unterzeichnung des Kaufvertrags sollte der Inhaberwechsel auch nach außen hin publiziert werden. Dies geschieht durch Eintragung des neuen Gesellschafters bzw. Eigentümers im Handelsregister. Auch die Änderung des Firmennamens muss gemeldet werden, wobei dafür gesorgt werden muss, dass die Eintragung richtig und vollständig ist. Nur was im Handelsregister steht, kann Dritten rechtswirksam entgegen gehalten werden.

Eintragung im Handelsregister

In Kaufverträgen werden darüber hinaus regelmäßig bestimmte Klauseln verwendet, mit denen sich der Übernehmer zusätzlich schützen kann. Sollte sich der Übergeber weigern, diese Klauseln aufzunehmen, besteht offensichtlich noch Klärungsbedarf. Die wichtigsten Klauseln sind:

Garantien

● Klausel 1: Umsatzgarantie
Die Richtigkeit aller in den vorgelegten Jahresabschlüssen sowie in den Anlagen zu diesem Vertrag mitgeteilten Umsätze und Ergebnisse wird vom Verkäufer ausdrücklich garantiert.

● Klausel 2: Bilanzgarantie
Die Übernahmebilanz und die vorgelegten Jahresabschlüsse werden nach den Grundsätzen ordnungsgemäßer Buchführung und Bilanzierung unter Wahrung der Bewertungsstetigkeit erstellt.

● Klausel 3: Behördenauflagen
Der Verkäufer garantiert, dass im Betrieb alle öffentlich-rechtlichen Vorschriften eingehalten sind. Altlasten bestehen nicht, ein entsprechendes Bodengutachten wird vorgelegt.

- Klausel 4: Gewährleistung
  Der Verkäufer sichert den Bestand aller aufgeführten Miet- und Pachtverträge, Lizenzen, Konzessionen und Genehmigungen zu, die weder aus rechtlichem, noch aus tatsächlichem Grund gefährdet sind.
- Klausel 5: Eigenkapital
  Der Verkäufer garantiert dem Käufer für den vorgesehenen Stichtag ein aus gezeichnetem Kapital und Rücklagen in entsprechender Höhe bestehendes Eigenkapital.
- Klausel 6: Schadenersatz
  Bei Nichteinhaltung von Garantien stellt der Verkäufer den Erwerber so, als sei die Zusicherung richtig gewesen.
- Klausel 7: Sicherungsvorbehalt
  Der Erwerber behält zur Sicherung seiner Ansprüche einen bestimmten Prozentsatz des vereinbarten Kaufpreises ein. Dieser Betrag wird erst neun Monate nach dem Übergabestichtag zur Auszahlung fällig.
- Klausel 8: Verjährung
  Die Verjährung der Gewährleistungsansprüche sollte im Vertrag festgelegt werden. Auch die Verjährung von Verbindlichkeiten, die in späteren Betriebsprüfungen erkannt werden, sollte geregelt werden.

Hinzuziehen eines externen Spezialisten

Die Vielzahl der hier benannten Details zeigt bereits, dass die individuelle Erstellung eines Kaufvertrags für ein Unternehmen komplex ist und vom Laien allein kaum zu bewältigen sein dürfte. Der Abschluss eines Kaufvertrags sollte deshalb auf keinen Fall ohne externe Spezialisten realisiert werden.

2.3.2.4   Steuerliche Aspekte

Ebenso wie die laufenden Einkünfte unterliegt auch der Verkauf des Unternehmens der Einkommensteuer. Der durch den Verkauf entstehende Veräußerungsgewinn – als Differenz zwischen Veräußerungspreis und dem Buchwert des Betriebsvermögens bzw. den Anschaffungskosten der Anteile an einer Kapitalgesellschaft – ist der Einkommensteuer zu unterwerfen. Wird das Unternehmen von einer natürlichen Person veräußert, so unterliegt der Veräußerungsgewinn nicht der Gewerbesteuer. Auch für die einkommensteuerlichen Folgen sind der Verkauf von Personenunternehmen (Einzelunternehmen, Personengesellschaften) und der Verkauf von Anteilen an Kapitalgesellschaften zu unterscheiden. Werden Anteile an einer Kapitalgesellschaft veräußert, so ist grundsätzlich noch nach der Zuordnung der Anteile zum Betriebs- oder Privatvermögen zu differenzieren.

2.3.2.4.1 Der Verkauf von Anteilen an Kapitalgesellschaften im Privatvermögen

a) Folgen für den Verkäufer

Grundsätzlich ist die Veräußerung von Wirtschaftsgütern, die steuerlich dem Privatvermögen zuzuordnen sind, steuerlich unerheblich, d.h. die Veräußerung kann grundsätzlich steuerfrei erfolgen. Hiervon sieht das Einkommensteuerrecht zwei Ausnahmen vor. Zum einen sind private Spekulationsgeschäfte gemäß §§ 22 Nr. 2 i.V.m. 23 EStG steuerpflichtig. Der Verkauf von Kapitalgesellschaftsanteilen unterliegt als privates Spekulationsgeschäft der Einkommensteuer, wenn zwischen dem Zeitpunkt der Anschaffung und dem Zeitpunkt der Veräußerung weniger als ein Jahr vergangen ist. Liegt ein privates Spekulationsgeschäft vor, so ist der Veräußerungsgewinn immer als Spekulationsgewinn zu versteuern. Im Rahmen der Nachfolgeregelung dürfte dies allerdings nur auf sehr wenige Ausnahmefälle zutreffen (beispielsweise wenn der Übergeber erst kürzlich Anteile an einer Kapitalgesellschaft erworben hat, um 100 % der Anteile an der Kapitalgesellschaft veräußern zu können). *(Spekulations- geschäft)*

Zum anderen ist der Verkauf von Anteilen an einer Kapitalgesellschaft – die steuerlich dem Privatvermögen zuzuordnen sind – gemäß § 17 EStG in den Fällen steuerpflichtig, in denen der Anteilseigner innerhalb der letzten fünf Jahre zu mindestens 1 % (wesentliche Beteiligung) an der Kapitalgesellschaft beteiligt war. Dabei ist es völlig ausreichend, wenn der Veräußerer innerhalb der letzten fünf Jahre vor dem Veräußerungszeitpunkt nur an einem einzigen Tag mit mehr als 1 % beteiligt war. Für die Steuerpflicht ist es auch unerheblich, ob der Veräußerer unmittelbar oder nur mittelbar an der Kapitalgesellschaft wesentlich beteiligt war. Auch bei einem unentgeltlichen Erwerb der Anteile an einer Kapitalgesellschaft tritt die Steuerpflicht ein, wenn der Veräußerer oder sein Rechtsvorgänger innerhalb der letzten fünf Jahre wesentlich beteiligt waren. *(Wesentliche Beteiligung)*

Der Veräußerungsgewinn ermittelt sich gemäß § 17 Abs. 2 EStG als Veräußerungspreis abzüglich der vom Veräußerer zu tragenden Veräußerungskosten (bspw. Notariatsgebühren) abzüglich der Anschaffungskosten der Anteile.

Beispiel:

Herr Müller hat vor 30 Jahren die Müller-GmbH durch Einlage des Stammkapitals in Höhe von 100 000 € gegründet. Herr Müller verkauft seinen 100 %-Anteil an der Müller-GmbH zu einem Preis von 2 502 000 €. Laut Kaufvertrag hat Herr Müller die Notariatsgebühren in Höhe von 2000 € zu tragen.

Lösung:

Ermittlung des Veräußerungsgewinnes:

Veräußerungspreis	*2 502 000 €*
abzüglich Veräußerungskosten	*./. 2 000 €*
abzüglich Anschaffungskosten der Anteile	*./. 100 000 €*
Veräußerungsgewinn	**2 400 000 €**

Hat der Veräußerer die Anteile an der Kapitalgesellschaft unentgeltlich erworben (bspw. durch Erbschaft oder Schenkung), so sind die Anschaffungskosten des Rechtsvorgängers anzusetzen.

Veräußerungsgewinn

Unter Geltung des Halbeinkünfteverfahrens werden bei der laufenden Besteuerung die Gewinnausschüttungen von Kapitalgesellschaften nur zur Hälfte als Einkünfte angesetzt. Die andere Hälfte der Gewinnausschüttungen wird steuerfrei vereinnahmt. Entsprechend ist gemäß § 3 Nr. 40c EStG auch die Hälfte des Veräußerungspreises bei der Veräußerung von Anteilen an einer Kapitalgesellschaft steuerfrei. Da die Hälfte des Veräußerungspreises steuerfrei vereinnahmt werden kann, können gemäß § 3c Abs. 2 EStG auch nur die Hälfte der mit der Veräußerung in Zusammenhang stehenden Aufwendungen und Ausgaben steuerlich geltend gemacht werden.

Somit ist das obige Beispiel folgendermaßen zu korrigieren:

Beispiel:

	steuerfrei	*steuerpflichtig*
Veräußerungspreis	*1 251 000 €*	*1 251 000 €*
abzüglich Veräußerungskosten		*./. 1 000 €*
abzüglich Anschaffungskosten der Anteile		*./. 50 000 €*
Veräußerungsgewinn	**1 251 000 €**	**1 200 000 €**

Freibetrag

Für die Veräußerung von Anteilen an Kapitalgesellschaften wird ein in der Höhe begrenzter Freibetrag gewährt. Der Freibetrag beträgt 10 300 € bei Veräußerung eines 100%-Anteils; werden geringere Anteile veräußert, ist ein dem Anteil entsprechender Teilbetrag des Freibetrages anzusetzen. Dieser Freibetrag wird in voller Höhe nur bis zu einem Veräußerungsgewinn von 41 000 € gewährt (oder dem entsprechenden Anteil). Ein über 41 000 € hinausgehender Veräußerungsgewinn (Grenzbetrag) mindert den gewährten Freibetrag. Folglich wird bei der Veräußerung eines 100%-Anteils an einer Kapitalgesellschaft kein Freibetrag gewährt, sofern der Veräußerungsgewinn 51 300 € übersteigt. Bei Veräußerungsgewinnen zwischen 41 000 € und 51 300 € kann nur ein entsprechend reduzierter Freibetrag in Anspruch genommen werden.

Beispiel:

Herr Meyer verkauft seinen 50 %-Anteil an der A&B GmbH. Hierbei ermittelt er einen steuerpflichtigen Veräußerungsgewinn von a) 23 500 € bzw. b) 27 500 €. Da er einen 50 %-Anteil veräußert, wird auch der Freibetrag nur zu 50 % gewährt (5 150 €). Ebenso ist der Grenzbetrag nur zu 50 % anzusetzen, so dass der Freibetrag um den Teil des Veräußerungsgewinnes zu kürzen ist, der 20 500 € übersteigt.

Lösung:

Der Veräußerungsgewinn übersteigt in Fall a) den Grenzbetrag um 3 000 €, so dass der Freibetrag um 3 000 € zu kürzen ist. Damit erzielt Herr Meyer Einkünfte aus der Veräußerung seines 50 %igen GmbH-Anteils in Höhe von:

Veräußerungsgewinn	*23 500 €*
abzüglich verbleibender Freibetrag	*./. 2 150 €*
zu versteuernder Veräußerungsgewinn	***21 350 €***

Im Fall b) wird der Grenzbetrag (20 500 €) um 7 000 € überschritten, so dass kein Freibetrag in Anspruch genommen werden kann.

Der ermittelte Veräußerungsgewinn wird dem normalen Einkommensteuertarif unterworfen. Weitere Steuervergünstigungen werden nicht gewährt. Wirtschaftlich wird bei der Veräußerung von Kapitalgesellschaftsanteilen die Hälfte des Veräußerungsgewinnes ohne weitere Begrenzungen besteuert oder aus Sicht des Steuersatzes formuliert: Der Veräußerungsgewinn wird mit der halben Steuerbelastung des normalen Tarifes versteuert.

b) Folgen für den Käufer

Der Erwerber kann den gezahlten Kaufpreis steuerlich nicht geltend machen. Da es sich bei den Anteilen an Kapitalgesellschaften um nicht abnutzbare Wirtschaftsgüter handelt, kann der gezahlte Kaufpreis nicht als Abschreibungspotenzial steuermindernd eingesetzt werden.

Keine Kaufpreisbilanzierung bei Kapitalgesellschaften

In der Regel wird der Kaufpreis für den Erwerb von Anteilen an einer Kapitalgesellschaft zu einem erheblichen Maße mit Fremdkapital finanziert. Das Halbeinkünfteverfahren sieht jedoch erhebliche Einschränkungen hinsichtlich der Abzugsfähigkeit von Finanzierungsaufwendungen vor.

Werden die Anteile von einer natürlichen Person erworben, sind grundsätzlich gemäß § 3c Abs. 2 EStG nur die Hälfte der Zinsaufwendungen abzugsfähig. Wirtschaftlich bedeutet dies, dass die Hälfte der Zinsaufwendungen aus versteuertem Einkommen zu zahlen sind. Dies erscheint auf den ersten Blick eine für den Kauf von Kapitalgesellschaftsanteilen hinderliche Regelung zu sein. Allerdings stellt das Halbeinkünfteverfahren die Hälfte der Gewinnausschüttungen ebenso steuerfrei.

Tilgung und Zinsaufwand sind Privatsache

In der Praxis wird sich die nur noch eingeschränkte Abzugsfähigkeit der Zinsaufwendungen für den Erwerber nicht als das entscheidende Problem erweisen. Ein wesentlich Größeres Problem stellt die Tatsache dar, dass der gezahlte Kaufpreis nicht abgeschrieben werden kann. Da in der Regel das für den Anteilserwerb aufgenommene Fremdkapital regelmäßig zu tilgen ist – und nicht erst bei Verkauf der Anteile – müssen die Tilgungen aus den versteuerten Gewinnausschüttungen der erworbenen Kapitalgesellschaft finanziert werden. Dieser Punkt sollte bei einem Erwerb von Kapitalgesellschaftsanteilen besonders berücksichtigt werden.

2.3.2.4.2   Betriebsveräußerung und Veräußerung von Personengesellschaftsanteilen

Voraussetzungen

Sowohl für die Veräußerung des ganzen Gewerbebetriebes, eines Teilbetriebes als auch für die Veräußerung des gesamten Mitunternehmeranteils sieht das Einkommensteuerrecht erhebliche steuerliche Erleichterungen vor. Im Folgenden werden nur Veräußerungen durch natürliche Personen betrachtet. Grundsätzlich stellen auch diese Veräußerungen Einkünfte aus Gewerbebetrieb dar, allerdings wird unter bestimmten Voraussetzungen ein Freibetrag und eine Reduzierung auf den halben durchschnittlichen Steuersatz gewährt. Veräußerungen des ganzen Gewerbebetriebes, eines Teilbetriebes oder des gesamten Mitunternehmeranteils unterliegen gemäß § 7 Satz 2 GewStG nicht der Gewerbesteuer, sofern die Veräußerung oder Aufgabe durch eine natürliche Person als unmittelbarer (Mit-) Unternehmer erfolgt.

a) Folgen für den Verkäufer

Die Veräußerung des ganzen Gewerbebetriebs liegt vor, wenn der Betrieb insgesamt, zumindest aber alle wesentlichen Betriebsgrundlagen (i.d.R. Betriebsgrundstücke, Maschinen und Anlagen die für den Betrieb unabdingbar sind, aber auch immaterielle Wirtschaftsgüter wie Patente, außerdem stellen Wirtschaftsgüter mit erheblichen stillen Reserven grundsätzlich eine wesentliche Betriebsgrundlage im Zusammenhang mit einer Betriebsveräußerung bzw. Betriebsaufgabe dar) auf den Erwerber übergehen. Mit den übernommenen Wirtschaftsgütern muss der Erwerber in der Lage sein, den erworbenen Betrieb als sogenannten lebenden Organismus fortführen zu können. Auch bei Zurückbehaltung von unwesentlichen Wirtschaftsgütern (bspw. dem bisher auch privat genutzten Pkw) durch den Veräußerer handelt es sich immer noch um eine Veräußerung des ganzen Gewerbebetriebes. Werden allerdings wesentliche Betriebsgrundlagen zurückbehalten, liegt kein begünstigter Verkauf des ganzen Gewerbebetriebes vor. Dies hat zur Folge, dass der erzielte Veräußerungsgewinn als laufender Gewinn zu versteuern ist. Anders verhält es sich, wenn die nicht mit veräußerten wesentlichen Betriebsgrundlagen entweder an andere Erwerber veräußert oder aber in das Privatvermögen (unter Aufdeckung der stillen Reserven) überführt werden. In diesem Fall ist der gesamte Vorgang als eine Betriebsaufgabe zu qualifizieren. Für eine Betriebsaufgabe gelten identische steuerrechtliche Folgen wie für die Veräußerung des gesamten Gewerbebetriebs.

Der Veräußerungsgewinn ist bei der Veräußerung des ganzen Gewerbebetriebs der Veräußerungspreis abzüglich der Veräußerungskosten und des Reinbetriebsvermögens im Zeitpunkt der Veräußerung. Der verkaufende Unternehmer hat somit für den Veräußerungszeitpunkt eine Schlussbilanz zu erstellen. Wird der Betrieb aufgegeben (oder werden einzelne Wirtschaftsgüter in das Privatvermögen überführt), so sind für die einzeln veräußerten Wirtschaftsgüter die erzielten Preise anzusetzen. Für die in das Privatvermögen überführten Wirtschaftsgüter werden die gemeinen Werte herangezogen. Die addierten Werte der verkauften Wirtschaftsgüter zuzüglich der gemeinen Werte der in das Privatvermögen überführten Wirtschaftsgüter bilden in der Summe den – fiktiven – Veräußerungspreis. Von diesem werden zur Ermittlung des Veräußerungsgewinnes die Veräußerungskosten und das Reinbetriebsvermögen abgezogen.

Veräußerungsgewinn

Beispiel:
Ein Unternehmer veräußert seinen gesamten Gewerbebetrieb (unter Übergang aller Aktiva und Passiva) unter Zurückbehaltung seines Firmen-Pkws an seinen langjährigen Mitarbeiter zum Preis von 350 000 €. Die erstellte Schlussbilanz weist ein Eigenkapital von 145 000 € aus. Der gemeine Wert des Pkw beträgt 30 000 €. Dem Unternehmer entstehen Veräußerungskosten in Höhe von 15 000 €.

Lösung:
Der Veräußerungsgewinn beläuft sich auf:

Veräußerungspreis	*350 000 €*
zzgl. gemeiner Wert Pkw	*30 000 €*
abzgl. Veräußerungskosten	*./. 15 000 €*
abzgl. Betriebsvermögen	*./. 145 000 €*
Veräußerungsgewinn	***220 000 €***

Seit dem 01.01.2002 ist nur noch die gesamte Veräußerung eines Mitunternehmeranteils (gesellschaftsrechtliche Anteile an einer OHG oder KG) gemäß §§ 16, 34 EStG steuerbegünstigt. Wird nur ein Anteil eines Mitunternehmeranteils veräußert, so ist der Veräußerungsgewinn gemäß § 16 Abs. 1 Satz 2 EStG als laufender Gewinn zu versteuern.

Mitunternehmeranteil

> **Beispiel:**
> *Herr Walter ist zu 50 % an der A&B OHG beteiligt. Im Rahmen der Nach-folgeregelung veräußert Herr Walter die Hälfte seiner Beteiligung an seinen Partner. Da Herr Walter nicht seinen gesamten Anteil veräußert, muss er den Veräußerungsgewinn als laufenden – nicht begünstigten – Gewinn versteuern.*

Sonderbetriebs-vermögen

Bei Mitunternehmerschaften (Personengesellschaften) ist zu be-achten, dass das steuerliche Betriebsvermögen neben dem Gesamt-handsvermögen (Gesellschaftsvermögen der Personengesellschaft) auch das steuerliche Sonderbetriebsvermögen umfasst. Steuerliches Sonderbetriebsvermögen sind alle Wirtschaftsgüter, die sich im Ei-gentum eines Gesellschafters (oder mehrerer Gesellschafter) befinden und der Personengesellschaft zur Nutzung überlassen werden (ent-geltlich oder unentgeltlich). Dieses Sonderbetriebsvermögen dient unmittelbar dem Betrieb der Personengesellschaft.

Daneben zählen auch diejenigen Wirtschaftsgüter zum Sonderbe-triebsvermögen, die unmittelbar der Beteiligung des Gesellschafters an der Personengesellschaft dienen oder geeignet sind, diese zu stär-ken (beispielsweise Verbindlichkeiten zur Kaufpreisfinanzierung eines Gesellschaftsanteils). Ebenso wie bei der Veräußerung des ganzen Gewerbebetriebes müssen auch bei der begünstigten Ver-äußerung eines gesamten Mitunternehmeranteils alle wesentlichen Betriebsgrundlagen entweder veräußert oder aber unter Aufdeckung der stillen Reserven in das Privatvermögen überführt werden. Wird der Mitunternehmeranteil veräußert und das Sonderbetriebsvermö-gen unter Fortführung der Buchwerte in ein anderes Betriebsver-mögen überführt, so liegt kein gemäß §§ 16, 34 EStG begünstigter Veräußerungsgewinn vor und der Veräußerungsgewinn unterliegt als laufender Gewinn der Einkommensteuer.

Freibetragsregelung

Bei einer gemäß § 16 EStG begünstigten Veräußerung des ganzen Gewerbebetriebes, einer Betriebsaufgabe oder aber der Veräußerung des gesamten Mitunternehmeranteiles wird gemäß § 16 Abs. 4 EStG ein **Freibetrag** in Höhe von 45 000 € gewährt, jedoch nur unter der Voraussetzung, dass der Steuerpflichtige entweder das 55. Lebens-jahr vollendet hat oder im sozialversicherungsrechtlichen Sinne dau-ernd berufsunfähig ist. Außerdem kann jeder Steuerpflichtige diesen – zu beantragenden – Freibetrag nur einmal im Leben in Anspruch nehmen. Der volle Freibetrag kann allerdings nur bis zu einem Ver-äußerungsgewinn von 136 000 € in Anspruch genommen werden. Ab einem Veräußerungsgewinn von 181 000 € wird kein Freibetrag mehr gewährt. Bei Veräußerungsgewinnen zwischen 136 000 € und 181 000 € wird der Freibetrag um den Betrag gekürzt, um den der Veräußerungsgewinn 136 000 € übersteigt.

Beispiel:

Ein Unternehmer veräußert seinen Gewerbetrieb zu einem Preis von 250 000 € an seine langjährige Mitarbeiterin. Der Buchwert des Betriebsvermögens (Eigenkapital) beträgt im Zeitpunkt der Veräußerung 75 000 €.

Lösung:

Ermittlung des steuerpflichtigen Veräußerungsgewinns

Veräußerungspreis	250 000 €
abzüglich Betriebsvermögen	./. 75 000 €
Veräußerungsgewinn	175 000 €

Berechnung des zu gewährenden Freibetrags

Freigrenze	136 000 €
abzüglich Veräußerungsgewinn	./. 175 000 €
übersteigender Betrag (Kürzung Freibetrag)	38 000 €
Freibetrag gemäß § 16 Abs. 4 EStG	45 000 €
Kürzung Freibetrag	./. 39 000 €
zu gewährender Freibetrag (einmal im Leben)	6 000 €

endgültige Ermittlung des steuerpflichtigen Veräußerungsgewinns

Veräußerungsgewinn	175 000 €
abzüglich Freibetrag	./. 6 000 €
steuerpflichtiger Veräußerungsgewinn	169 000 €

Wie leicht zu erkennen ist, greift der Freibetrag nur bei Veräußerungsgewinnen, die für eine Absicherung des künftigen Lebensunterhaltes nicht ausreichend sein dürften.

Neben der Gewährung eines Freibetrags kann der veräußernde Unternehmer die Besteuerung mit dem sogenannten »halben durchschnittlichen Steuersatz« gemäß § 34 Abs. 3 EStG beantragen. Der halbe durchschnittliche Steuersatz ist nach unten durch einen Mindeststeuersatz begrenzt. Dieser Mindeststeuersatz ist der jeweils geltende Eingangssteuersatz. Voraussetzung für die Inanspruchnahme des halben durchschnittlichen Steuersatzes ist,

Halber durchschnittlicher Steuersatz

- dass der Steuerpflichtige entweder das 55. Lebensjahr vollendet hat oder im sozialversicherungsrechtlichen Sinne dauernd berufsunfähig ist,
- dass es sich um Veräußerungsgewinne gemäß § 16 oder § 18 Abs. 3 EStG (selbstständige Arbeit) handelt und
- dass der Steuerpflichtige einen Antrag auf die Anwendung der ermäßigten Besteuerung stellt.

Mit Wirkung vom 01.01.2004 wurde der ermäßigte Steuersatz auf 56 % des halben durchschnittlichen Steuersatzes erhöht. Der halbe durchschnittliche Steuersatz kann bis zu einer Höhe von insgesamt

5 Mio. € in Anspruch genommen werden. Ebenso wie der Freibetrag wird auch der halbe durchschnittliche Steuersatz nur einmal im Leben gewährt.

Fünftel-Regelung

Für Veräußerungsgewinne über 5 Mio. € oder Veräußerungsgewinne, bei denen der Steuerpflichtige keinen Antrag auf die Gewährung des halben durchschnittlichen Steuersatzes stellt, greift gemäß § 34 Abs. 1 EStG die sogenannte Fünftelregelung. Diese Regelung sieht vor, dass das zu versteuernde Einkommen um die außerordentlichen Einkünfte vermindert wird. Die Fünftelregelung bewirkt eine Progressionsmilderung, allerdings ist der Effekt bei höheren außerordentlichen Einkünften fast nicht mehr zu verzeichnen.

b) Folgen für den Käufer

Abschreibungspotenzial durch Zinsen sind betrieblicher Aufwand

Mit dem entgeltlichen Erwerb eines ganzen Gewerbebetriebs oder eines Mitunternehmeranteils werden die stillen Reserven durch den Kauf aufgedeckt. Hierdurch entsteht für den Erwerber bei allen abnutzbaren Wirtschaftsgütern steuerminderndes Abschreibungspotenzial. In einem ersten Schritt werden die stillen Reserven bei allen bilanzierungsfähigen Wirtschaftsgütern aufgedeckt (Grund und Boden, Gebäude, Anlagen und Maschinen, immaterielle Vermögensgegenstände wie bspw. Patente, auch wenn sie beim Veräußerer nicht bilanziert werden konnten, da er sie selbst geschaffen hatte, Umlaufvermögen). Der verbleibende Betrag stellt den Firmenwert dar. Da die zur Finanzierung des Kaufpreises aufgenommenen Darlehen in voller Höhe betriebliche Schulden werden, mindern die Zinsaufwendungen als Betriebsausgaben den steuerlichen Gewinn ebenfalls in voller Höhe. (Zu beachten ist, dass es sich in der Regel hierbei um Dauerschulden handelt, so dass die Hälfte der Zinsen als Dauerschuldzinsen bei der Gewerbeertragsteuer hinzuzurechnen sind.)

Wird ausschließlich die steuerliche Komponente betrachtet, erscheint der Erwerb eines Personenunternehmens gegenüber dem Erwerb von Kapitalgesellschaftsanteilen als deutlich lukrativer. Ob dies in jedem Fall zu trifft, lässt sich nicht abschließend beurteilen, da die laufende Besteuerung in Deutschland nicht rechtsformneutral ausgestaltet ist. Hierzu bedarf es in jedem Fall der Betrachtung der individuellen Situation.

2.3.2.4.3   Exkurs: Grunderwerbsteuer im Rahmen der Nachfolgeregelung

Neben der Erbschaft- und Schenkungsteuer bei unentgeltlichen Nachfolgeregelungen (vgl. Kapitel 2.3.1.2) und den ertragsteuerlichen Konsequenzen bei entgeltlichen Nachfolgeregelungen ist insbesondere die Belastung mit Grunderwerbsteuer im Rahmen der

Nachfolgeplanung zu berücksichtigen. Grundsätzlich fällt Grunder- **Gesetzlich**
werbsteuer in all den Fällen an, in denen mit der Nachfolgeregelung **geregelte**
Eigentumsverhältnisse am Grundvermögen verändert werden. Von **Ausnahme**
der Belastung mit Grunderwerbsteuer ausgenommen sind Grund-
stücksübertragungen durch Verwandte in gerader Linie (Eltern und
Stief-/Kinder) und zwischen Ehegatten. Außerdem sind alle Vorgän-
ge, die unter das Erbschaft- und Schenkungsteuergesetz fallen, von
der Grunderwerbsteuer ausgenommen, so dass unentgeltliche Nachfolgeregelungen in der Regel nicht mit Grunderwerbsteuer belastet
werden. Hierbei gilt allerdings eine gerade in Nachfolgeregelungen
oftmals besondere Ausnahme: Sofern eine Schenkung mit einer
Auflage verbunden ist, die bei der Schenkungsteuer den Wert der
Schenkung mindert, gilt hierfür keine Befreiung bei der Grunderwerbsteuer.

Werden mindestens 95% der Anteile an einer Personen- oder
Kapitalgesellschaft veräußert und ist die Gesellschaft Eigentümerin von Grundvermögen, so ist der Anteilserwerb grunderwerbsteu-
erpflichtig. Zu diesem Zweck ist eine Bedarfsbewertung gemäß §
138 BewG durchzuführen. Der Steuersatz der Grunderwerbsteuer
beträgt 3,5%.

2.3.2.5 Sonderfall: Börsengang

Für größere mittelständische Unternehmen ohne Nachfolger kann **Alternative**
auch ein Börsengang interessant sein. Unternehmen ab einem Jah- **ab Jahresumsatz**
resumsatz von mindestens 25 Mio. € und einer gefestigten Position **≥ 25 Mio. €**
oder Perspektive am Markt können über diese Alternative nachdenken. Allerdings ist die Umsetzung, die damit verbundene Änderung
der Rechtsform in eine AG, eine KGaA oder – seit neuestem – in eine
GmbH & Co. KgaA, so komplex, dass in jedem Fall Experten hinzugezogen werden sollten.

Das Modell, am Beispiel einer Aktiengesellschaft, sieht folgendermaßen aus:

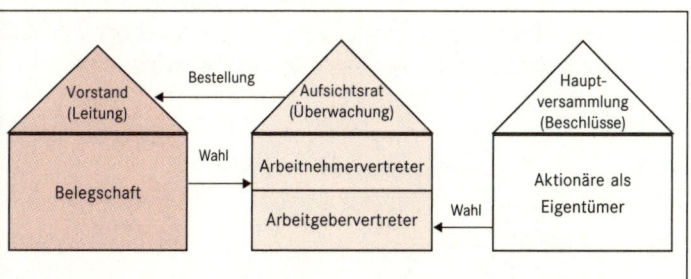

Abb. 16: Aufbau einer Aktiengesellschaft

Organe der AG

Die Aufgabe des Vorstands ist zunächst mit denen eines GmbH-Geschäftsführers vergleichbar: Er führt die Geschäfte des Unternehmens und erstellt den Jahresabschluss. Die Aktionäre beschließen in einer mindestens jährlich stattfindenden Hauptversammlung über die Verteilung des Gewinns (auf Vorschlag des Vorstands), wählen die Aktionärsvertreter im Aufsichtsrat sowie die Abschlussprüfer und entscheiden über Satzungsänderungen – beispielsweise eine Kapitalerhöhung. Der Aufsichtsrat hat eine überwachende Funktion. Er setzt sich aus Aktionärsvertretern und bei gegebener Größe auch aus Vertretern der Belegschaft zusammen. Dieses Organ wählt und kontrolliert den Vorstand, prüft die Jahresabschlüsse und kann eine außerordentliche Hauptversammlung einberufen.

Vorteile

Bei einer guten Kapitalmarktlage sind die Finanzierungsmöglichkeiten einer profitablen AG äußerst vorteilhaft. Durch den Zufluss von Eigenkapital (durch Verkauf der Aktien) wird das Unternehmen flexibler und kann auch Größere Investitionsvorhaben bewältigen. Darüber hinaus erhält die Firma durch die Rechtsformänderung in eine AG ein neues Image. Sie erscheint als junge und innovative Kraft auf dem Markt, was es oftmals leichter macht, ein kompetentes Management zu verpflichten.

Dagegen ändert sich für den (früheren) Unternehmer die Art von Einfluss und Kontrolle auf seinen Betrieb grundlegend. Denn auch hier gilt: Der Eigentümer trifft die Entscheidungen – und Eigentümer sind nach einem Börsengang ausschließlich die Aktionäre. Lediglich als Mitglied oder Vorsitzender des Aufsichtsrats haben die ehemaligen Inhaber Einflussmöglichkeiten auf »ihr« Unternehmen, es sei denn, sie behalten den überwiegenden Teil der Aktien.

Darüber hinaus sollte vor einem Gang an die Börse bedacht werden, dass dieser Schritt sehr kostenintensiv sein kann: Investoren müssen geworben und gepflegt werden – eine Aufgabe, die die PR-Abteilung des Unternehmens vor neue Aufgaben stellen wird. Doch nicht nur die Kosten einer nachhaltigen Positionierung am Kapitalmarkt kommen auf das Unternehmen zu, sondern auch neue, unter Umständen aufwändige Verpflichtungen wie die erweiterten Publizitäts-, Verwaltungs- und Rechnungslegungsvorschriften.

Der typische Ablauf eines Börsengangs

✔ Beschluss zum Börsengang durch die Gesellschafter.

✔ Auftragsvergabe an Berater und Dienstleister.

✔ Vorstellung des Unternehmens an die Berater durch die Unternehmensleitung.

✔ Beginn der Due Diligence und Prospekterstellung durch die Berater (fact book).

✔ Formale Umwandlung in eine Aktiengesellschaft mit Besetzung des Vorstands und des Aufsichtsrats sowie Festlegung der Satzung.

✔ Vorstellung des Unternehmens vor dem Zulassungsausschuss der Deutschen Börse AG.

✔ Verhandlung der wesentlichen Verträge, insbesondere der Übernahmeverträge mit der führenden Emissionsbank.

✔ Gegebenenfalls weitere Gesellschafterversammlung zum Beschluss über Kapitalerhöhungen, Platzierungsvolumen, Abgabe aus Altbesitz und Sperrfrist für Anteilskäufe der Altgesellschafter.

✔ Analystenpräsentation des Unternehmens gegenüber den Analysten der Konsortialbanken.

✔ Gesetzlich vorgeschriebene Einreichung des Antrags auf Bewilligung des Prospekts (ohne Preise) und Prospekteinreichung bei der Deutschen Börse AG.

✔ Antrag auf Börsenzulassung.

✔ Beginn der »Black out Period«: Zeitraum, in dem keine Analystenberichte mehr verteilt werden.

✔ Abgabe des Comfort Letter und der Legal Opinion durch Wirtschaftsprüfer, in dem bestätigt wird, dass die Angaben im Prospekt zutreffen.

✔ Bewilligung des Prospekts (ohne Preise) durch die Zulassungsstelle der Börse.

✔ Hinweisbekanntmachung des Prospekts in einem überregionalen Börsenpflichtblatt.

✔ Besuch bei potenziellen institutionellen Anlegern zur Vorstellung des Unternehmens (Roadshow).

✔ Veröffentlichung des Zulassungsantrags durch die Börse in einem überregionalen Börsenpflichtblatt.

✔ Unterzeichnung des Übernahmevertrages zwischen Konsortialbank und Unternehmen.

✔ Gegebenenfalls Unterzeichnung des Zeichnungsscheins, Einzahlung der Kapitalerhöhung und Anmeldung bzw. Eintrag der Kapitalerhöhung beim Handelsregister.

✔ Festlegung des Verkaufspreises (Festpreis, Preisspanne oder Auktionsverfahren), Zuteilung der Aktien und der Zeichnungsfrist.

✔ Fertigstellung des Prospekts (inkl. Verkaufspreise für die Aktien) und Übersendung an die Börse.

✔ Zulassung der Aktien zum Handel und Notierungsaufnahme.

✔ Abrechnung und Überweisung des Platzierungserlöses.

✔ Ende der »Black out Period«.

2.3.2.6 Zusammenfassende Checkliste »Vor- und Nachteile eines Unternehmensverkaufs«

Checkliste

Vorteile für den Verkäufer

✔ Der Verkaufserlös kann der Altersvorsorge dienen.

✔ Bei sofortiger Kaufpreiszahlung ist der Übergeber unabhängig vom zukünftigen unternehmerischen Erfolg seines Nachfolgers und hat sein Geld sicher.

✔ Der Kaufvertrag schafft klare Verhältnisse.

✔ Es entstehen Steuervorteile: Wenn alle wesentlichen Grundlagen des Betriebs veräußert werden, wird der Veräußerungsgewinn einkommensteuerlich geringer belastet.

Nachteile für den Verkäufer

✔ Sein Einfluss auf den Betrieb ist endgültig vorüber.

✔ Die Entscheidung ist nicht mehr rückgängig zu machen.

Vorteile für den Käufer

✔ Eigentums- und Verfügungsverhältnissen sind eindeutig.

✔ Er kann ohne Einmischung des Übergebers frei im Unternehmen entscheiden.

✔ Für die Gründung durch Übernahme stehen ihm alle Fördermittel zur Verfügung, die er auch bei einer Neugründung beantragen könnte.

Nachteile für den Käufer

✔ Bei Entscheidung für eine Einmalzahlung muss der gesamte Betrag sofort finanziert werden.

2.3.3 Die Trennung von Kapital und Management

Will ein Unternehmer zwar die Unternehmensführung abgeben, sich aber noch nicht vom Eigentum trennen, hat er die Möglichkeit, sein Unternehmen zu vermieten oder zu **verpachten**. Bei der Vermietung bleibt der Unternehmer Eigentümer der Betriebsräume und der Vermögensgegenstände (z. B. Maschinen) und bezieht vom Mieter ein regelmäßiges Entgelt. Das Unternehmen als solches bleibt bestehen. Bei der Verpachtung werden das Gebäude und alle wichtigen Betriebsgrundlagen einem Dritten zur Nutzung überlassen. Der Verpächter erhält monatliche Einnahmen, dem Pächter gehören die Gewinne des Unternehmens.

Eine solche, in der Regel vorläufige Lösung kann viele Gründe haben: Wenn familieninterne Nachfolger oder Übernehmer aus dem Unternehmen auf ihre unternehmerische Eignung geprüft werden sollen, wird ihnen erst einmal nur die Geschäftsführung anvertraut, bevor ihnen später auch das Eigentum am Unternehmen übertragen wird. Gleiches gilt, wenn der potenzielle Nachfolger noch Zeit braucht, um Kapital für die Übernahme des Eigentums am Unternehmen zu sammeln. Auch Unternehmer, die ihren Einfluss auf den Betrieb wahren oder ein traditionsreiches Familienunternehmen für die Familie erhalten möchten, schaffen sich mit der sukzessiven Übergabe von Eigentum und Management länger Entscheidungsfreiheit. Schließlich kann der Wert der Immobilie (z. B. zentrumsnahe Lage der Betriebshalle) den Ausschlag geben, das Unternehmen zunächst zu verpachten und nicht vollständig an einen Nachfolger zu veräußern.

Motive

In jedem Fall sollten Pächter und Verpächter darauf achten, dass der Pachtvertrag über einen längeren Zeitraum abgeschlossen und juristisch präzis formuliert wird. Darüber hinaus müssen alle Fragen der Haftung für die Verbindlichkeiten des Unternehmens, eventuelle Altlasten und Gewährleistungen geklärt werden. Wer haftet beispielsweise für einen Gebrauchtwagen, der einen Monat nach Unterzeichnung des Pachtvertrags mit einem Autohaus durch Bremsversagen einen schweren Unfall verursacht? Wer haftet für Altlasten oder Schulden des Unternehmens und wer ist für Neu- oder Ersatzinvestitionen zuständig?

Ausgestaltung des Pachtvertrags

Auch steuerlich ist auf Feinheiten zu achten: Verkauft der Übergeber dem Nachfolger die Einrichtungsgegenstände und das Vorratsvermögen des Unternehmens und vermietet ihm die wesentliche Betriebsgrundlage (Geschäftsräume etc.), dann kann der Tatbestand der Betriebsaufgabe erfüllt sein und es handelt sich nach § 16 EStG um einen Veräußerungstatbestand mit der dazu gehörigen Aufdeckung der stillen Reserven des Unternehmens. Die damit verbundene Besteuerung kann verhindert werden, wenn der Übergeber den gesamten eingerichteten Gewerbebetrieb vermietet bzw. verpachtet. In diesem Fall wird das verpachtete Unternehmen als ruhender Gewerbebetrieb deklariert, so dass lediglich die laufenden Einkünfte aus der Verpachtung versteuert werden müssen. Weitere Konsequenz: Die stillen Reserven des Betriebs müssen nicht sofort aufgedeckt und versteuert werden, der Zeitpunkt der Aufdeckung kann später frei gewählt werden. Durch die Konditionen des Pachtvertrags kann der Übergeber also den Zeitpunkt der Versteuerung seiner Betriebsverpachtung nach seinen Wünschen gestalten.

Steuer-Wahlrecht bei Verpachtung

Betriebsvermögen Wahlrecht	
Betriebsaufgabe	**Ruhender Gewerbebetrieb**
1. Aufdeckung und Versteuerung der stillen Reserven mit den Begünstigungen bei Veräußerung (Ansatz mit gemeinem Wert aller Aktiva abzgl. Schulden)	1. Keine Aufdeckung der stillen Reserven
2. Pachteinnahmen sind Einkünfte aus Vermietung und Verpachtung (Höhe je nach persönlichem Einkommensteuersatz)	2. Laufende Pachteinnahmen sind Einkünfte aus Gewerbebetrieb (AfA, steuerfreie Rücklagen möglich etc.)

Sonstige Problemfelder

Die Trennung von Eigentum und Management kann nicht nur aus steuerlicher Sicht nachteilig sein. Während die Pächter des Unternehmens als Manager nah am Tagesgeschehen sind, ist der Unternehmer bzw. Eigentümer nicht mehr auf dem aktuellsten Stand des Geschäfts. Mischt er sich trotzdem immer wieder in die Zuständigkeiten des Managements ein, können die unvermeidlichen Behinderungen und Konflikte diese Variante einer Nachfolge-Regelung zum Kippen bringen.

Tatsächlich hat der Unternehmer keine wirklichen Einflussmöglichkeiten mehr. Wird der Betrieb nicht professionell geführt oder ist die Ertragslage schlecht, kann die Pacht u.U. nicht gezahlt werden. Der Übergeber als Vermieter bzw. Verpächter ist also darauf angewiesen, dass er einen qualifizierten Pächter findet. Diese Qualifikation ist noch aus einem anderen Grund von Bedeutung: Der Eigentümer wird nur schwer einen neuen Pächter finden, wenn der vorherige den Betrieb heruntergewirtschaftet hat.

Folgende Checkliste sammelt die Fragen, die vor der Umsetzung einer Vermietung oder Verpachtung beantwortet werden sollten:

Mieten/Pachten

Checkliste

✔ Ist geprüft worden, wie hoch die monatliche Pacht/Miete sein könnte?

✔ Sind sich die Vertragsparteien sicher, dass die Zahlungen regelmäßig geleistet werden können?

✔ Für welchen Zeitraum soll der Pacht- oder Mietvertrag laufen?

✔ Sind alle Konditionen schriftlich fixiert?

✔ Sind sich Übergeber und Übernehmer darüber einig, dass sich der Pachtzins am Umsatz oder Gewinn orientiert?

✔ Ist diese Alternative aus steuerlicher Sicht geprüft worden?

✔ Wie lauten die Kündigungsfristen?

✔ Ist diese Form der Vermögensübertragung wirklich im Sinne beider Übertragungspartner?

✔ Wer übernimmt die Kosten für Wartungen und Reparaturen?

✔ Wird parallel zum Pachtvertrag auch ein Kaufvertrag für die Warenbestände abgeschlossen?

✔ Müssen die Mitarbeiter übernommen werden und ist dies eine Voraussetzung für den Pachtvertrag?

2.4 Die Unternehmensbewertung

Bei einer Veräußerung sind die finanziellen Aspekte der Übertragung von besonderer Bedeutung. Dabei betrachten die Beteiligten die Transaktion allerdings aus unterschiedlichen Blickwinkeln: Ein Käufer sucht ausbaufähige strategische Potenziale, fragt, wohin sich das Unternehmen in Zukunft entwickelt, scheut überflüssige Kosten. Auch seine Ziele sind wichtig: Ist er ein Wettbewerber mit Interesse an den zusätzlichen Kunden, ein engagierter Existenzgründer oder langjähriger Angestellter mit Erfahrung in der Branche und Kenntnis des Unternehmens? **Letztlich will jeder Käufer möglichst wenig bezahlen.**

Sichtweise der Beteiligten

Der Verkäufer nimmt einen völlig anderen Standpunkt ein. Für ihn geht es um die vergangenheitsorientierte Bewertung seines Lebenswerks und damit um eine quantitative Beurteilung seines bisherigen Erfolgs. Er wird ihn - allein aufgrund der investierten Zeit und Mühen - in vielen Fällen zu hoch bewerten. Möglicherweise will er auch langjährige Mitarbeiter ungeachtet ihrer Leistungsfähigkeit absichern. Darüber hinaus stellt der Veräußerungspreis für eine

Vielzahl mittelständischer Unternehmer die Altersversorgung sicher. **Letztlich will jeder Verkäufer möglichst viel bekommen.**

2.4.1   Die Kaufpreisermittlung

Für beide Seiten stellt sich die Frage nach dem Kaufpreis: Der Übergeber muss einen für sich und seine Pläne akzeptablen Preis finden, den er bei den Verhandlungen mit dem Nachfolger durchsetzen kann. Der Nachfolger hingegen muss sich über die zukünftigen Ertragsmöglichkeiten des Unternehmens klar werden und sich überlegen, welche Risiken er für die Finanzierung eingehen will.

Varianz des Unternehmenswerts

Welche Orientierungsmöglichkeiten zur Kaufpreisfindung gibt es? Der Kaufpreis sollte sowohl den materiellen als auch den immateriellen (z. B. Know-how) Wert des Unternehmens widerspiegeln, aber auch individuelle Faktoren wie Branchenzugehörigkeit und regionale Unterschiede berücksichtigen. Anhand dieser Faktoren wird das Verfahren ermittelt, welches für den jeweiligen Beteiligten am günstigsten ist. Mitunter große Unterschiede in den Ergebnissen dürfen hier nicht überraschen.

Der Unternehmensverkäufer sollte sich klar machen, dass eine zu frühe Bekanntgabe des Verkaufs den Preis durch eventuelle Umsatzeinbußen negativ beeinflussen kann. Sie kann allerdings auch als Marketinginstrument für die Stabilität des Unternehmens in der Zukunft genutzt werden. Eine frühzeitige Orientierung gibt dem Übergeber darüber hinaus nicht nur Zeit zur überlegten Auswahl eines geeigneten Nachfolgers, sondern vermindert auch die Gefahr, aufgrund von Zeitmangel überstürzt zu einem geringen Preis verkaufen zu müssen. Von daher kann eine frühe Bekanntgabe auch ein geeignetes Mittel sein, einen möglichen Preisdruck von vornherein zu entschärfen und dem Verkäufer unter Umständen den Vorteil verschaffen, unter mehreren Interessenten gleichzeitig wählen zu können.

Schließlich sollte die Kaufpreisvorstellung möglichst realistisch sein, d. h. dem Unternehmenswert entsprechen und zugleich den Ansprüchen (z. B. für die Altersvorsorge) gerecht werden. Hilfreich kann hierbei ein Preisrahmen sein, mit dem der Übergeber sowohl seinen Preiswunsch als auch die Kaufpreisuntergrenze festlegt. So hat er einen klar definierten Spielraum, in dem er sich während der Verhandlungen bewegen kann.

2.4.2   Die Bewertungsverfahren

Kein einheitlicher Standard

Was ist der Wert eines Unternehmens? Und wie bewertet man? Diese Fragen beschäftigen die meisten Übergeber und Übernehmer und stürzen sie oftmals in eine gewisse Ratlosigkeit. Es empfiehlt sich, für diese kniffligen Fragen Experten zu Rate zu ziehen, denn praktikable Bewertungsmethoden für mittelständische Unternehmen gibt es in der betriebswirtschaftlichen Literatur nicht. Und auch im Gesetz findet sich nur gähnende Leere. Es gibt kaum einen Hinweis auf sinnvolle Bewertungsverfahren, geschweige denn eine praktikable Methode. Im Hinblick auf die Bewertung von mittelständischen Unternehmen muss ein erstes Fazit demnach lauten: Praxis vor Theorie, Erfahrung vor Literatur.

Vor diesem Hintergrund stellt sich die Frage nach einer fundierten Unternehmensbewertung mit umso größerem Nachdruck – wobei die Antwort auf den ersten Blick banal erscheint: Ein Unternehmen ist soviel wert, wie sich am Markt damit erzielen lässt; es herrscht die Maßgabe der vollendeten Tatsachen.

DAS Bewertungsverfahren gibt es nicht. Jedes Unternehmen muss individuell beurteilt werden. Der Bewertungszweck spielt dabei eine ausschlaggebende Rolle.

Tipp

Damit ist jedoch weder dem Unternehmer geholfen, der wissen will, ob er aus dem Verkaufserlös seiner Altersversorgung bestreiten kann, noch dem interessierten Gründer, der abschätzen muss, ob er den Kaufpreis für die Übernahme des Unternehmens finanzieren kann. Deshalb gibt es eine Vielzahl von Bewertungsmethoden, die aber alle den Wert eines Unternehmens nicht objektiv berechnen können und keinesfalls allgemeingültig sind. Dennoch haben diese Bewertungsmethoden ihre ganz eigene Daseinsberechtigung: Die Entscheidung für oder gegen ein bestimmtes Verfahren richtet sich danach, ob es die geeigneten Argumente für die Rechtfertigung der individuellen Kaufpreisvorstellungen liefert. Die Wahl des Verfahrens und damit das Ergeb-

Objektive Berechnung nicht möglich

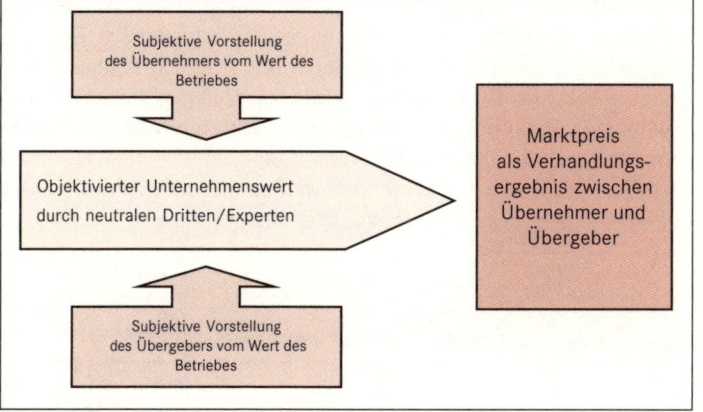

Abb. 17: Objektive und subjektive Bewertung

Wahl des Bewertungsverfahrens

nis der Bewertung hängen also von der Bewertungssituation und dem Bewertungsziel ab, was dazu führen kann, dass Käufer und Verkäufer unterschiedliche Verfahren wählen. Solange eine Einigung erzielt werden kann, sind unterschiedliche Argumente jedoch nicht hinderlich.

Jeder Betrieb muss individuell bewertet werden, wobei unterschiedliche Bewertungsmethoden richtig sein können. Während beim einen Betrieb die Gewinne ausschlaggebend sind, sind es beim anderen die hohen Vermögenswerte, die in den Maschinen gebunden sind. Der Unternehmer selbst wird auf die Frage, was sein Unternehmen wert ist, noch eine Reihe weiterer, z. B. emotionaler Komponenten benennen, bis hin zu Macht und Status als wertschöpfende Faktoren.

Generell muss zwischen dem Wert eines Unternehmens und einem dafür erzielbaren Preis unterschieden werden. Preise sagen wenig über die Vorteilhaftigkeit eines Angebots aus, maßgeblich dafür ist der Gegenwert. Dabei kommt es vor allem auf die Substanz und auf den Ertrag des Unternehmens an, beides Faktoren, die bei

Bewertungsverfahren

den im Folgenden erläuterten Bewertungsverfahren entsprechend berücksichtigt werden:

- das Ertragswertverfahren,
- das Substanzwertverfahren,
- die Liquidationswertmethode
- sowie verschiedene Kombinations- und Praxisverfahren.

2.4.2.1 Das Ertragswertverfahren

In vielen Fällen wird zur Wertermittlung eines Unternehmens das Ertragswertverfahren herangezogen, da einen künftigen Nachfolger vor allem interessiert, was sich auf Dauer mit dem Unternehmen erwirtschaften lässt. Die Ertragswertmethode hat sich in Deutschland als wissenschaftlich akzeptierter Standard durchgesetzt und ist deshalb auch für viele Sachverständigengutachten obligatorisch. Dennoch sind auch mit dieser Methode für die Praxis lediglich Tendenzaussagen zu generieren. Die Bewertung wird vorgenommen, indem der Barwert aus den zukünftigen Erträgen beim Kauf eines Unternehmens errechnet und mit alternativen Investitionsmöglichkeiten verglichen wird. Zum Ausgleich des Zeitfaktors werden die zukünftigen Erträge mit einem Kapitalisierungszinssatz abgezinst.

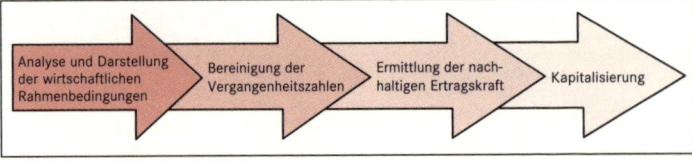

Abb. 18: Das Ertragswertverfahren

Als Basis für die Berechnung der zukünftigen Erträge dienen die **Jahresabschlüsse** Jahresabschlüsse der letzten drei bis fünf Jahre. Daraus sind auch **als Basis** nachvollziehbare Planungen für die nächsten zwei bis drei Jahre aufzustellen.

Für die letzten drei Jahre hat Herr Albrecht die Jahresabschlüsse der Schreinerei Schulte erhalten und gemeinsam mit Herrn Schulte die Planzahlen für die kommenden zwei Jahre erarbeitet. Diese Planzahlen berücksichtigen alle im Ansatz erkennbaren Entwicklungen des Betriebs. Einmalige Aufwendungen und Erträge als neutrale Ergebnisse aus den Jahresabschlüssen werden beim Ertragswertverfahren nicht berücksichtigt. Die Tabelle zeigt die (erwarteten) Betriebsergebnisse der Schreinerei Schulte für die Jahre 2004 bis 2008:

Aktuelle Gewinn- und Verlustrechnung			Ergebnisvorschau	
Schreinerei Schulte (Plan-)GuV	2004	2005	2006	2007	2008
Betriebsergebnis	486 T€	271 T€	207 T€	212 T€	417 T€

Die Gewinne des Vorgängers können natürlich nur einen Anhalts- **Korrekturposten** punkt für den künftigen Erfolg des Unternehmens geben: Die Wettbewerbsverhältnisse in der Branche können sich schließlich ändern und die Qualifikation des einen Unternehmers ist nicht unbedingt mit der Qualifikation eines anderen zu vergleichen.

Zudem muss vor der Berechnung des Ertragswerts das Zahlenmaterial aufbereitet werden, da manche Positionen nicht oder in anderer Höhe, als sie zukünftig auftreten werden, in der Ergebnisrechnung berücksichtigt wurden:

- Im vorliegenden Beispiel fehlt ein kalkulatorischer Unternehmerlohn für den Betriebsinhaber. Es wird ein Jahresgehalt von 50 T€ durch Einkommensvergleich mit einem Angestellten in vergleichbarer Position festgelegt. Für die unternehmerische Tätigkeit wird ein Aufschlag in Höhe von 30 % hinzugefügt. Somit ergibt sich ein kalkulatorischer Unternehmerlohn von 65 T€ p.a.

- Die Pacht des dem Betrieb zur Verfügung gestellten Privatgrundstücks der Familie des Inhabers wurde nicht realistisch bemessen. Anstatt der bisherigen 20 T€ p.a. ermittelt ein Gutachter eine Höhe von 25 T€. Dies ergibt eine Differenz von 5 T€.

● Die Aufwendungen für nicht-betriebsnotwendiges Vermögen (z.B. ein zu großes Reservegrundstück) werden beim Ertragswertverfahren nicht berücksichtigt. Zur Vereinfachung wird dies im vorliegenden Beispiel von vornherein vernachlässigt.

Die korrigierten Erfolgszahlen lauten wie folgt:

Schreinerei Schulte (Plan-)GuV	Aktuelle Gewinn- und Verlustrechnung			Ergebnisvorschau	
	2004 (in T€)	2005 (in T€)	2006 (in T€)	2007 (in T€)	(2008 (in T€)
Betriebsergebnis	486	271	207	212	417
Ergebniskorrektur	./. 70	./. 70	./. 70	./. 70	./. 707
Nachhaltiger Ertrag	416	201	137	142	347

Die nachhaltigen Erträge sind nun zu einem Wert zu verdichten:

Mittelwert (in T€) = (416 + 201 + 137 + 142 + 347) : 5 = **248,6**

Gewichtung

Die Werte der einzelnen Jahre können auch unterschiedlich gewichtet werden. Dies ist insbesondere dann sinnvoll, wenn Ergebnisse einzelner Jahre durch Sondereinflüsse, z.B. Sonderumsätze oder grundlegende personelle Änderungen, beeinflusst worden sind. Außerdem kann Vergangenheits- bzw. Zukunftszahlen auf diese Weise eine unterschiedliche Bedeutung zugemessen werden. Während die einen den Wert eines Unternehmens eher an den verifizierten Vergangenheitszahlen orientieren, zählen für andere vor allem die prognostizierten Erträge, die sie selbst erwirtschaften werden.

Abzinsung

Um den Ertragswert des Unternehmens zu ermitteln, muss der errechnete Mittelwert mit einem Kapitalisierungszinssatz abgezinst werden. Dieser besteht aus dem Basiszinssatz, der in der Regel aus der Verzinsung langfristiger öffentlicher Anleihen abgeleitet wird. Gegenüber diesem Kapitalmarktzins ist der Zukunftsertrag eines mittelständischen Unternehmens jedoch mit wesentlich höheren Unsicherheiten behaftet. Dem wird durch einen Aufschlag auf den Basiszins Rechnung getragen, der den zweiten Teil des Kapitalisierungszinsfußes bildet. Dieser Risikozuschlag berücksichtigt unternehmensinterne Risiken (z.B. durch die geringere Fungibilität der

Risikozuschlag

Anteile an mittelständischen Unternehmen, höherer Abhängigkeit vom Management im Vergleich zu börsennotierten Unternehmen) und unternehmensexterne Risiken (z.B. durch die geringere Marktmacht mittelständischer Unternehmen in der Branche, stärkere Abhängigkeit von wenigen Kunden). Dieser Risikozuschlag liegt erfahrungsgemäß zwischen 6 % und 20 %. Je niedriger das unternehmensindividuelle Risiko anzusetzen ist, desto niedriger fällt der entsprechende Zinszuschlag aus. Somit entspricht er dem Zinssatz einer Kapitalanlage mit vergleichbarem Risiko. Da die Bestimmung des Risikozuschlags als Ausdruck des unternehmerischen Risikos dem einzelnen Gutachter jedoch viel Interpretationsspielraum lässt, kann die Bestimmung des Kapitalisierungszinssatzes objektiv nicht eindeutig sein. Die Güte der Bewertung ist damit vor allem durch den Erfahrungsschatz des Bewerters geprägt.

Den Zinssatz für langfristige Anleihen der öffentlichen Hand erfährt Herr Schulte aus dem Jahresbericht der Deutschen Bundesbank. Er liegt momentan bei 4 %. Zur Berechnung des Risikozuschlags stellt Herr Schulte folgende Überlegungen an:

Berechnung des Risikozuschlags

- Das Unternehmen verfügt über eine qualifizierte und überwiegend junge Belegschaft.
- Die Zusammenarbeit zwischen dem Meister und den Mitarbeitern verläuft gut.
- Auf absehbare Sicht können die wesentlichen Führungsaufgaben in allen Bereichen nicht von einem »Chef« simultan übernommen werden. Damit erhöht sich die Abhängigkeit von einzelnen Personen.
- Das Unternehmen kann flexibel auf Kundenwünsche reagieren, sowohl in der Konstruktion als auch in der Produktion.
- Es besteht keine Zeiterfassung für die Mitarbeiteranwesenheit und die Auftragsbearbeitung in der Produktion. Dadurch ist ein Controlling in diesen Bereichen nicht möglich.
- Die Fertigung ist von der Ausstattung her veraltet und entspricht den im Wettbewerb benötigten Standards nur bedingt.
- In einzelnen Produktsegmenten sieht sich das Unternehmen nur regionalen Wettbewerbern in gleicher Größe gegenüber.
- Erhebliche Abhängigkeit von einem Abnehmer oder einem Lieferanten besteht nicht.
- Durch den geringen Einfluss am Beschaffungsmarkt müssen Verzögerungen und Lieferrückstände geduldet werden, insbesondere in der Edelholzbeschaffung.
- Die vorhandenen Anfragen werden bislang nur gelegentlich ertragsorientiert selektiert.
- Es liegen starke Umsatzschwankungen vor, die einen stetigen, sicheren Umsatz mit Stammkunden nicht vermuten lassen.

Der Risikozuschlag der Schreiberei Schulte wird auf 13 % geschätzt. In der Summe wird somit ein Kapitalisierungszinssatz von 17 % verwendet.

Ertragswert (in T€) = 248,6 / 17 % = **1462,353**

Der Ertragswert der Schreinerei Schulte beträgt somit 1 462 353 €. Bei diesem Ergebnis wird rein mathematisch betrachtet davon ausgegangen, dass die Erträge des Unternehmens auf unendliche Zeit erzielt werden können. Die Überlebensfähigkeit von Unternehmen ist jedoch einerseits aufgrund einer begrenzten Verfügbarkeit von Ressourcen, andererseits aufgrund der beschränkten Lebensdauer seiner Produkte in der Regel zeitlich limitiert. In einigen Unternehmensbewertungen wird deshalb der Ertragswert nur für eine endliche Periode berechnet. Für die Zeit danach wird der Liquidationserlös berechnet und auf den Bewertungszeitpunkt abgezinst. Diese Methode ist in der Praxis umstritten. Zum einen ist eine Prognose für den Liquidationserlös eines Unternehmens in 20 oder mehr Jahren sehr unsicher. Erfolgt die Liquidation hingegen in kürzerer Zeit, macht es wiederum keinen Sinn, das Ertragswertverfahren anzuwenden, das sich an Erträgen der Zukunft orientiert. Zum anderen wird ein über Jahre oder gar Jahrzehnte abgezinster Liquidationserlös nur einen geringen Teil zum Unternehmenswert beitragen, so dass die Effekte daraus zusammen mit der Prognoseunsicherheit vernachlässigbar sind.

2.4.2.2 Die Substanzwertmethode

Das sogenannte Substanzwertverfahren war früher stark verbreitet und wird auch heute noch häufig angewandt. Ihm liegt die Idee zugrunde, dass sich der Unternehmenswert aus den Vermögensteilen errechnet, die für einen Wiederaufbau des Unternehmens benötigt würden. Es beruht also auf der Überlegung, dass ein Käufer so viel für ein Unternehmen zu zahlen bereit ist, wie er für die Rekonstruktion des Betriebs mit der gleichen technischen Leistungsfähigkeit aufwenden müsste.

**Das Substanzwert-
verfahren**

		Eigenkapital lt. Bilanz
+		stille Reserven in Bilanzpositionen (z. B. im Anlagevermögen)
./.		nicht verbuchte Schuldpositionen (z. B. aus der Altersversorgung)
=		**Substanzwert**

Die Vorteile dieses Verfahrens liegen in seiner langjährigen Praxisbewährung und der relativ einfachen Ermittlung des Substanzwertes. Von Nachteil ist allerdings, dass nicht bilanzierungsfähige Werte nicht berücksichtigt werden. Diese Form der Wertberechnung kann daher im Grunde nur zu Kontrollzwecken bzw. zur Festlegung einer Orientierungsgröße für den Kaufpreis herangezogen werden. **Kontrollgröße** Um diesem Manko vorzubeugen, wird zum Substanzwert oftmals noch der sogenannte Firmenwert hinzugerechnet, der den zusätzlichen Ertrag über die reine Kapitalverzinsung hinaus darstellt und versucht, das Image, die Kunden- und Lieferantenbeziehungen sowie das Know-how der Mitarbeiter als Ertragssumme zu beziffern. Gerade bei mittelständischen Unternehmen lässt sich der Wert dieser Faktoren jedoch nicht nahtlos auf einen neuen Inhaber übertragen.

Bei der Substanzwertmethode kann auch die Wertermittlung des Anlagevermögens problematisch sein, obwohl jedes Anlagegut im Inventarverzeichnis aufgeführt ist. Im Substanzwertverfahren sind nämlich nicht die Buchwerte der Bilanz anzusetzen, sondern ihr Zeitwert mit etwaigen stillen Reserven. Ihre Schätzung mit dem aktuellen Wert gestaltet sich häufig sehr schwierig. Nicht immer gibt es – wie im Gebrauchtwagenhandel – eine Liste, die einen Anhaltspunkt zur Wertermittlung liefern kann. In der Konsequenz ergeben sich oftmals deutliche Meinungsverschiedenheiten zwischen Käufer und Verkäufer.

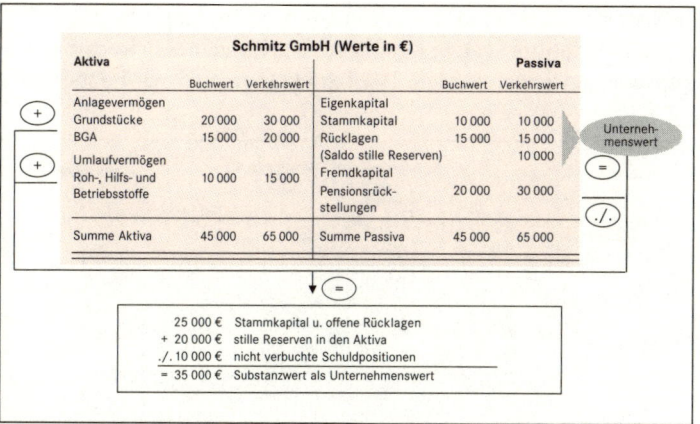

Abb. 19: Beispiel für eine Bewertung nach dem Substanzwertverfahren

Einen eher inhaltlichen Einwand halten die Anhänger der Ertragswertmethode dem Substanzwertverfahren entgegen: Was nutzen modernste Maschinen und der wertvollste Boden, wenn daraus kein Profit zu schlagen ist? Dementsprechend wählt das Ertragswertverfahren wie beschrieben einen anderen Ansatz und stellt einen investitionstheoretischen Gedanken in den Vordergrund: Es leitet den Wert eines Unternehmens ausschließlich aus seiner Eigenschaft ab, in Zukunft Gewinne zu produzieren, ungeachtet der Vermögensausstattung.

2.4.2.3   Der Liquidationswert

Der Liquidationswert ist eine besondere Form des Substanzwerts, der von der Zerschlagung des Unternehmens ausgeht. Er stellt somit die Wertuntergrenze dar, die sich aus der Summe der Veräußerungserlöse abzüglich aller Liquidationskosten errechnet. Zu den Liquidationskosten gehören beispielsweise Notariatskosten, Inserate, Vermittlungsprovisionen (sofern nicht bereits beim steuerbaren Grundstücksgewinn berücksichtigt) sowie die Kosten der Löschung im Handelsregister, Abfindung von Mitarbeitern sowie Entsorgungskosten von nicht veräußerbaren Vorräten oder Anlagevermögen.

Zerschlagungswert   Der Liquiditätswert ist abhängig von der Zerschlagungsgeschwindigkeit. Je schneller die Vermögensgegenstände eines Unternehmens veräußert werden können, desto höher ist der Liquidationswert. Im Voraus lässt sich diese Geschwindigkeit nicht immer exakt bestimmen, weshalb der Liquidationswert in der Praxis nicht immer eindeutig ermittelt werden kann.

Die Zerschlagung muss sich dabei nicht zwingend auf das gesamte Unternehmen erstrecken. In den Fällen, in denen nur ein Teilbereich des Betriebs liquidiert werden soll, kann das Liquidationswertverfahren auch in Kombination mit anderen Bewertungsverfahren angewendet werden. Der liquidierbare Teil wird dabei nach

Aktiva		Schmitz GmbH (Werte in €)		Passiva	
	Buchwert	Veräußerungs-wert		Buchwert	Veräußerungs-wert
Anlagevermögen			Eigenkapital		
Grundstücke	20 000	25 000	Stammkapital	10 000	10 000
BGA	15 000	10 000	Rücklagen	15 000	15 000
Umlaufvermögen			Fremdkapital		
Roh-, Hilfs- und Betriebsstoffe	10 000	8 000	Pensionsrück-stellungen	20 000	30 000
Summe Aktiva	45 000	43 000	Summe Passiva	45 000	55 000

	43 000 €	Summe Einzelveräußerungswerte
./.	5 000 €	Veräußerungskosten
./.	30 000 €	Schulden (inkl. nicht verbuchter Positionen)
=	8 000 €	Liquidationswert

Abb. 20: Beispiel für die Berechnung des Liquidationswerts

Zerschlagungswerten angesetzt, der übrige Teil des Unternehmens wird beispielsweise mit dem Ertragswertverfahren bewertet. Die Summe beider Werte ergibt dabei den Unternehmenswert.

Auf Seite 138 findet sich ein Beispiel für die Berechnung eines Liquidationswerts.

Auch der Veräußerungswert eines Vermögensgegenstands entspricht in der Regel nicht dem Buchwert. Insbesondere bei Grundstücken oder Gebäuden sind – durch Wertsteigerungen der Immobilien und nicht den tatsächlichen Verhältnissen entsprechende Abschreibungen – oftmals erhebliche stille Reserven entstanden. Die Betriebs- und Geschäftsausstattung (BGA) kann häufig nicht zum bilanzierten Wert verkauft werden, da der Wertverlust der Ausstattung in den ersten Jahren in der Regel höher ist als die Abschreibung. Büromöbel werden beispielsweise in der Regel nach 13 Jahren abgeschrieben, wobei in dieser Position sämtliche Anschaffungskosten (Kaufpreis, Transport, Verpackung) bilanziert werden. Nach einem Jahr hat das Möbelstück – bei linearer Abschreibung – noch 92 % seines Anschaffungswertes, wird aber wahrscheinlich nur für deutlich weniger veräußert werden können. Auch Roh-, Hilfs-, und Betriebsstoffe, die nicht regelmäßig abgeschrieben werden, können meist nicht zu den bilanzierten Anschaffungskosten verkauft werden.

Unterschiede zum Bilanzwert

Auf der Passivseite können ebenso Differenzen zwischen Buch- und Veräußerungswert auftreten. Bei der Auflösung der Pensionsrückstellungen ist zu beachten, dass die Gelder in eine Rückdeckungsversicherung und häufig in Lebensversicherungen, Fonds etc. eingezahlt wurden, in denen gewisse Erträge erzielt wurden, die den Mitarbeitern mit Pensionsansprüchen im Zerschlagungsfall ausbezahlt werden müssten.

2.4.2.4   Kombinationsverfahren

Wegen der grundsätzlichen Kritik an den isolierten Verfahren und den Schwierigkeiten ihrer Anwendung werden in der Praxis bisweilen erfolgs- und vermögensorientierte Verfahren miteinander kombiniert.

Diese Kombination lässt sich durch folgende Formel darstellen:

$$V = V_{VW} + a \times \left[\frac{V_{EW}}{i} - V_{VW} \right]$$

Der Unternehmenswert errechnet sich hierbei aus einer Kombination von Erfolgs- (V_{EW} diskontiert mit dem Kapitalisierungszinssatz i) und Vermögenswert (V_{VW}), wobei je nach Verfahren unterschiedliche Anteile (a) in den Unternehmenswert eingehen.

Berücksichtigung
des Firmenwerts
Auch die Addition eines sogenannten Goodwill oder Firmenwertes zum Substanzwert stellt im engeren Sinne ein Kombinationsverfahren dar, da der Firmenwert eine Erfolgskomponente enthält, und zwar den über den reinen Vermögenswert hinaus gehenden Erfolg des Unternehmens. Diesen Firmenwert kann ein Unternehmen durch Faktoren wie das Ansehen des Unternehmens im Markt, einen interessanten Kundenstamm, gute Organisationsstrukturen etc. erwerben. Ein unternehmerisch denkender Käufer wird bereit sein, einen derartigen Goodwill mit einem entsprechenden Kaufpreis abzugelten.

Stuttgarter
Verfahren
Das **Stuttgarter Verfahren** ist ebenfalls ein derartiges Kombinationsverfahren, bei dem der Unternehmenswert aus der Summe der Vermögenswerte und einem die Ertragsaussichten berücksichtigenden Korrekturfaktor ermittelt wird. Der Vermögenswert basiert dabei auf dem steuerlichen Einheitswert des Betriebsvermögens (vgl. auch Kapitel 2.3.1.2). Das Verfahren wird z.B. von der Finanzverwaltung eingesetzt, um einen einkommensteuerpflichtigen Veräußerungsgewinn beim Verkauf von GmbH-Anteilen festzustellen.

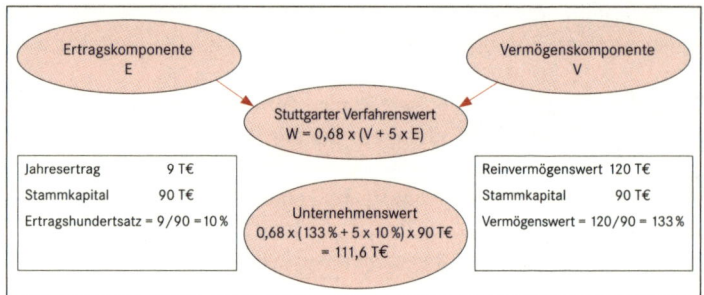

Abb. 21: Beispiel für eine Bewertung nach dem Stuttgarter Verfahren

Mittelwertverfahren
Das **Mittelwert- oder Berliner Verfahren** bildet das arithmetische Mittel aus Erfolgs- und Substanzwert. Es geht auf Schmalenbach zurück, wurde von der Finanzverwaltung von 1935 bis 1952 angewendet und dann vom Stuttgarter Verfahren abgelöst. Es ist aber heute noch wegen seiner Einfachheit in der Praxis zu finden.

Kombinationsverfahren unterliegen in der betriebswirtschaftlichen Theorie starker Kritik, weil der kausale Zusammenhang zwischen dem Erfolgswert und dem Vermögenswert nicht ersichtlich ist.

Erfolgs- und Vermögenswert sind sicherlich nicht völlig unabhängig voneinander. Echte Gewinne lassen sich nicht ohne die notwendige Vermögenssubstanz realisieren. Aber: Ein Produktionsunternehmen hat eine andere Vermögensstruktur als eine Immobiliengesellschaft oder ein Dienstleistungsunternehmen. Ob und inwieweit sie für die Höhe des Erfolgs ausschlaggebend ist, kann zweifelhaft sein. Dieser wird auch von externen Faktoren wie Marktlage, Konjunktur etc. beeinflusst werden, ebenso wie von der internen Organisationsstruktur und der Fähigkeit des Managements – ebenfalls ohne eine direkte Abhängigkeit von der Unternehmenssubstanz. Somit sagt ein Blick auf die Substanz noch lange nichts über die Höhe des Erfolgs aus.

2.4.2.5 Praxisverfahren

Auch die sogenannten Praxis- oder Praktikerverfahren haben sich aus einer kritischen Haltung gegenüber den etablierten Bewertungsmethoden entwickelt. Sie fußen in der Regel auf einfach zu ermittelnden Kriterien als Basis für die Unternehmensbewertung.

So wird z. B. für die Abfindung weichender Aktionäre der Börsenkurswert angesetzt. Für nicht börsennotierte Kapitalanteile wird dann auf Vergleichsunternehmen geschlossen. Bei der nur geringen Vergleichbarkeit mittelständischer Unternehmen mit Aktiengesellschaften erscheint diese Lösung wenig praxisnah.

Häufig wird auch der letzte Jahresgewinn vervielfältigt. Um das Problem der Auffindung des richtigen Kapitalisierungszinssatzes zu umgehen, wird der interne Zinsfuß benutzt.

Bei der Ermittlung des Unternehmenswertes mit Hilfe eines **Branchen-Gewinnmultiplikators** wird der Jahresüberschuss mit dem Kehrwert des Kapitalisierungszinssatzes multipliziert. Bei einem Kapitalisierungszinssatz von 16,67 % läge der Multiplikator also bei 6 (da Ertrag/16,67 % = Ertrag x 6). Das Praxisverfahren entspricht damit mathematisch dem Ertragswertverfahren, mit dem Unterschied, dass der Kapitalisierungszinsfuß nicht durch Risikozuschläge ermittelt wird, sondern für einzelne Branchen vorgegeben ist. Der Multiplikator bewegt sich je nach Branche zwischen 3 und 9.

Branchen-Gewinnmultiplikator

Weit verbreitet sind auch andere branchenspezifische Wertfestsetzungen. Benutzt werden für:

- Freiberuflerpraxen: ein bestimmter Prozentsatz vom Umsatz,
- Kreditinstitute: die Bilanzsumme,
- das Gastgewerbe: die Ergebnisse der gewöhnlichen Geschäftstätigkeit,
- Werbeagenturen: der Umfang der verwalteten Werbebudgets,
- Tageszeitungen: die verkaufte Auflage (Abonnements).

Sobald jedoch ein Unternehmen nicht eindeutig zugeordnet werden kann oder Besonderheiten aufweist, reduziert sich die Auswahl an Beurteilungsgrößen. Praktikerverfahren sind für die Bewertung aufgrund der individuellen und manipulierbaren Entscheidungsgrundlagen daher generell nur sehr bedingt geeignet.

Wirtschaftszweige	Gewinn-multiplikator	Umsatz-multiplikator
Bauindustrie:	3-6	0,1-0,4
Chemische Industrie:	5-9	0,4-0,7
Computerhandel:	3-6	0,6-2,5
Eisen/Metallverarbeitung:	4-6	0,5-3,5
Elektrotechnik:	5-7	0,9-4,8
Feinkeramik:	4-6	1,1-3,1
Glasindustrie:	4-6	2,9-4,4
Getränkeindustrie:	5-7	2,6-5,0
Handel:	5-8	2,0-5,0
Maschinen/Anlagenbau:	5-6	1,5-3,5
Möbelindustrie:	4-6	0,6-3,2
Nahrungsmittelindustrie:	4-8	0,6-3,4
Papierverarbeitung:	5-8	2,2-4,5
Schmuckindustrie:	3-5	1,8-4,3
Softwarehäuser:	3-4	2,0-5,0
Sportgerätehersteller:	4-6	1,4-3,5
Textilhersteller:	4-5	0,5-2,5
Umwelttechnik:	3-5	3,2-5,6
Zulieferer:	5-7	2,0-3,3
im Schnitt:	fünffacher Wert des Gewinns	

2.4.3   Zahlungsarten

Ist ein Wert für das Unternehmen vereinbart, hängt es vor allem von den Finanzierungsmöglichkeiten des Übernehmers und der Verwendung durch den Übergeber ab, wie der Kaufpreis gezahlt werden soll. Neben einer Einmalzahlung ist auch eine schrittweise Zahlung möglich. Eine Anzahlung mit weiteren laufenden Zahlungen hat den Vorteil, dass der Nachfolger den Kaufpreis nicht in einer Summe aufbringen muss und damit weniger Liquidität benötigt. Dies kommt auch dem Unternehmen zugute. Allerdings sind laufende Zahlungen immer vom Erfolg des Nachfolgers abhängig. Deshalb ist unbedingt zu einer vom Kreditinstitut bestätigten Finanzierung zu raten, sowohl im Sinne des Verkäufers als auch des Käufers selbst.

Ratenzahlung   Die **Ratenzahlung** ist wohl die bekannteste Regelung für eine laufende Zahlung. Es wird ein begrenzter Zeitraum festgelegt, in dem der ermittelte Kaufpreis zuzüglich Zinsen getilgt wird. Die Forderungen sind damit absehbar und daher oftmals leichter zu finanzieren. Bei Zahlungsunfähigkeit kann die Rückgabe der Kaufsache vertraglich festgelegt werden. Allerdings werden die Einkünfte aus der Ratenzahlung sofort besteuert, sofern die Zahlung sich nicht über mehr als zehn Jahre erstreckt. Bei letzterem ist eine gestreckte

Steuerregelung, wie sie auch bei einer dauernden Last greift, möglich.

Für die Finanzierung der Altersversorgung kann die **Rentenzahlung** ebenfalls interessant sein. Hier zahlt der Käufer dem Verkäufer einen bestimmten Betrag bis an dessen Lebensende. Somit ist die gleichbleibende Altersversorgung für den Übergeber geregelt. Es kann auch eine (befristete) Weiterzahlung an die Erben vereinbart werden, sollte der Begünstigte früh versterben. Das Risiko eines Verkaufs unter Wert lässt sich vermindern, wenn für die Anfangsjahre eine höhere Rente als später vereinbart wird. Letztendlich ist die Rentenzahlung für beide Seiten unsicher, weil bei dieser Regelung der Endbetrag nicht genau absehbar ist. Hier ist die optimale Lösung für den Einzelfall zu erarbeiten.

Rentenzahlung

Der Unterschied zwischen einer **dauernden Last** und einer Rente besteht darin, dass bei der dauernden Last der regelmäßig zu zahlende Betrag nicht fix, sondern variabel ist (z. B. einem bestimmten Prozentsatz vom Gewinn des Unternehmens entspricht). Auch bei der dauernden Last ist also die Höhe des Betrags ungewiss. Jedoch kann ein Mindestsockel, der zur Sicherung des Existenzminimums dient, vereinbart werden.

Dauernde Last vs. Rente

Bei der dauernden Last hat der Empfänger – wie bei einer Rente auch – die Wahl zwischen einer **Sofort- oder Zuflussbesteuerung**. Bei der Sofortbesteuerung wird der Barwert der Rente mit dem Buchwert des steuerlichen Kapitalkontos zum Veräußerungszeitpunkt verglichen. Bei der Zuflussbesteuerung werden wiederkehrende Bezüge mit dem Buchwert des Kapitalkontos verrechnet und unter Umständen bei dessen Überschreiten als nachträgliche Einkünfte besteuert. Bei hohen Veräußerungsgewinnen und geringen zukünftigen Einkünften dürfte die letztere Option in der Regel vorteilhafter sein.

2.5   Die Finanzierung der Unternehmensübertragung

Die Frage der Finanzierung ist sowohl für Übergeber als auch Übernehmer von erheblicher Bedeutung bei der Entwicklung des Nachfolgekonzeptes. Durch den Generationswechsel kommen auf beide Parteien die Übertragungskosten zu und erhöhen den Liquiditätsbedarf des Unternehmens (z. B. für zwei Geschäftsführergehälter während der Übergangsphase). Hinzu kommen Abwicklungskosten in Form von Notar- oder Beraterkosten, die ebenfalls finanziert werden müssen.

Positionen neben dem Kaufpreis

Für den Übergeber stellt sich die Frage, wie er das Vermögen aus einem eventuellen Verkauf des Unternehmens nutzen will, um für sich und seine Familie langfristig ein Auskommen zu sichern. Der Übernehmer hingegen muss den Unternehmenskauf und den Finanzbedarf direkt nach der Übernahme finanzieren, etwa nach folgendem groben Schema:

Checkliste

Kaufpreis	€
Abfindung für gekündigte Mitarbeiter	€
Kosten für die Einstellung neuer Mitarbeiter	€
Sachinvestitionen	€
Risikovorsorge (z. B. Altlasten)	€
Kauf von weiteren Gesellschaftsanteilen	€
Ablösung von Altverträgen	€
Abwicklungskosten	€
Sonstiges	€
Reserve für Unvorhergesehenes (mind. 10 % des Gesamtbetrags)	€
Summe	**€**

Zur Finanzierung dieses Betrags wird das Privatvermögen des Nachfolgers zumeist überschritten. Es wird für die meisten Übernehmer nicht möglich sein, das Kapital für die Unternehmensnachfolge vollständig allein aufzubringen. Vielmehr müssen Kredite aufgenommen oder Finanziers gefunden werden.

Öffentliche Fördermittel

Ein Aspekt, der besonders hervor gehoben werden muss: Die meisten Unternehmensnachfolger kennen die Vielzahl der öffentlichen Fördermittel nicht, die ihnen zur Verfügung stehen. Alle Fördermittel für die Existenzgründer bieten auch für Übernehmer attraktive Möglichkeiten der Fremdfinanzierung: Fördermittel sind durch ihre lange Laufzeit und tilgungsfreien Anfangsjahre oft eine günstige Alternative oder Ergänzung. Sie stehen nicht nur für Einzelgründungen (neu oder als Übernahme) zur Verfügung, sondern auch für partnerschaftliche Übernahmen mehrerer Gründer, Teilübernahmen im Rahmen einer langfristigen Eigentumsübertragung, Seminare und Beratungsleistungen oder als Bürgschaften für Bankkredite (s. auch Kapitel 2.5.2.2.2).

Die Finanzierung von mittelständischen Übernahmevorhaben erfolgte in der Vergangenheit in hohem Maße über Bankkredite. Mittlerweile existieren jedoch auch alternative Finanzierungsmöglichkeiten zum klassischen Hausbankkredit. Vor einer Kreditanfrage bei der Hausbank sollte der Übernehmer also auch prüfen, ob es je nach

Zeitraum, Höhe des Kapitalbedarfs und Art der Finanzierung nicht flexiblere und kostengünstigere Lösungen gibt.

Grundsätzlich gibt es zwei Wege der Finanzierung. Zum einen kann die Finanzierung aus dem Unternehmen heraus erfolgen: Die Möglichkeiten der **Innenfinanzierung** können immer dann in Erwägung gezogen werden, wenn der Übernehmer den Kauf des Unternehmens mit den fortlaufend erwirtschafteten Erträgen finanzieren kann. Diese Art der Finanzierung verwendet die eigenen betrieblichen Erträge und kann damit ein kostengünstiger und deshalb wichtiger Bestandteil des Finanzierungskonzepts sein.

Mögliche Finanzierungsquellen

Erfolgt die Finanzierung durch Finanzmittel von außenstehenden Dritten, spricht man von **Außenfinanzierung**. Die Außenfinanzierung kann durch die Zuführung von Eigenkapital des Übernehmers bzw. der Übernehmer, die Bereitstellung von Fremdmitteln und die sogenannten Sonderformen der Fremdfinanzierung erfolgen. Gerade auch vor dem Hintergrund von Basel II und Rating sollte der Übernehmer Chancen zur Beschaffung von zusätzlichem Eigenkapital nutzen, um bei der KennGröße Eigenkapitalquote eine positive Bewertung zu erzielen. Die unterschiedlichen Formen des kurzfristigen und langfristigen Fremdkapitals bieten ihm ebenso wie die Formen der **Spezialfinanzierung** flexible Wege der Kapitalbeschaffung.

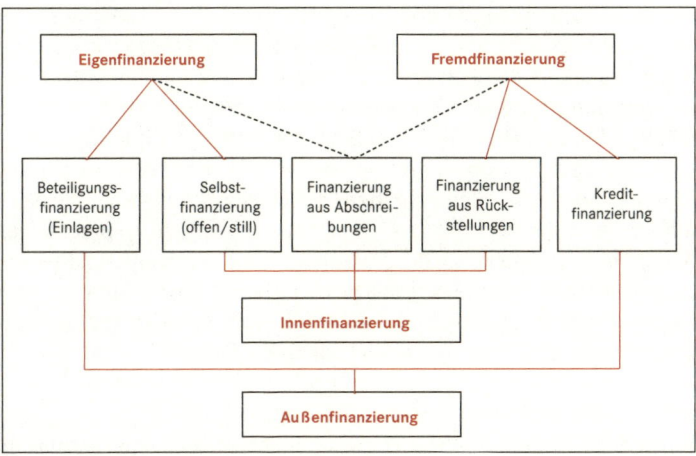

Abb. 22: Übersicht Finanzierungsquellen

2.5.1 Innenfinanzierung

Bei einer Innenfinanzierung werden dem Unternehmen keine Finanzmittel von außen zugeführt, sondern die erwirtschafteten Erträge zur Finanzierung verwendet. Dieser Finanzierungseffekt entsteht, wenn in einem bestimmten Zeitraum die Einzahlungen höher sind als die Auszahlungen. Der erwirtschaftete Überschuss entsteht dabei nicht nur aus Gewinnen. Abschreibungen und Rückstellungen sind ebenfalls Quellen der Innenfinanzierung. Langfristig muss sich jedes Unternehmen aus Gewinnen, verdienten Rückstellungen und Abschreibungen finanzieren können.

Selbstfinanzierung

Eine Finanzierung durch einbehaltene Gewinne **(Selbstfinanzierung)** kann im Rahmen einer Übernahmefinanzierung nur erfolgen, wenn der Nachfolger so sukzessive in das Unternehmen einsteigt, dass er den Kaufpreis aus dem Cashflow des Unternehmens heraus erwirtschaften oder seine laufende Gewinnbeteiligung in Gesellschaftsanteile umwandeln kann. Diese Form der Übernahme wird in der Praxis häufig mit einer Teil-Einmalzahlung kombiniert. Die Finanzierung durch Erträge ist theoretisch eine einfache Finanzierung für die Unternehmensnachfolge. Fremder Zinsaufwand, die Frage der Besicherung und jegliche Abhängigkeit von Kreditgebern werden dadurch vermieden.

Rückstellungen

Der Finanzierungseffekt von **Rückstellungen** besteht darin, dass die in die Kalkulation der Absatzpreise eingegangenen Rückstellungen bis zu ihrer tatsächlichen Inanspruchnahme im Unternehmen anderweitig verwendet werden können. Bei langfristigen Rückstellungen ist der Finanzierungseffekt entsprechend stärker. Im Kontext einer Nachfolgeregelung ist hier vor allem an die Pensionsrückstellungen für den Übergeber zu denken. Abhängig vom Rückstellungsbestand und der regelmäßig an den Versorgungsempfänger zu zahlenden Beträge entstehen im Unternehmen Mittel, die in ihrer langfristigen Verwendung zwar gebunden sind, aber als Teil der Zahlungen an den Übergeber nur ratierlich anfallen.

Strukturelle Änderung der Finanzierung

Als zusätzliche Alternative der Innenfinanzierungen besteht die Möglichkeit, nicht mehr benötigte Vermögensgegenstände zu veräußern (z.B. durch Abbau zu hoher Vorratsbestände, Grundstücke, Maschinen, Altfahrzeuge des Fuhrparks etc.). Auch Sale-and-leaseback-Verfahren oder eine Umschuldung auf Leasing sind Kapital reduzierende Maßnahmen, die der Übergeber vor dem Verkauf zur Optimierung des Unternehmens vornehmen sollte.

2.5.2 Außenfinanzierung

Kann der Nachfolger die Übernahme nicht aus eigenem Vermögen oder über ein Modell der Innenfinanzierung finanzieren, wird er weitere Eigenkapital- oder Fremdkapitalgeber ins Boot holen. Die folgenden Kapitel skizzieren diese beiden Kapitalarten und die verschiedenen Quellen, aus denen sie in das Unternehmen fließen können.

2.5.2.1 Eigenkapitalfinanzierte Nachfolgeregelung

Eigenkapital steht dem Unternehmen dauerhaft zur Verfügung und kennzeichnet für finanzierende Institute die Haftungsbasis. Die Höhe des Eigenkapitals hat großen Einfluss auf die Kreditwürdigkeit des Unternehmens, die Rating-Beurteilung und somit die Möglichkeit der Aufnahme von Fremdmitteln. Das Eigenkapital besteht aus dem Beteiligungskapital laut Kapitalkonto bei der Einzelfirma und Personengesellschaft, dem Grundkapital der Aktiengesellschaft oder dem Stammkapital der GmbH. Hinzu kommen Gewinnvorträge, nicht ausgeschüttete Unternehmensgewinne sowie gesetzliche und/oder freie Rücklagen.

Viele mittelständische Betriebe haben mit einer durchschnittlichen Eigenkapitalquote von 15 % eine im internationalen Vergleich geringe Eigenkapitalbasis. Im Rahmen einer Nachfolgeregelung kann das Eigenkapital durch Einlagen des Übernehmers oder durch die Neuaufnahme von Gesellschaftern – z.B. Beteiligungsgesellschaften oder Business Angels – erhöht werden.

Unterschieden wird zwischen einer **stillen** und einer **offenen Beteiligung**. Bei typisch stillen Beteiligungen wird dem Unternehmen ein bestimmter Betrag für einen befristeten Zeitraum zur Verfügung gestellt. Dafür muss es ein Beteiligungsentgelt leisten, das sich aus einer fixen und einer ergebnisorientierten Komponente zusammensetzt. Beim Sonderfall der stillen Beteiligung (atypisch) ist der Kapitalgeber über die reine Gewinn- und Verlustbeteiligung hinaus auch an Zuwächsen des Gesellschaftsvermögens beteiligt. Er geht eine Mitunternehmerschaft ein, die je nach Vertragsgestaltung und Rechtsform zu Haftungsansprüchen sogar über die Einlagenhöhe hinaus führen kann. Um den Überblick über die Betriebsentwicklung und die korrekte Abwicklung der Beteiligung zu behalten, kann der Investor in gewissen Abständen betriebswirtschaftliche Kennzahlen verlangen.

Stille Beteiligung

Bei offenen Beteiligungen erwirbt der Investor direkt Geschäftsanteile am Unternehmen. Reine Beteiligungskapitalgeber stellen meist hohe Anforderungen an ein Engagement und sind in der Regel rendite- und exitorientiert. Als Exit wird der Ausstieg eines Investors durch Veräußerung, Börsengang oder Rückkauf der Anteile bezeichnet.

Offene Beteiligung

Folgende Personen bzw. Personengruppen kommen als Eigenkapitalgeber in Betracht:

- Beteiligungsgesellschaften,
- die Mitarbeiter des Unternehmens
- und Business Angels.

2.5.2.1.1   Beteiligungsgesellschaften

Beteiligungsgesellschaften fördern Unternehmen, indem sie Eigen-kapital zur Verfügung stellen. Ihre Zielgruppe waren ursprünglich überwiegend junge, innovative und Erfolg versprechende Unternehmen; Voraussetzung waren also eine bestimmte MindestGröße und deutliche Wachstumschancen. Mittlerweile gibt es jedoch auch eine Reihe von Beteiligungsgesellschaften, die Beteiligungen für traditionelle Branchen und Unternehmen anbieten. Zudem sind öffentlich geförderte Beteiligungsgesellschaften gegründet worden, die auch bereit sind, sich an kleineren Unternehmen zu beteiligen.

Die Möglichkeit der Beteiligungsfinanzierung wird in den letzten Jahren mehr und mehr auch von mittelständischen Unternehmen in Erwägung gezogen – nicht zuletzt aufgrund geringer Eigenkapital-quoten und steigender Finanzmittelbedürfnisse. Das hat für manchen Unternehmer die ungewohnte Konsequenz, dass er gegenüber »fremden Dritten« Rechenschaft über Strategie, Ausrichtung und Führung des Unternehmens ablegen muss. Vor Verhandlungen mit Beteiligungsgesellschaften sollte der Übernehmer demnach prüfen, ob dieser Finanzierungspartner den gewünschten Finanzierungsbe-darf wirklich decken kann und welche Mitspracherechte er dafür bei der Unternehmenssteuerung, dem Berichtswesen und dem Verkauf seiner Anteile verlangt.

Wenn sich der Übernehmer für die Zusammenarbeit mit einer Beteiligungsgesellschaft entscheidet, sollte er daran denken, dass durch die Aufnahme eines Gesellschafters sein eigener Anteil am Unternehmen schrumpft. Das muss jedoch nicht zu einer Einfluss-nahme auf die operative Geschäftstätigkeit führen. Er wird in seiner unternehmerischen Entscheidungsfreiheit in der Regel nicht beein-trächtigt, muss sich allerdings darauf einstellen, der Beteiligungs-gesellschaft regelmäßig Rechenschaft über seine Tätigkeit ablegen zu müssen (z. B. in Form von laufenden Berichten) und dass er das Unternehmen nicht ohne die Zustimmung der Gesellschaft an die Börse bringen oder seine Anteile anderweitig veräußern kann. Für viele Beteiligungsgesellschaften ist umgekehrt der Exit über die Börse fest eingeplant, um eine hohe Verzinsung ihrer Einlagen rea-lisieren zu können.

2.5.2.1.2   Mitarbeiterkapitalbeteiligung

Auch durch eine Beteiligung der Mitarbeiter am Kapital eines arbeit-gebenden Unternehmens kann der Anteil, der dem oder den Nach-folgern zur Finanzierung der Betriebsübernahme noch fehlt, aufge-bracht werden. Bei gut funktionierenden Betrieben bietet sich damit eine attraktive Kapitalanlage, die außerdem die Motivation der Betei-ligten nachhaltig fördert. Die Mitarbeiter werden Mitunternehmer, erhalten also auch bestimmte Anteile am Unternehmensgewinn sowie Informations- und Mitbestimmungsrechte.

Diese Rechte müssen jedoch klar begrenzt und eindeutig geregelt sein, damit die Entscheidungskompetenz des Unternehmens nicht darunter leidet, dass nunmehr eine Anzahl beteiligter Mitarbeiter über jede kleine Entscheidung diskutieren möchte. Dazu müssen die Mitbestimmungsrechte auf eine regelmäßig stattfindende Gesellschafterversammlung begrenzt werden, auf der nicht über Tagesgeschäfte entschieden wird. Die Entscheidungsgewalt der Mitarbeiter sollte sich möglichst an dem Modell der Hauptversammlung bei der Aktiengesellschaft orientieren.

Bei der Mitarbeiterkapitalbeteiligung wird zwischen einer direkten und einer indirekten Beteiligung unterschieden. Bei der **direkten Beteiligung** beteiligen sich die Mitarbeiter unmittelbar am arbeitgebenden Unternehmen. Bei einer Beteiligungsgröße von mehr als fünf Mitarbeitern sollte dann geprüft werden, ob die Umwandlung in eine AG sinnvoll ist, um Aufnahme, Tausch und Verkauf von Mitarbeiteranteilen rechtlich unkompliziert zu gestalten. Die AG hat durch die Einrichtung eines Aufsichtsrats, der die Arbeit des Vorstands überwacht, eine gute Kontroll- und Entscheidungsstruktur. Hinzu kommt das positive Image einer AG. Bis zu einer bestimmten Größe bestehen geringere Publizitäts- und Rechnungslegungsvorschriften (im Falle einer sogenannten kleinen AG). **Direkte Beteiligung**

Bei der **indirekten Beteiligung** wird eine Gesellschaft gegründet, an der sich die Mitarbeiter beteiligen. Diese Mitarbeiterbeteiligungsgesellschaft beteiligt sich wiederum am ursprünglichen Unternehmen. Wenn sich neben den Mitarbeitern noch weitere Finanzierungspartner am Unternehmen direkt beteiligen und die Umwandlung in eine AG nicht beabsichtigt ist, bietet die indirekte Beteiligung eine Möglichkeit, die unterschiedlichen Mitarbeiterinteressen zu bündeln und die steuerbare Mitwirkung in der Muttergesellschaft sicher zu stellen. Für die Rechtsform der Mitarbeitergesellschaft kommen je nach individueller Zielsetzung z.B. die KG, die GmbH & Co. KG, AG, die Genossenschaft oder die BGB-Gesellschaft in Betracht. **Indirekte Beteiligung**

Als weitere Alternativen der Mitarbeiterbeteiligung stehen außerdem die stille Beteiligung oder Genussrechte zur Verfügung. Darüber hinaus ist das Mitarbeiterdarlehen zu erwähnen: Die Arbeitnehmer geben ihrem Arbeitgeber ein meist fest verzinsliches Darlehen, das über eine Bankbürgschaft oder eine versicherungstechnische Lösung abgesichert wird. Beim Mitarbeiterdarlehen handelt es sich also um Fremdkapital, das eine für die Mitarbeiter weitgehend risikoarme Möglichkeit bietet, dem Unternehmen zusätzliches Kapital z.B. für Investitionen nach der Übernahme zur Verfügung zu stellen. **Mitarbeiterdarlehen**

Die Einbringung des Mitarbeiterkapitals kann zum einen durch Einlagen erfolgen. Der Arbeitnehmer legt dabei aus seinem Privatvermögen eigenes oder fremdfinanziertes Geld im Unternehmen an. Zum anderen bietet der gestundete Investivlohn eine Möglichkeit zur Beteiligung, wenn die Mitarbeiter kein Kapital besitzen oder finanzieren können. Der Mitarbeiter verzichtet dabei auf die Auszahlung eines festgelegten Gehaltsteils und belässt diese Mittel monatlich im Unternehmen.

Beispiel für die Einführung einer Mitarbeiterkapitalbeteiligung:

Ausgewählte Führungskräfte inner- oder außerhalb des Unternehmens werden in Form eines MBO/MBI in die Geschäftsleitung übernommen. Diese Mitarbeiter – im Regelfall dürften es ein bis zwei sein – beteiligen sich mit insgesamt bis zu 25 % am Kapital des Unternehmens und übernehmen damit erste Verantwortung.

Weitere 26 % der Anteile erwerben die potenziellen Nachfolger im Moment des tatsächlichen Ausscheidens des Alteigentümers. Die verbleibenden 49 % werden innerhalb des Nachfolgeprozesses in Form einer Kapitalbeteiligung z. B. durch Investivlohn an die übrigen Beschäftigten veräußert. Dadurch erhält der Übergeber zuerst ein Viertel des Kaufpreises, drei Jahre später rund ein weiteres Viertel und in den Folgemonaten von den Mitarbeitern einen regelmäßigen Betrag, bis wiederum fast die Hälfte der Anteile finanziert ist. Zudem behält der Übernehmer die alleinige Entscheidungsbefugnis auf Grund seiner Dreiviertel-Mehrheit bis zu seinem Ausscheiden. Danach haben die beteiligten Geschäftsführer durch die einfache Mehrheit der Anteile die Entscheidungsbefugnisse für den überwiegenden Teil der Entscheidungen.

Mitarbeiterbeteiligung bei der Unternehmensnachfolge

Wird eine Mitarbeiterbeteiligung zur Regelung der Nachfolge benutzt, dann sollte der Startschuss ca. drei bis fünf Jahre vor der geplanten Übergabe fallen. Ob die Kapitalbeteiligung der Mitarbeiter für eine Nachfolgeregelung die richtige Wahl darstellt, lässt sich nicht pauschal festlegen, sondern hängt von vielen individuellen Faktoren ab: u.a. vom Potenzial der Führungskräfte, aber auch von der Akzeptanz bei Alteigentümern und Arbeitnehmern. Aufgrund der Komplexität der möglichen Beteiligungsmodelle sollte die jeweils individuell auf das Unternehmen abzustimmende Lösung zusammen mit Experten auf diesem Gebiet erarbeitet werden. Neben dem Finanzierungsaspekt können Mitarbeiterkapitalbeteiligungen – je nach Ausgestaltung – noch eine Vielzahl anderer Effekte bewirken, die für den Übernehmer und sein Unternehmen zusätzliche positive Folgen haben können:

Effekt	stille Be-teiligung	Genussrecht	Belegschafts-aktie	GmbH-Anteil	Genossen-schaft	Mitarbeiter-darlehen
Stärkung der Kapital-basis der Gesellschaft	hoch	gering	hoch	hoch	hoch	gering, weil Fremdkapital
Förderung der Mit-arbeitermotivation	mittel	hoch	hoch	hoch	gering	gering
Stärkung des Kostenbewusstseins	mittel	hoch	hoch	hoch	gering	gering
flexibles Entlohnungs-instrument	gering	hoch	hoch	gering	gering	gering
langfristige Mitarbeiterbindung	hoch	mittel	mittel	hoch	hoch	mittel
Mittel zum Recruiting von neuen Mitarbeitern	mittel bis gering	hoch	hoch	mittel	mittel	gering
Belohnung für in der Vergangenheit er-brachte Leistungen	gering	hoch	mittel	gering	gering	gering

Effekte von Mitarbeiterkapital-beteiligung

2.5.2.1.3   Business Angels

Business Angels sind vermögende Privatpersonen, die Unternehmer bei ihren ersten Schritten in die Selbstständigkeit begleiten und ihre Erfahrungen sowie eigenes Kapital in Unternehmensgründungen bzw. -übernahmen einbringen.

Die Motivation der Business Angels beschränkt sich nicht nur auf die Chance, finanziell am Erfolg eines viel versprechenden Unternehmens zu partizipieren. Für Business Angels zählt auch die Möglichkeit, die eigene unternehmerische Kompetenz weiterzugeben, aussichtsreiche Gründer zum Erfolg zu führen und im Tagesgeschäft zu begleiten.

Auch für Unternehmen nach der Übernahme können Business Angels in vielen Fällen die richtigen Kapitalgeber sein: Wenn Banken das Risiko zu groß erscheint und für Beteiligungsgesellschaften der Kapitalbedarf zu gering ist, können Business Angels diese Lücke schließen. Erfahrung, Know-how und Kontakte eines Angels sind für einen jungen Unternehmer wertvoll. Aufgrund der oft sehr engen Zusammenarbeit zwischen Unternehmer und Business Angel sollten nicht nur die gemeinsamen wirtschaftlichen Ziele, sondern auch die Chemie stimmen. Nur so ist eine vertrauensvolle und konstruktive Kooperation möglich.

Von Erfahrungen profitieren

Business Angels sind in Deutschland in zahlreichen Netzwerken organisiert, beispielsweise dem Business Angels Netzwerk Deutschland e.V. (BAND), dem European Business Angels Network (EBAN), dem Business Angels Frankfurt Rhein Main e.V. (BARM) oder der Business Angels Agentur Ruhr (BAAR) e.V. Die entsprechenden Internetadressen finden sich im Anhang.

Netzwerke

2.5.2.2   Fremdkapital für die Unternehmensnachfolge

Selten kann sich ein Unternehmen nur mit Eigenkapital finanzieren. Deswegen steht die Finanzierung über Fremdkapital mit Banken und Sparkassen nach dem klassischen Hausbankprinzip oftmals im Mittelpunkt der Übernahmefinanzierung. Sie nehmen dabei die Stellung eines Gläubigers ein mit dem Recht, die rechtzeitige Rückzahlung und Verzinsung des Kapitals zu verlangen.

Für die Finanzierungszusage ist ein wohl durchdachtes und ausgewogenes Finanzierungskonzept des Übernehmers unabdingbare Voraussetzung: zum einen, um Fremdkapitalgeber von der unternehmerisch sauberen Planung des Vorhabens überzeugen zu können, zum anderen, um den besten Quellenmix zur Übernahmefinanzierung zu finden. Das Finanzierungskonzept ist zentraler Bestandteil des Geschäftsplans, der in Kapitel 2.6 erläutert wird.

2.5.2.2.1   Lang- und kurzfristiges Fremdkapital

Fremdkapital kann langfristig oder kurzfristig sein. Mittel- und langfristige Kredite haben Laufzeiten von mehr als einem Jahr und dienen z.B. der Finanzierung einer Übernahme oder von Größeren Investitionen (Gebäude, Maschinen etc.). Zu den langfristigen Kreditfinanzierungsformen zählen z.B. Schuldscheindarlehen oder Bankkredite in Form von Zinsdarlehen, Abzahlungs- oder Annuitätendarlehen. Kurzfristige Kreditfinanzierungen haben Laufzeiten bis zu einem Jahr. Darunter fallen u.a. Diskont- und Lombardkredit, Lieferantenkredit oder Kontokorrent.

Zeitlicher Aspekt der Finanzierung

Verschiedene Kreditarten

Kontokorrentkredit	ein auf dem laufenden Konto eingeräumter Barkredit kurzfristiger Natur
Festsatzkredit	Gewährung eines festen Kreditbetrages im kurzfristigen Finanzierungsbereich mit einer festen Verzinsung
Lombardkredit	durch verpfändete, marktgängige Wertpapiere besicherte kurzfristige Kredite
Darlehen	mittel- bis langfristige Finanzierung zur Investitionsfinanzierung
Schuldscheindarlehen	langfristige Finanzierung mit Ausstellung eines Schuldscheins
Avale	Haftungsübernahmen durch ein Kreditinstitut gegen Zinsen
öffentliche Fördermittel	geförderte Finanzierungsformen für bestimmte Zielgruppen oder Investitionsvorhaben

Der Kontokorrentkredit ist die häufigste Form unter den kurzfris- Kontokorrentkredit
tigen Kreditarten. Er sollte nicht zur Anschaffung von langfristigen
Anlagegütern wie Maschinen verwendet werden, sondern eher für
die Finanzierung des kurzfristigen Umlaufsvermögens wie beispielsweise Außenstände oder Vorräte. Das Limit sollte für die Finanzierung des Umlaufvermögens ausreichen. Überziehungen
sollten vermieden werden, auch weil sie bei einem Rating negativ
bewertet werden und zu einer Verschlechterung der Kreditkonditi-
onen führen können.

2.5.2.2.2   Öffentliche Förderprogramme

Neben den klassischen Bankkrediten sind auch die vielfältigen
staatlichen Programme zu erwähnen. Neben günstigen Zinssätzen
sind hier Eigenkapitalhilfen, aber auch besondere Tilgungsformen
möglich. Insbesondere für Gründer und Nachfolger, aber auch für
Unternehmen in Wachstumsphasen sollten die Möglichkeiten von
Förderprogrammen, die je nach Bundesland unterschiedlich sind, in
Betracht gezogen werden. Für die Bewilligung von Fördergeldern ist
dabei häufig entscheidend, dass der Nachfolger in seinem Finanzierungskonzept auch deutlich darstellen kann, wie seine Strategie für
die Zeit nach der Übernahme aussieht und wohin er das Unternehmen steuern möchte.

Förderkredite	max. Höhe	max. Laufzeit	tilgungsfrei
Mikro-Darlehen	25 T€	5 Jahre	0,5 Jahre
StartGeld	50 T€	10 Jahre	2 Jahre
ERP-Eigenkapitalhilfeprogramm	500 T€	15 Jahre	7 Jahre
Unternehmerkredit	10 Mio. €	20 Jahre	3 Jahre
ERP-Regionalförderprogramm	3 Mio. €	15-20 Jahre	5 Jahre

Die wichtigsten
Förderprogramme
in der Übersicht

Die von der Europäischen Union, der Bundesrepublik Deutschland Vorteile
und den einzelnen Bundesländern bereit gestellten Fördermittel
bieten nicht unerhebliche Vorteile: Sie sind zinsgünstig und haben
eine langfristige Zinsbindung sowie lange Laufzeiten. Die Anlauf-
jahre sind tilgungsfrei; außerdem ist oftmals eine außerplanmäßige
Tilgung möglich. Dem ERP-Eigenkapitalhilfeprogramm der KfW
kommt unter den Fördermitteln eine besondere Bedeutung zu. Da es
Eigenkapital ähnliches Haftkapital zur Verfügung stellt, haben auch
Übernehmer mit geringem Eigenkapital die Chance, ihre Unternehmensübernahme solide zu finanzieren.

Grundsätzlich gilt: Alle Fördermittel für Existenzgründer stehen Antrag über
Hausbank
auch Übernehmern zur Verfügung. Entscheidend ist nur, dass die
öffentlichen Mittel vor der Übernahme beantragt werden. Die Bean-

tragung kann, zumindest bis zum jetzigen Zeitpunkt, nur über die Hausbank erfolgen, mit der der Übernehmer auch klären sollten, welche der immerhin 800 Förderprogramme für ihn in Frage kommen.

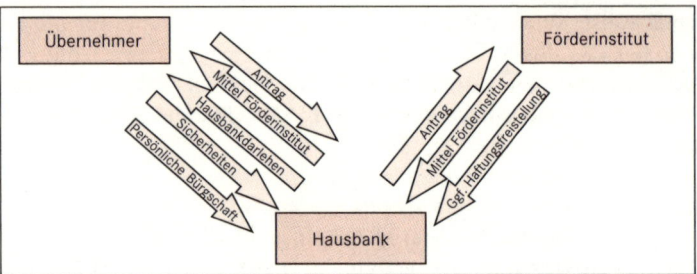

Abb. 23: Ablauf bei der Beantragung öffentlicher Fördermittel

Haftungs-
freistellung

Die Hausbank kann dabei gegebenenfalls von einem Teil der Haftung freigestellt werden. Das heißt: Wenn der Antragsteller die Fördermittel nicht tilgen kann – beispielsweise aufgrund einer Insolvenz seines Unternehmens –, trägt das öffentliche Förderinstitut für jenen Teil der Fördersumme das Risiko, das von der Haftung frei gestellt wurde, und entlastet damit die Hausbank. Allerdings ist damit der Beantragende nicht aus der Haftung entlassen: Er haftet nach wie vor über den vollen Betrag. Die Haftungsfreistellung ist in der Regel mit einem Zinsaufschlag von ca. 1 % verbunden. Besondere Bedeutung erlangt die Haftungsfreistellung, wenn die Hausbank die Finanzierung aufgrund fehlender Sicherheiten sonst nicht unterstützen würde.

Weiter führende Internet-Adressen zur besseren Orientierung und konkreten Recherche zu diesem Thema finden sich im Anhang.

2.5.3   Sonderformen der Außenfinanzierung

Die sogenannten »Sonderformen der Außenfinanzierung« sind Mischformen zwischen verschiedenen Finanzierungspartnern. Factoring und Leasing gehören zu diesen Sonderformen, die zwar nicht zur unmittelbaren Finanzierung einer Übernahme geeignet sind, jedoch dem Übernehmer in den Jahren nach der Übertragung zu einer verbesserten Liquiditätssituation verhelfen können. Außerdem gewinnen die Instrumente der Mezzaninen-Finanzierung immer mehr an Bedeutung.

2.5.3.1 Mezzanine-Finanzierungen

Neben dem reinen Eigenkapital und dem reinen Fremdkapital steht dem Nachfolger bzw. Unternehmen eine weitere Möglichkeit der Finanzierung zur Verfügung, das Mezzanine-Kapital. Die hierunter zusammengefassten Finanzierungsmöglichkeiten weisen sowohl Eigenschaften von Eigenkapital als auch von Fremdkapital auf. Die Ähnlichkeit mit Eigenkapital kommt daher, dass die Mezzanine-Kapitalgeber gegenüber den anderen Gläubigern meist nachrangig behandelt werden. Im Falle einer Insolvenz werden zunächst die sonstigen Gläubiger bedient, was das Risiko für den Mezzanine-Kapitalgeber und somit letztlich die Kosten für diese Form der Finanzierung erhöht. Trotz dieses erhöhten Risikos wird dennoch in den meisten Fällen auf die Stellung von Sicherheiten verzichtet.

Eigenschaften von Eigen- und Fremdkapital

Genau wie beim Fremdkapital besteht jedoch eine Rückzahlungsverpflichtung innerhalb eines bestimmten Zeitraums. Mezzanine-Kapital ist dabei ein Instrument der langfristigen Finanzierung, mit einem Finanzierungszeitraum zwischen fünf und zehn Jahren.

Es gibt verschiedene Möglichkeiten der Mezzanine-Finanzierung, die je nach Ausgestaltung der Verträge rechtlich und steuerlich als Eigenkapital oder Fremdkapital gelten können. Die geläufigste Form der Mezzanine-Finanzierungen in kleineren und mittleren Unternehmen ist das Nachrangdarlehen, das eine Vielzahl von Parallelen zum klassischen Bankdarlehen aufweist. Genau wie herkömmliche Darlehen werden auch Nachrangdarlehen durch im Vorfeld vereinbarte Zinszahlungen entlohnt. Eine andere Form von Mezzanine-Finanzierungen sind sogenannte Stille Beteiligungen. Hier erhält der Finanzgeber eine Beteiligung am Unternehmen, an die jedoch in der Regel kein Mitspracherecht gekoppelt ist. Im Gegenzug wird die Beteiligung an den Verlusten des Unternehmens ausgeschlossen. Somit ist es dem Kapitalgeber unter Umständen sogar im Falle der Insolvenz möglich, seine Ansprüche geltend zu machen. Die Vergütungsmodelle lassen sich frei gestalten. In den meisten Fällen wird neben einer festen Verzinsung auch eine erfolgsabhängige Vergütung vereinbart. Daneben besteht ebenfalls die Möglichkeit, Mezzanine-Finanzierungen durch Options- und Wandelanleihen oder Genussscheine zu bilden.

Nachrangdarlehen

Stille Beteiligungen

Der wesentliche Vorteil von Mezzanine-Kapital liegt in der Möglichkeit, durch die Einbindung von externen Kapitalgebern die Eigenkapitalbasis zu stärken, ohne unternehmerische Entscheidungsbefugnisse abzugeben. Inwiefern diese Finanzierungsformen jedoch als Eigenkapital gelten können, ist abhängig von der Vertragsgestaltung. Außerdem muss unterschieden werden, ob diese Mittel dem wirtschaftlichen, dem bilanziellen oder dem steuerlichen Eigenkapital zuzuordnen sind.

Vorteile

Der Nutzen ist in den meisten Fällen bestechend: Die Stärkung des Eigenkapitals verbessert nicht nur die Bilanzstruktur, sondern auch das Rating des Unternehmens. Ein besseres Rating wiederum trägt dazu bei, die Finanzierungskosten des Fremdkapitals zu senken.

2.5.3.2 Factoring

Zielgruppe

Beim Factoring kauft ein Finanzierungsinstitut (der Factor) offene Forderungen eines Unternehmens an und schreibt dem Unternehmen den Rechnungsbetrag unter Abzug eines banküblichen Zinses gut. Dieses Instrument eignet sich auch für kleinere Unternehmen ab einem Umsatz über 0,5 Mio. €, wobei die Größe des Unternehmens mit der Größe der Factoringgesellschaft korrespondieren sollte. Große Factoringgesellschaften sind in der Regel an der Finanzierung von Mittelstandsforderungen weniger interessiert.

Konditionen

Das Entgelt für ein Factoring setzt sich im Allgemeinen aus einem Grundbetrag und einem Zinsaufschlag zusammen. Der **Grundbetrag** bemisst sich nach dem Ausfallrisiko der Forderungen, das sich neben der Höhe der bisherigen Wertberichtigungen im Unternehmen an der individuellen Bonität der einzelnen Schuldner bestimmt. Zudem hängt der Grundbetrag auch von der Höhe der einzelnen Forderungen ab. Viele kleine und mittlere Forderungen sind für den Factor häufig weniger attraktiv als eine überschaubare Anzahl großer Forderungsvolumina.

Der **Zinsaufschlag** hängt von der Debitorenlaufzeit – also der Zeit zwischen Rechnungsstellung und Zahlungseingang – ab. Häufig werden im Vertrag konkrete Zahlungsziele (z. B. 60 Tage) mit einem bestimmten Zinsaufschlag verknüpft. Bei regelmäßiger Überschreitung dieses durchschnittlichen Zahlungsziels ist der Factor zu Nachverhandlungen oder zu höheren Zinsaufschlägen berechtigt.

In Deutschland liegt das Factoringentgelt für die Übernahme des Ausfallrisikos und des Debitorenmanagements durch den Factor im Schnitt zwischen 0,8 % und 2,5 % vom angekauften Forderungsbestand. Der Factor zahlt unmittelbar nach Vorlage der Rechnungskopien bis zu 90 % des Rechnungsbetrages aus; der Restbetrag dient als Sicherheitseinbehalt und wird nach Fälligkeit unter Berücksichtigung von Skonti, Rabatten oder Retouren überwiesen. Zudem erhält der Factor in der Regel eine Aufwandsentschädigung für die Bonitätsprüfung der einzelnen Kunden mit einem Betrag von 30 bis 50 € je Kunde im Inland. Zu Beginn der Factoringvereinbarung können daraus bei einer großen Kundenzahl relativ hohe Kosten entstehen.

Vorteile

Durch den Ankauf der Forderung übernimmt die Factoringgesellschaft das Risiko des Forderungsausfalls. Das Unternehmen erhält also auch dann den Erlös für die geleistete Arbeit, wenn der Kunde wider Erwarten in wirtschaftliche Schwierigkeiten geraten sollte. Die Zahlungseingänge des Unternehmens sind damit planbar, seine Liquidität verbessert sich durch den Abbau der Außenstände. Mit mehr Liquidität lassen sich Einsparungen beim Einkauf durch Nutzung von Skonti und Rabatten realisieren. Außerdem gewinnt das Unternehmen Sicherheit vor Zahlungsausfällen, die Kostenersparnis für das ausgelagerte Debitorenmanagement und die laufende Bonitätskontrolle der Debitoren, den Wegfall der Kosten für eine Kreditversicherung, zusätzliche Verbesserung der Bilanzstruktur und die Verbesserung des Standings bei Banken und Lieferanten.

2.5.3.3 Leasing

Leasing ist eine weitere Finanzierungsalternative zur Schonung der Liquidität. Beim Leasing werden Anlagegüter (z. B. Maschinen, Autos oder Computer) durch die Entrichtung regelmäßiger Leasinggebühren angemietet, mit der Option – aber nicht der Verpflichtung – eines späteren Erwerbs des Eigentums. Die unkündbare Grundmietzeit von Leasing-Verträgen darf gemäß den Leasing-Erlassen grundsätzlich nicht kürzer als 40 % und nicht länger als 90 % der betriebsgewöhnlichen Nutzungsdauer des Leasinggegenstandes nach amtlicher AfA-Tabelle sein, um eine Bilanzierung durch die Leasinggesellschaft zu ermöglichen. Durch die Bilanzierung beim Leasinggeber hat der Leasingnehmer keine Abschreibungen. Darüber hinaus verbessert sich die Kennziffer Anlagendeckung, da weniger Anlagevermögen vorhanden ist.

Keine Aktivierung des Leasingvermögens

Als Grundtypen des Leasingvertrags lassen sich Vollamortisationsverträge, Teilamortisationsverträge und kündbare Verträge unterscheiden, wobei die konkrete Vertragsgestaltung individuell nach dem jeweiligen Objekt und den Kundenanforderungen erfolgt. Bei einem Vollamortisierungsvertrag wird der Anschaffungswert für den Leasinggegenstand mit allen Aufwendungen des Leasinggebers – einschließlich Finanzierungskosten und Gewinn – im Laufe des Leasingvertrages durch die Leasingraten zur Gänze getilgt. Ist während der Laufzeit des Leasingvertrages nur eine teilweise Amortisation der Anschaffungs- bzw. Herstellungskosten des Leasinggebers vorgesehen, handelt es sich um einen Teilamortisationsvertrag. In diesem Fall wird die Vollamortisation erst durch die Ausübung des Andienungsrechtes durch den Leasinggeber gegenüber dem Leasingnehmer oder durch eine entsprechende Verlängerung oder durch Verkauf des Objektes durch den Leasinggeber an einen Dritten erreicht.

Grundtypen des Leasingvertrags

Bei kündbaren Verträgen kann der Leasingnehmer den Vertrag vorzeitig beenden. Solche Verträge werden häufig bei kaum abnutzbaren Leasingobjekten abgeschlossen.

Vorteile

Leasing bietet die Möglichkeit, Investitionen zu finanzieren, ohne dabei das volle Kapital einzusetzen. Daher bleiben die Kreditlinien und die Spielräume der Fremdfinanzierung erhalten, Kreditsicherheiten und Beleihungsgrenzen bleiben unberührt. Allerdings führt Leasing zu einer Erhöhung der Fixkosten und verringert durch die Vertragsbindung die Flexibilität des Unternehmens. Insbesondere für Güter mit einem kurzen Lebenszyklus (z. B. im Computer-Bereich) kann eine zu lange Vertragsbindung problematisch sein.

Leasingverträge sind oft sehr komplex und können versteckte Kostenpositionen enthalten. Bevor ein Leasingvertrag unterschrieben wird, sollten deshalb alle kritischen Aspekte geprüft und die Fragen der folgenden Checkliste beantwortet werden.

Checkliste

Leasingvertrag

✔ Ist der Leasinggegenstand genau beschrieben?

✔ Wie hoch wäre der Preis, wenn das Objekt gekauft würde?

✔ Werden Rabatte weitergegeben bzw. in der Kalkulation berücksichtigt?

✔ Wie hoch ist die Leasingsonderzahlung?

✔ Wie viele Raten sollen gezahlt werden?

✔ Wie hoch ist die Rate?

✔ Wie lang ist die Laufzeit des Vertrages?

✔ Wie hoch wird der Restwert sein?

✔ Handelt es sich um einen Voll- oder einen Teilamortisationsvertrag?

✔ Wird der linearisierte Leasingfaktor offen gelegt (wird vom Finanzamt verlangt)?

✔ Ist der Vertrag kündbar?

✔ Wie und zu welchen Konditionen kann der Vertrag vorzeitig beendet werden?

✔ Muss das Objekt gekauft werden (Andienungsrecht)?

✔ Kann die Mietzeit verlängert werden?

✔ Wie hoch sind die Raten bei Verlängerung?

✔ Ist der Leasingnehmer am Mehr- und Mindererlös, das heißt am höheren Marktwert, beteiligt, wenn das Objekt nach Vertragsablauf an einen Dritten verkauft wird?

✔ Welche Kosten entstehen nach Ablauf des Leasingvertrages, z. B. Schlusszahlung, Transport- oder Abbaukosten?

2.6   Der Geschäftsplan für die Übernahme

Ohne Business-Plan keine Finanzierung – diese Regel muss jeder Existenzgründer und Übernehmer verinnerlichen. Ein schlüssiges Konzept zur Unternehmensführung und -steuerung ist die Voraussetzung, um finanzielle Mittel zu erhalten. Der Geschäftsplan muss potenzielle Eigenmittel- und Kreditgeber vom zukünftigen Erfolg des Unternehmens überzeugen – nur dann werden sie sich finanziell engagieren.

Mit dem Geschäftsplan bringt der Übernehmer seine Pläne und Ideen in ein schlüssiges Konzept. Dieses Konzept ist für ihn zugleich die beste Absicherung seines Vorhabens: Das Institut für Mittelstandsforschung in Bonn hat bei Untersuchungen zur Bestandsfestigkeit junger Unternehmen festgestellt, dass Gründungen ohne ein detailliertes Konzept wesentlich schneller wieder vom Markt verschwinden als jene mit einer sorgfältigen Planung.

Dabei sollte berücksichtigt werden, dass Kredit-Entscheidungen ihre Zeit brauchen. Der Übernehmer sollte also mit seinem Unternehmenskonzept früh genug beginnen, um die Umsetzung seines Vorhabens nicht durch fehlende Geldmittel zu verzögern.

Im Einzelnen sollten folgende Punkte in das Konzept aufgenommen werden:

Bestandteile des Plans

- Überprüfung der vorhandenen Geschäftsidee auf Perspektiven und Formulierung der eigenen Zielsetzung (das Besondere an der Idee, Nutzen des Angebots, Bekanntheitsgrad des Produkts bzw. der Dienstleistung);
- Rahmenbedingungen (wie Rechtsform, rechtliche Auflagen, Risikovorsorge);
- Standort (Kaufkraft am Standort, logistische Anbindung, zukünftige Entwicklung);
- Organisation (Betriebsräume, Einrichtungen, Personalbedarf und -kosten)
- Marketing und Vertrieb (Zielgruppe, Strategie und operative Umsetzung, Preiskalkulation);
- Markt und Konkurrenz (Marktlücken, Prognosen des zukünftigen Bedarfs, Konkurrenzanalyse);
- Mitarbeiter (Altersstruktur, fachliche Kompetenzen, Ihre eigenen speziellen Qualifikationen);
- Ertrags- und Finanzplanung (Kapitalbedarf, Investitionsplanung und Finanzierung: Bedarfsrechnung, Kostenkalkulation, Liquiditätsplan und Erfolgsrechnung, Finanzierungskonzept).

Für die ersten sieben Punkte kann sich der Übernehmer an den Ergebnissen orientieren, die er bereits in der Phase der Bestandsaufnahme über das Unternehmen gewonnen hat (vgl. Kapitel 1.3). Die Erfahrung hat gezeigt, dass vor allem die Ertrags- und Finanzplanung für viele Übernehmer erhebliche Schwierigkeiten aufwirft: Hier geht es um die Analyse und Planung der Unternehmenszahlen – für viele Übernehmer noch ungewohntes Neuland, doch für den Finanzierungspartner um so wichtiger, da hier überprüfbare und nachvollziehbare Szenarien für die zukünftige Unternehmensentwicklung entworfen werden. Da ein bestehendes Unternehmen übernommen wird, gibt es bereits Erfahrungswerte, wie sich die bisherige Geschäftsidee etc. bewährt hat. Neu für die Kreditentscheider sind hingegen die Pläne des Übernehmers für die zukünftige Geschäftsentwicklung, wie viel Geld er braucht, mit welchen Geldeingängen er rechnet und ob sie unter dem Strich mit einem zahlungsfähigen Kunden rechnen können.

Checkliste

Gestaltung eines Geschäftsplans für die Übernahme

✔ Es gilt die Kunst, sich kurz zu fassen. Der Übernehmer sollte konkrete Aussagen über sein Vorhaben formulieren und sich nicht in allgemeinen betriebswirtschaftlichen Aussagen und Feststellungen verlieren.

✔ Eine klare Gliederung und eine einfache und verständliche Ausdrucksweise sind eine weitere Voraussetzung. Das Konzept soll durch seine Schlüssigkeit überzeugen.

✔ Auch mit einer professionellen Präsentationsform kann nachhaltig gepunktet werden. Übersichtlich gestaltete Seiten, sinnfällige Grafiken, aber auch eine saubere Bindung oder Heftung sind Signale, dass das Konzept professionell erarbeitet wurde.

✔ An einer sauberen und kompetenten Ausdrucksweise sollte der Kreditentscheider erkennen können, dass der Übernehmer sowohl in fachlicher als auch in kaufmännischer Hinsicht das Rüstzeug für eine selbstständige Existenz mitbringt.

✔ Auch Wörter und Formulierungen können Tatendrang zum Ausdruck bringen. Das Kreditinstitut entscheidet nicht zuletzt nach den persönlichen und unternehmerischen Qualifikationen des Übernehmers. Dieser sollte deshalb auch sprachlich signalisieren, dass er etwas »unternehmen« kann und will.

✔ Die Risiken des Vorhabens sollten nicht verleugnet werden. Die Fähigkeit, eine Situation realistisch einschätzen zu können, ist eine der wichtigsten unternehmerischen Qualitäten.

2.6.1   Umsatz- und Ertragsplanung

Mit der Umsatz- und Ertragsplanung prognostiziert der Übernehmer seine Ertragsperspektiven für die Zukunft. Dabei kann er auf bereits vorhandene Zahlen zurückgreifen und die bisherigen Erfahrungswerte im Hinblick auf Umsätze und Erträge fortschreiben. Seine Planung steht und fällt allerdings mit der Frage, wie sich sein Eintritt in das Unternehmen auf den Umsatz auswirkt. Schafft er es, die Umsatzzahlen in die Höhe zu treiben? Oder hat er eher Bedenken, da der Übergeber ein echtes Verkaufstalent war, so dass hier kaum mehr Optimierungsspielraum besteht? Auch Herr Albrecht ist sich nicht ganz sicher, ob er die Umsatzzahlen, die Herr Schulte durchschnittlich erzielt hat, halten kann, da er längst nicht so viele Kontakte wie Herr Schulte hat.

Wieder einmal stellt sich also die Frage, wie sehr das Unternehmen auf seinen bisherigen Inhaber zugeschnitten ist. Je ausgeprägter dieser Zuschnitt, um so größer sind die Reibungen in Form von Kundenverlusten und Umsatzeinbußen, die der Übernehmer in Kauf nehmen muss.

In der unternehmerischen Praxis ist die letzte Gewinn- und Verlustrechnung Ausgangspunkt der **Ertragsplanung** für das Planjahr. Sollten aktuellere Daten wie betriebswirtschaftliche Auswertungen (BWA) der Finanzbuchhaltung vorliegen, so können diese in eine neue Gewinn- und Verlustrechnung überführt bzw. hochgerechnet werden. Die Planung des Betriebsergebnisses ist erst dann »rund«, wenn sie sich aus der Vergangenheit heraus in die Zukunft einfügt, weshalb der Nachfolger diese Überlegungen mit dem Übergeber besprechen sollte. Die Ertragsplanung sollte für das erste Jahr idealer Weise monatlich durchgeführt werden, für die Folgejahre jährlich. Hierfür gibt es eine Vielzahl von Software auf dem Markt, die dem

Vergangenheitszahlen als Basis

TMS Quick-Check 2.0	Ist 2004	Ist 2005	Ist 2006		Planung 2007		Planung 2008	
	1	2	3	4	5	6	7	8
	T€	T€	T€	%	T€	%	T€	%
1 Umsatzerlöse	17 021	16 681	16 932	99,9	16 800	100,9	17 500	100,0
2 **Gesamtleistung**	16 874	16 895	16 948	100,0	16 650	100,0	17 500	100,0
3 Materialeinsatz	3 937	4 267	4 474	26,4	4 329	26,0	4 463	25,5
4 **Rohertrag = DB I**	12 937	12 628	12 474	73,6	12 321	74,0	13 037	74,5
5 Personalaufwand	9 597	9 510	9 637	56,9	9 406	56,5	9 800	56,0
6 **DB II**	3 339	3 118	2 837	16,7	2 915	17,5	3 237	18,5
7 Abschreibungen	677	632	592	3,5	560	3,4	620	3,5
8 Miet-/Leasingaufwand	232	228	230	1,4	230	1,4	240	1,4
9 sonst. betr. Aufwand	2 312	2 253	1 839	10,9	1 800	10,8	1 950	11,1
10 Zinsaufwand	271	274	297	1,8	320	1,9	300	1,7
11 sonst. betr. Erlöse	0	0	0	0,0	0	0,0	0	0,0
12 **Betriebsergebnis**	./. 152	./. 269	./. 121	./. 0,7	5	0,0	127	0,7
13 neutrales Ergebnis	97	125	106	0,6	100	0,6	100	0,6
14 neutraler Ertrag	97	125	106	0,6	100	0,6	100	0,6
15 **Unternehmensergebnis**	./. 55	./. 144	./. 15	./. 0,1	105	0,6	227	1,3

Nachfolger zwar die Rechenarbeit, nicht aber die qualitativen Überlegungen und ihre Quantifizierung abnimmt.

Die Ertragsplanung stützt sich im Wesentlichen auf die vier Bereiche Umsatz (Z.1) bzw. Gesamtleistung (Z.2), Materialeinsatz (Z.3), Personalaufwand (Z.5) und den Sachaufwand (Z. 7-10). Die plausible und verlässliche Vorgabe der Umsätze ist bei der Ertragsplanung der wichtigste und zugleich schwierigste Planungsteil. Sie sollte an den Anfang der Planungsüberlegungen gestellt werden, da sich viele Kostenarten (z.B. Materialeinsatz) proportional dazu verändern. Die **Umsatzplanung** ist ebenso Grundlage für die Kosten- und Finanzplanung. Sie ist Ausgangspunkt aller übrigen Planungen und gestaltet somit deren Qualität.

Umsätze planen

Wesentlichen Einfluss auf die mögliche Umsatzentwicklung haben der Markt, auf dem das Unternehmen tätig ist (oder tätig werden möchte), und der Wettbewerb. Diese Faktoren bestimmen das mögliche Umsatzvolumen und das Auftreten des Unternehmens. Informationen über Absatzmärkte und deren Entwicklung bieten zwar u.a. Marktforschungsinstitute, Zeitungen, das Internet, statistische Ämter oder Verbände. Den höchsten Gehalt haben in der Praxis jedoch die Informationen des Übergebers – wenn er denn objektiv genug ist – und der eigenen Mitarbeiter, die in direktem Kundenkontakt stehen. Den Vertrieb als Informationsquelle zu nutzen ist eine der schnellsten und preiswertesten Wege, wichtige Erkenntnisse über das Marktgeschehen zu erlangen.

Planumsätze realistisch einschätzen

In der Planung sollten neben den fest vereinbarten Aufträgen auch die Wahrscheinlichkeiten für weitere Aufträge untersucht werden. Hier können für den Übernehmer besondere Unsicherheiten entstehen. Es bietet sich daher an, den geplanten Umsatz in einzelne Produktbereiche aufzugliedern, um den Überblick zu behalten und Veränderungen schnell zu erkennen. Bei der Umsatzplanung ist eine Aufteilung des Umsatzes in die Faktoren Preis und Menge hilfreich, um genauere Planungen aufzustellen. Häufig ergibt sich erst bei der Betrachtung der Menge eine Verifizierung oder Falsifizierung des Umsatzes. Für Herrn Albrecht ist es – selbst wenn er in diesem Punkt Herrn Schulte hinzuzieht – bedeutend schwieriger, die Frage zu beantworten:»Kann ich in diesem Jahr 2 Mio. € Umsatz schaffen?« als die Frage:»Kann ich in diesem Jahr 600 Schrankwände verkaufen?« Wenn man diese Produkte dann noch auf Mitarbeiter oder Monate, Wochen oder Tage herunterbricht, kommt man zu nachvollziehbaren Größen:»Kann ich bei 200 Arbeitstagen je Arbeitstag 3 Schrankwände verkaufen?«

Gesamtleistung

Nach der Umsatzplanung wird die zu produzierende Menge der einzelnen Produkte bestimmt. Die **geplante Absatzmenge** muss mit den vorhandenen Ressourcen (Personal, Maschinen, finanzielle

Mittel etc.) produziert werden. Ausgangspunkt für die Planung des Materialeinsatzes sollte die bisherige Materialaufwandsquote sein. Sofern sich hier Veränderungen – z.B. durch die Verteuerung von Rohstoffen oder den Einsatz höher wertiger Materialien – ergeben, ist die Materialaufwandsquote entsprechend anzupassen.

Bei den **Personalkosten** sind vom Übernehmer die geplanten Kosten für Neueinstellungen bzw. die Einsparungen durch aus dem Unternehmen ausscheidende Mitarbeiter zu berücksichtigen. Hinzu kommt die zu erwartende Steigerung der Löhne und Gehälter entsprechend den tarifvertraglichen oder freiwilligen Regelungen. Im Bereich der Personalzusatzkosten sind auch Änderungen auf dem Gebiet des Sozialversicherungsrechts (z.B. Erhöhung der Beiträge zur Rentenversicherung) in die Planung aufzunehmen.

Personalkosten

Bei der **Planung der Sachaufwendungen** (Miet-, Zinsaufwendungen, Abschreibungen und sonstiger Betriebsaufwand) sollten die wesentlichen Faktoren detailliert durchgeplant und zumindest mit der erwarteten Preissteigerung fortgeschrieben werden. Die geplanten Abschreibungen sollten immer korrespondieren mit den Wertveränderungen des Anlagevermögens, z.B. durch Investitionen.

Gerade bei den Sachaufwendungen können in den Planungsphasen Kosteneinsparungsmöglichkeiten entdeckt werden, die sonst im Tagesgeschäft untergehen. Der Aufwand einer Cent-genauen oder Euro-genauen Planung von z.B. Telefonkosten steht sicherlich in keinem Verhältnis zum Nutzen. Daher sollten große Posten möglichst genau, kleinere Posten nur überschlägig geplant werden.

Detaillierungsgrad

Die abschließende Gegenüberstellung der zukünftigen Umsätze und der geplanten Aufwendungen zeigt die voraussichtlichen Erträge des Unternehmens.

2.6.2   Finanz- und Liquiditätsplanung

Im Finanzplan werden sämtliche erwarteten bzw. beabsichtigten Einnahmen und Ausgaben mit Betrag und Zahlungszeitpunkt getrennt erfasst und eingearbeitet. Ziel für den Unternehmer ist es, die finanzielle Situation im Zeitablauf zu erfassen, um die Einhaltung des Kontokorrent etc. zu gewährleisten. Die Finanzplanung baut unmittelbar auf der Ertragsplanung auf und sollte idealer Weise über eine Software mit dieser verbunden sein, so dass bei einer Änderung im Ertragsplan die Auswirkungen in den Finanzen direkt erkannt werden können.

Konsistenz der Planungen

Die Zahlungsströme lassen sich danach unterteilen, ob sie ertragsabhängig oder ertragsunabhängig sind: Ertragsabhängige Zahlungsvorgänge werden aus der monatlichen Ertragsplanung abgeleitet. Zeitliche Verschiebungen von Erträgen zu Einnahmen bzw. Aufwendungen zu Ausgaben sind einzuarbeiten, um die Liquiditätssituation zu jedem Zeitpunkt beurteilen zu können. Die erzielten Umsätze eines Monats führen häufig erst einen oder mehrere Monate später auch zu einem Zahlungseingang. Deshalb muss in der Liquiditätsplanung der Umsatz um die durchschnittliche Debitorenlaufzeit – die Zeit, die ein Kunde benötigt um eine erhaltene Rechnung zu begleichen – verschoben werden. Bei einer Debitorenlaufzeit von 30 Tagen werden beispielsweise Umsätze des Monats Mai erst im Juni liquiditätswirksam. Hierbei empfiehlt es sich aus Sicherheitsgründen eine etwas verlängerte Debitorenlaufzeit einzuplanen, da Kunden Rechnungen später bezahlen könnten und somit den Kapitalbedarf zur Finanzierung der Außenstände erhöhen (s. auch Kapitel 2.6.3.2).

Das gleiche Verfahren sollte auch für die Materialaufwendungen eingesetzt werden. Diese führen erst nach Ablauf der Kreditorenlaufzeit – die Zeit, die der Übernehmer benötigt, um Rechnungen seiner Lieferanten zu bezahlen – zu Auszahlungen.

Die Personalaufwendungen der Ertragsplanung lassen sich meist sehr genau in den Liquiditätsplan überführen, da die Auszahlung regelmäßig erfolgt. Eventuell muss jedoch zwischen Löhnen und Gehältern unterschieden werden, wenn die Gehälter zur Mitte des Monats, Löhne jedoch erst zu Anfang des Folgemonats bezahlt werden. Es sollte zudem berücksichtigt werden, dass einmalige Sonderzahlungen (Weihnachts- oder Urlaubsgeld) den Liquiditätsbedarf im Zahlungsmonat erhöhen.

Bei den Sachaufwendungen sollten wiederum nur die Posten genauer betrachtet werden, die einen wesentlichen Anteil am Aufwand ausmachen. Monatlich auftretende Auszahlungen in gleicher Höhe wie Miete, Nebenkostenabschläge, Gebühren usw. können natürlich ohne weiteres in die Finanzplanung übernommen werden. Kleinere Aufwandsposten sollten ebenfalls in der Finanzplanung für den gleichen Monat wie in der Ertragsplanung angesetzt werden. Größere Aufwandsposten sind einzeln auf den jeweiligen Zahlungszeitpunkt festzulegen.

Posten in der Ertragsplanung, die nicht zahlungswirksam sind, beispielsweise Abschreibungen oder Bildung und Auflösung von Rückstellungen, werden in der Finanzplanung nicht berücksichtigt. Dies sollte die Planungssoftware automatisch berücksichtigen. Anders liegt der Fall bei folgenden Posten, die neben den relevanten Zahlungsströmen aus der Ertragsplanung noch zur Erstellung einer fundierten Finanzplanung heranzuziehen sind: Die geplanten Investitionen, die geplanten Entnahmen und die voraussichtlichen Kredittilgungen führen zu Zahlungsausgängen. Anlagenverkäufe, Einlagen oder geplante Darlehensaufnahmen bewirken Zahlungseingänge, ohne in der Ertragsplanung enthalten zu sein.

Der Finanzplan

TMS Quick-Check 2.0 Planung 2007	2006 0 T€	Jan 1 T€	Feb 2 T€	Mär 3 T€	A
1 Umsatzeinnahmen (inkl. MwSt)		1218	1177	1169	14.
2 Debitorenlaufzeit lt. Bilanz (Tage)	27				
3 Individuelle Debitorenlaufzeit	35				
4 Verschiebung der Umsatzeinnahmen (+/./.)	35	0	0	0	
5 Kreditorenausgaben (inkl. MwSt)		670	586	606	
6 Kreditorenlaufzeit lt. Bilanz (Tage)	23				
7 Individuelle Kreditorenlaufzeit	20				
8 Verschiebung der Kreditorenausgaben (+/./.)	20	0	0	-50	
9 Personalausgaben	784		784	784	
10 Zahllast	133	81	79		
11 Betriebliches Finanzergebnis	./.369		./.274	./.250	
12 Zinsen	27		27	27	2
13 Miet-/Leasingausgaben	19		19	19	19
14 Darlehenstilgungen	0		0	0	
15 Summe Kapitaldienst	46		46	46	
16 Darlehenszugänge	0		0	100	
17 Investitionen	0	0	0		
18 Einlagen/Erhöhung wirt. Eigenkapital	0	0	0	0	
19 Entnahmen/Vermiderung wirt. Eigenkapital	0	0	0		
20 Rückstellungsänderungen	0	0	0	0	
21 Veränderung restliches Umlaufvermögen	455	20	0	0	
22 Veränderung erhaltene Anzahlungen	210	0	0	0	0
23 Veränderung Akzepte	46	0	0	0	0
24 Veränderung kurzfr. sonstige Verbindlichkeiten	369	0	0	0	0
25 Veränderung restliches Fremdkapital	165	0	0	0	
26 Zu-/Abflüsse aus neutralem Ergebnis	100	0	0	0	
27 manuelle Eingabe:	./. 0	0	0	0	
28 Finanzergebnis		./.435	./.320	./.196	10
29 kumuliert		./.435	./.754	./.950	./.84
30 geplanter Kassenbestand/Bankguthaben	26	25	25	25	
31 Kontokorrent/Liquiditätsbedarf	500	934	1253	1449	
32 Kontokorrent-Linie		1500	1500	1500	
33 Unter-/ Überdeckung	566	247	51	11	

Das Finanzergebnis ermittelt sich aus dem Saldo der monatlichen Einnahmen und monatlichen Ausgaben. Dieser Saldo wird dem genauen Kontostand zu Beginn der Planungsperiode zugerechnet. Auf dieser Basis kann die notwendige Plan-Kontokorrentlinie fundiert bestimmt und im Bankgespräch als nachvollziehbare Größe für den Firmenkundenbetreuer dargestellt werden.

Die Kontokorrentlinie ist der Betrag, um den ein laufendes Konto maximal überzogen werden darf. Die Planung der Liquidität ist für die Kreditentscheider deshalb von großem Interesse. Hat der Übernehmer seine Zahlen so geplant, dass er seine Verbindlichkeiten in aller Regel pünktlich bezahlen kann oder wird er sich häufig jenseits der eingeräumten Kontokorrentlinie bewegen? Besteht sogar die Gefahr, dass das Unternehmen seinem Kapitaldienst – der Zahlung von Zins und Tilgungsraten – nicht rechtzeitig nachkommen kann?

Da der Übernehmer der »Neue« ist, wird die Bank sehr genau hinschauen, wie vorausschauend und verlässlich bzw. umgekehrt wie blauäugig und leichtsinnig hier geplant wurde. Um sich selbst einen

Kontokorrentlinie

guten Einstieg in die Geschäftsbeziehungen zur Bank oder zu einem Finanzierungspartner zu verschaffen, sollte sich der Übernehmer deshalb bemühen, hier eher vorsichtig zu agieren. Auch auf einen Vergleich mit dem Finanzgebaren des Alt-Inhabers sollte der Nachfolger vorbereitet sein. War das Kreditinstitut mit dessen Verhalten einverstanden, sollte sich der Übernehmer zumindest in der ersten Zeit eng an der Planungsweise des Übergebers orientieren – gab es hier in der Vergangenheit wiederholt Differenzen zwischen Bank und Übergeber, hat der Nachfolger immerhin einen Anhaltspunkt, was und wie er es besser machen könnte.

Checkliste

Ziele der Finanzplanung
- ✔ Sicherstellung einer ständigen Zahlungsfähigkeit als Existenzgrundlage des Unternehmens.
- ✔ Zeitliche und monetäre Koordination der Geldbewegungen.
- ✔ Rentabilitätssteigerung durch Reduzierung der Finanzierungskosten sowie durch die Planung einer angemessenen Finanzierungsstruktur.
- ✔ Abwehr der Liquiditätsrisiken.
- ✔ Nutzung von Liquiditätschancen.
- ✔ Steigerung bzw. Erhalt der Kreditwürdigkeit.
- ✔ Größere Unabhängigkeit z. B. gegenüber Lieferanten.
- ✔ Frühzeitige Absprache mit Kreditinstituten und eventuell gemeinsame. Suche nach Abhilfen bei drohenden Kreditüberschreitungen.

2.6.3   Kapitalbedarfs- und Investitionsplanung

Mit der Investitionsplanung ermittelt der Übernehmer seinen Kapitalbedarf für die Zeit während und nach der Übernahme. Hat er das Unternehmen wie Elke Fischer im Rahmen einer unentgeltlichen Übergabe übernommen, dann hat er zwar die betrieblichen Investitionen zu finanzieren, allerdings keinen Kapitalbedarf für den Kaufpreis. Übernimmt er hingegen das Unternehmen gegen Zahlung eines Entgelts an den Übergeber (Kaufpreis, Rentenzahlung etc.), muss der Übernehmer natürlich auch diese Beträge einplanen, auch wenn sie nicht direkt zum Kapitalbedarf für die weitere Planung und Entwicklung des Unternehmens zählen.

Gesamtkapitalbedarf

Zur Weiterführung des Unternehmens und zur Verwirklichung seiner unternehmerischen Ideen benötigt der Übernehmer zum einen Kapital für die Sachinvestitionen z. B. in Grundstücke, Räumlichkeiten oder Maschinen sowie für die Investitionen in Betriebsmittel, zu denen Waren und Rohstoffe für die Produktion zählen. Auch die Zeitspanne zwischen Rechnungsstellung und Bezahlung der Rechnung durch die Kunden muss finanziert werden und darf bei einer akkuraten Planung nicht fehlen.

Zum anderen benötigen die Übertragungspartner Finanzmittel für Kosten, die durch den Übergabeprozess selbst entstehen können (z. B. die zeitweilige Zahlung von zwei Geschäftsführergehältern, wenn sie sich für einen gleitenden Übergang entschieden haben).

Schließlich kommen die Abwicklungskosten dazu – das sind mit der Übertragung und der Zeit danach verbundene, einmalig entstehende Kosten. Der Übernehmer sollte also auch das Honorar für den Notar, seinen Unternehmensberater oder die Kosten für Anmeldungen, Genehmigungen bzw. den Handelsregistereintrag einkalkulieren.

Alle Posten addiert ergeben den Gesamtkapitalbedarf:

		Gesamtkapitalbedarf
	Investitionen für die zukünftige Entwicklung des Betriebs	
+	Investitionen in Betriebsmittel für zusätzlichen Umsatz	
+	Zwischenfinanzierung Debitoren für zusätzlichen Umsatz	
+	Kosten des Übergabeprozesses	
+	Abwicklungskosten für die Übertragung	
+	ggf. Kaufpreisfinanzierung	
=	**Gesamtkapitalbedarf**	

Darüber hinaus sollte eine Reserve von fünf bis zehn Prozent eingeplant werden, die zur Sicherheit für unvorhersehbare Investitionen oder Aufwendungen bereit steht. **Sicherheitspuffer**

Da die Themen (Sach-)Investitionen, Betriebsmittel und Debitoren auch für die Zeit nach der direkten Übertragungsphase (und ihrer Finanzierung) für den Übernehmer immer wieder von Bedeutung sein werden, im Folgenden noch einige Anmerkungen dazu.

2.6.3.1   Investitionsrechnung

Gerade in der Zeit direkt nach dem Einstieg werden in der Regel Größere Summen für Neu- oder Ersatzinvestitionen benötigt. Eine unternehmerisch fundierte Entscheidung kann durch eine Investitionsrechnung getroffen werden.

Bei jeder größeren Investition muss entschieden werden, ob und wie sich die Investition rechnet und wie hoch der konkrete Kapitalbedarf mit allen Nebenkosten ist. Bei der Ermittlung des Kapitalbedarfs für Neuinvestitionen ist es nicht nur das Investitionsgut allein (z. B. eine Maschine), dessen Kosten zu kalkulieren sind. Zu berücksichtigen sind außerdem die Anschaffungs- bzw. Herstellungskosten, **Gesamtkosten** einschließlich der Montage- und Anlaufkosten, sowie alle Nebenkosten (Umbauten auf dem bisherigen Gelände, Umstellungen von Maschinen etc.). Nicht zu unterschätzen sind zudem Eigenleistungen, die selbstverständlich auch »Geld« kosten. Möglicherweise kommt es durch die Anschaffungen auch zu Ausfallzeiten, in denen nicht produziert werden kann – und zwar gerade, wenn der Übernehmer eine »Rundum-Erneuerung« plant.

Außerdem müssen die Abschreibungen ermittelt werden. Sie beeinflussen zwar nicht die finanzielle Zukunft, wohl aber die Ertragssituation je nach Wahl des Verfahrens (linear/degressiv). Wird eine Ersatzinvestition getätigt (also bspw. eine alte Maschine ersetzt), so fallen AfA und Finanzierungskosten an, die den Ertrag mindern, ohne dass möglicherweise der Umsatz ausgeweitet wird. Bei Neuanschaffungen, Erweiterungen der Produktion etc. müssen die zusätzlichen Aufwendungen immer in Relation zu den möglichen zusätzlichen Erträgen gesehen werden.

Sicherheitsreserve

Schließlich sollte der errechnete Betrag um eine angemessene Sicherheitsreserve erhöht werden. Oft zeigt sich, dass die Investitionssumme zu niedrig angesetzt wird, so dass eine Nachfinanzierung notwendig wird. Dies ist in der Regel der teurere Finanzierungsweg.

Wenn alle genannten Kosten addiert werden, stehen unter dem Strich die Gesamtkosten, die mit der Investition verbunden sind.

Übersicht Gesamtkosten

> Abschreibungen
> [(Anschaffungskosten ./. Restwert)/Nutzungsdauer]
>
> + Zinsen auf das durchschnittlich
>   gebundene Kapital
>   (Ø gebundenes Kapital = 1/2 Anschaffungskosten)
> + sonstige fixe Kosten
> + Personalkosten
> + Materialkosten
> + Energie und sonstige variable Kosten
> _____
> = **jährliche Gesamtkosten**

Gewinnvergleichsrechnung

Eines der einfachsten Verfahren zur Überprüfung der Rentabilität von geplanten Investitionen ist die Gewinnvergleichsrechnung. Bei der Gewinnvergleichsrechnung werden neben den durchschnittlichen Kosten auch die durchschnittlichen Umsatzerlöse berücksichtigt. Der Maßstab für die Vorteilhaftigkeit einer Investition ist dann der durch die Investition erzielte durchschnittliche Gewinn einer

Periode. Dabei ist es wichtig, die Erlöse zu ermitteln, die genau aus dieser Investition entstanden sind.

Stehen mehrere Alternativen zur Auswahl (z. B. drei Maschinen mit unterschiedlichen Kapazitäten und zu unterschiedlichen Preisen), dann sollte für jede Maschine die maximale Gewinnerwartung berechnet werden. Die umfangreiche Literatur zur Investitionsrechnung vertieft diese knappen Ausführungen.

2.6.3.2 Betriebsmittel

Neben den Investitionen benötigt jeder Betrieb zusätzliche Mittel für das Tagesgeschäft, und zwar für die Vorfinanzierung von Aufträgen, die Aufstockung des Warenlagers, die Entwicklung neuer Produkte, die Einräumung von Zahlungszielen, die Markterschließung und für Gehaltszahlungen oder Qualifizierungs- und Weiterbildungsmaßnahmen.

Gerade das Waren- oder Rohstofflager bindet jedoch meistens viel Kapital, das für das Tagesgeschäft eingesetzt werden könnte. Der Unternehmer steht dabei vor der permanenten Frage, welche Produkte in welchem Umfang im Lager bevorratet werden müssen, um eine ständige Lieferfähigkeit gegenüber den Kunden bzw. den Nachschub für die Produktion zu gewährleisten.

Der Übernehmer sollte nicht nur seine eigene Strategie für die Bevorratung entwickeln, sondern vor allem auch prüfen, ob hier in der Vergangenheit wirtschaftlich gearbeitet worden ist oder ob es Optimierungspotenziale gibt.

Die Lagerdauer gibt die Geschwindigkeit an, mit der die Waren durch den Umsatzprozess wieder zu Geld werden. Sie schwankt sehr stark je nach Branche. Ein Vergleich mit guten Branchenwerten oder vergangenen Perioden lässt den Übernehmer erkennen, ob die Vorräte des Unternehmens zu lange Kapital binden. Auffällige Abweichungen sollte er korrigieren: Maßnahmen zur Verkürzung der Lagerdauer tragen nicht nur zur Kostensenkung bei, sondern verbessern auch die Liquiditätssituation.

Lagerdauer

Mit folgender Formel kann die Lagerdauer der Vorräte für den betrieblichen Verbrauch ermittelt werden:

$$\text{Lagerdauer der Waren} = \frac{\text{durchschnittlicher Bestand} \times 360}{\text{Materialaufwand}}$$

Bei Handelsunternehmen lässt sich die Lagerdauer der Absatz-Waren folgendermaßen bestimmen:

$$\text{Lagerdauer der Waren} = \frac{\text{durchschnittlicher Bestand} \times 360}{\text{Umsatzerlöse}}$$

Außenstände

Auch die Umsätze müssen gegebenenfalls vorfinanziert werden. Viele Geschäfte mit Kunden werden nicht bar beglichen, sondern per Rechnung abgewickelt, wodurch eine Forderung gegenüber dem Kunden entsteht. Selbst im Einzelhandel nimmt der bargeldlose Zahlungsverkehr mehr und mehr zu. Bis zum Zahlungseingang finanziert das Unternehmen den Verkauf vor und belastet damit seine Liquidität. Die permanente Kontrolle des Forderungsbestands (über die sogenannte Offene-Posten-Liste) und seine Überwachung auf mögliche Ausfälle sind eine zentrale Aufgabe bei der finanziellen Steuerung eines Betriebs.

Die Höhe und Struktur der Außenstände sollte stets genauestens im Auge behalten werden. Der Übernehmer sollte sich deshalb möglichst schnell einen Überblick verschaffen und überprüfen, wie gut oder schlecht die Zahlungsmoral unter dem vorherigen Unternehmer war und ob bestimmte Kunden den Inhaberwechsel im Unternehmen eventuell für eine verschleppte Zahlung ausnutzen wollen. Bestätigt sich dieser Verdacht oder auch der Eindruck, dass in diesem Bereich bislang nicht optimal gearbeitet wurde, hilft die Forcierung des Inkassowesens mit einer zeitnahen Rechnungsstellung und einem konsequent durchgeführten Mahnwesen. Dadurch wird nach außen deutlich signalisiert, dass das Unternehmen unter dem neuen Chef ein nachlässiges Zahlungsverhalten nicht dulden wird.

Die Hausbank wird im Regelfall abschätzen wollen, wie sicher die Forderungen sind bzw. mit welchen Ausfällen zu rechnen ist – auch hier wird eine Verbesserung des Inkassowesens seinen Eindruck nicht verfehlen. Sofern lediglich saisonale Schwankungen vorliegen, können diese in der Regel problemlos erläutert und der Hausbank dadurch ein planvolles Vorgehen signalisiert werden.

Debitorenlaufzeit

Der durchschnittliche Zeitraum zwischen der Rechnungsstellung und dem Zahlungseingang (Debitorenlaufzeit) wird folgendermaßen ermittelt:

$$\text{Debitorenlaufzeit in Tagen} = \frac{\text{gesamte Kundenforderungen} \times 360}{\text{Nettoumsatz} + \text{Mehrwertsteuer}}$$

Den Kapitalbedarf, den das Unternehmen jeden Tag für die Finanzierung der Kundenforderungen benötigt, kann bestimmt werden, indem die Kundenforderungen durch die soeben ermittelte Debitorenlaufzeit dividiert werden.

2.6.4 Das entscheidende Bankgespräch

Herr Albrecht bereitet sich auf das Gespräch mit seiner Bank gründlich vor. Seine Aufgabe ist es, das Kreditinstitut durch ein schlüssiges Unternehmenskonzept von seinem Vorhaben zu überzeugen. Nur dann werden die Entscheider bereit sein, ihm die gewünschten Gelder zuzusagen.

Mit der Erstellung eines professionellen Geschäftsplans hat Herr Albrecht bereits den ersten Schritt in die richtige Richtung getan. Für die Finanzierungszusage der Bank ist aber auch sein persönliches Auftreten bei der Präsentation des Konzepts entscheidend. In den letzten Jahren sind Faktoren wie Unternehmerpersönlichkeit und eine überzeugende Unternehmensstrategie nicht erst durch Basel II immer wichtigere Aspekte bei der Kreditentscheidung geworden. Unternehmerpersönlichkeit

Der Übernehmer sollte also selbstbewusst auftreten und nicht nur mit sprühenden Ideen aufwarten, sondern gleichzeitig deutlich machen, dass er weiß, wovon er spricht. Insbesondere seinen Markt sollte er sehr gut kennen, die Absatzchancen seiner Produkte ebenso wie die Vertriebsstrategien seiner Wettbewerber. Und er muss präzise und realistische Vorstellungen davon mitbringen, was er für die Übernahme und die danach anstehenden Investitionen an Kapital benötigt. Schließlich: Der Firmenkundenberater ist kein Feind oder Prüfer, vor dem Herr Albrecht und jeder andere Übernehmer bestehen muss – im Gegenteil, er bzw. die Bank ist der wichtigste Lieferant des Unternehmens. Der Berater ist ein Geschäftspartner, der auf die dialogbereite und offene Informationspolitik des neuen Unternehmers angewiesen ist, um professionell arbeiten zu können. Je eher es gelingt, eine Atmosphäre der vertrauensvollen Zusammenarbeit zu schaffen, um so offener kann über finanzielle Erfordernisse diskutiert werden.

Bei entsprechendem unternehmerischen Mitdenken sollte auch der Kreditnehmer eine entsprechende unternehmerische Begleitung vom Kreditinstitut erwarten können.

Für das erste wie auch alle weiteren Gespräche mit der Hausbank gibt es folgende Grundregeln, die beachtet werden sollten:

Checkliste

> **Tipps für das Bankgespräch**
>
> ✔ Auch nach der Übertragung sollte der Übernehmer das Gespräch mit der Bank suchen, noch bevor er dazu aufgefordert wird.
>
> ✔ Dabei sollte immer das aktuellste Zahlenmaterial präsentiert werden.
>
> ✔ Die Angabe nackter Kennzahlen sagt wenig aus. Das Kreditinstitut benötigt zusätzliche Informationen, damit einzelne Werte richtig interpretiert werden können.
>
> ✔ Dem Kreditinstitut müssen aussagefähige Unterlagen zur Verfügung gestellt werden. Der Firmenkundenbetreuer sollte sich damit ein – im Kreditwesengesetz gefordertes – »klares, zeitnahes und verlässliches Bild über die wirtschaftliche Situation« des Unternehmens machen können.
>
> ✔ Der Unternehmer sollte – wenn möglich – mit seinem Firmenkundenbetreuer mehrere Gespräche im Jahr führen und gute persönliche Kontakte pflegen.
>
> ✔ Wichtige strategische Entscheidungen müssen schon im Vorfeld mit der Bank besprochen werden. Gespräche zur Finanzierung erst nach der Investition sind sinnlos.
>
> ✔ Negative Entwicklungen sollte das Kreditinstitut nicht erst nach Auswertung der Unterlagen erkennen. Es ist wichtig, auch scheinbar kurzfristige Krisen vorsorglich zu kommunizieren.
>
> ✔ Das Kreditinstitut erhält auch weiterhin die Unternehmensplanwerte: Ertragsplanung, Finanzplanung und Investitionsplanung sind das Handwerkszeug für den Firmenkundenbetreuer. Damit kann der Unternehmer zeigen, dass er sich intensiv und strukturiert mit der Zukunft seines Unternehmens beschäftigt.
>
> ✔ Planungen und Prognosen sollten eher pessimistisch als zu optimistisch ausfallen. Ein bescheidenes Planungsergebnis, das hinreichend begründet werden kann, vermittelt mehr unternehmerischen Realismus als ein gutes Ergebnis, das unter Umständen realitätsfern erscheint.

2.7   Exkurs: Die Vorsorge für den Notfall

Für den Normalfall ist damit so weit alles geplant und vorbereitet. Was aber passiert, wenn vor Ablauf der Übertragung ein Notfall eintritt und Herrn Schulte oder auch Herrn Albrecht etwas zustößt?

Laut Statistik passieren in Deutschland jährlich rund 3 Mio. Unfälle im Straßenverkehr, bei denen ca. 500 000 Menschen schwer verletzt werden. In Deutschland werden pro Jahr ungefähr 300 000 Herzinfarkte verzeichnet, von denen im Schnitt 100 000 tödlich enden.

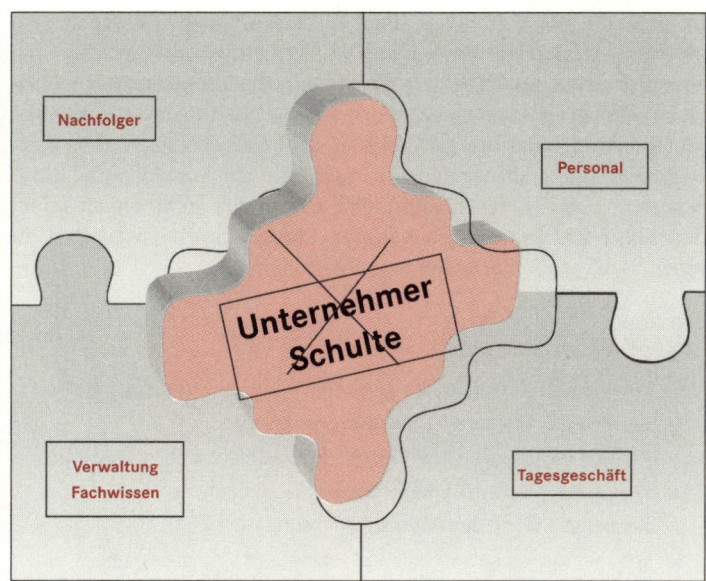

Abb. 24: »Wenn der Chef ausfällt«

Vor dem Hintergrund dieser Zahlen stellt sich die Frage: Bleibt das Unternehmen auch bei einem Unfall des Unternehmers handlungsfähig? Ist die Familie abgesichert? Herr Albrecht oder Frau Fischer müssen sich ebenfalls mit diesem Thema auseinander setzen. Auch jungen Menschen kann etwas zustoßen.

> Notfallplanung ist keine Frage des Alters, sondern unabdingbare unternehmerische Vorsorge.

Tipp

Was passiert z.B., wenn der Sohn und Nachfolger des Unternehmers, dem bereits ein Viertel der Anteile überschrieben wurde, verunglückt und seine Anteile an seine noch minderjährigen Kinder übergehen, so dass nun das Vormundschaftsgericht bei betrieblichen Entscheidungen deren Interessen wahrt? Schon ein Minderheitsanteil, der nicht im Sinne des Unternehmens verwaltet wird, kann erhebliche Probleme schaffen. Darum ist es im Interesse aller Beteiligten, alle Eventualitäten in einem Notfallhandbuch zu regeln, das alle wichtigen privaten und unternehmerischen Informationen enthalten sollte.

Notfallhandbuch für den privaten Bereich

Im **privaten Bereich** ist vor allem zu klären, welches Vermögen wo zu finden ist. Wo werden wichtige Papiere aufbewahrt wie der Ehe- oder Erbvertrag, das (Notfall-)Testament, die Versicherungspolicen (z.B. Lebensversicherungen), Vermögensauflistungen (z.B. Konten, Wertpapiere, Sammlungen, Häuser und Grundbesitz), aber auch Aufzeichnungen über laufende Verpflichtungen, Schulden und Bürgschaften? Vorteilhaft ist, wenn alles zusammen an einem sicheren, den Vollmacht-Inhabern bekannten Platz verwahrt wird (z.B. in einem Bankschließfach oder beim Steuerberater).

Checkliste

> **Regelungen für den Privatbereich**
>
> ✔ Ist eine Auflistung über das gesamte Vermögen erstellt worden?
> ✔ Wo sind die Adressen der Familienangehörigen?
> ✔ Wo sind die Geburts-, Heirats- und Familienurkunden?
> ✔ Wo befinden sich der Ehevertrag und das Testament?
> ✔ Kennen die Erben den Aufbewahrungsort?
> ✔ Welche Ansprüche hat der Unternehmer aus Versicherungen?
> ✔ Bei welchen Kreditinstituten unterhält er seine Konten?
> ✔ Besitzt er Wertpapiere und wertvolle Sammlungen?
> ✔ Wo sind die Dokumente über das Haus und den Grundbesitz?
> ✔ Welche laufenden Verpflichtungen und Schulden sind vorhanden?
> ✔ Sind Bürgschaften eingegangen worden?

Für das Unternehmen

Wichtig für das Unternehmen ist vor allem, dass die Zuständigkeiten und Vertretungen klar geregelt sind. Hierzu werden der Gesellschaftsvertrag, eine Aufgabenauflistung für die Geschäftsführung, Vollmachten (z.B. bei Banken und Lieferanten), die jeweiligen Gesprächspartner, Schlüssel, Kennwörter, Betriebsgeheimnisse (z.B. spezielle Verfahren, Rezepte) etc. benötigt. Gerade bei mittelständischen Unternehmen gibt es auch »ungeschriebene Gesetze« beispielsweise zu bestimmten Abnahmemengen oder Nachlässen bei Kunden und Lieferanten, die das Notfallhandbuch ebenfalls enthalten sollte.

Regelungen für das Unternehmen:

✔ Was fällt allein in den Zuständigkeitsbereich des Unternehmers?

✔ Wer kann diese Tätigkeiten im Notfall übernehmen?

✔ Existieren entsprechende Vollmachten?

✔ Wer ist Ansprechpartner bei den verschiedenen Zulieferern?

✔ Existieren nur mündlich abgesprochene Regelungen zu Abnahmemengen, Lieferbedingungen u.a.?

✔ Sind den Stellvertretern Nachlässe und Rabatte bei den Hauptlieferanten bekannt?

✔ Ist eine Notprokura schriftlich fixiert?

✔ Wer hat Bankvollmachten, und wer sind die Ansprechpartner bei der Hausbank?

✔ Wie lauten die Kennwörter für die Computeranlage?

✔ Existieren betriebsindividuelle Regelungen, die für den laufenden Betrieb wichtig sind?

Für ein Notfalltestament reichen im Zweifel drei Sätze. So hatte Herr Fischer vor Abschluss des Erbvertrags bereits ein Testament aufgesetzt:

Notfalltestament

Beispiel für ein Notfalltestament:
Zu meinem Alleinerben setze ich meine Tochter Elke ein. Durch Vermächtnis erhält meine Frau mein Mietshaus in der Altestraße und mein Sohne die Mietshäuser in der Zeppelinstraße aus meinem Privatvermögen. Meine Frau erhält ein Nießbrauchrecht auf die Erträge des Unternehmens und 50 % der Erträge aus den Immobilien auf Lebenszeit.

Datum/Ort, eigenhändige Unterschrift

Durch die Einsetzung seiner Tochter als Alleinerbin verhindert Herr Fischer, dass eine Erbengemeinschaft entsteht. Die Überschreibung der Mietshäuser an Sohn und Frau sichert die Pflichtteilsberechtigten ab. Die Einräumung des Nießbrauchrechts und der Erträge aus den Immobilien schließlich versorgt seine Frau bis an ihr Lebensende. Dieses Notfalltestament ersetzt keine ausgefeilte Erbregelung, die die Nachfolge mit allen (Familien-)Beteiligten im Vorfeld klärt und abstimmt. Doch auf diese Weise hat Herr Fischer mit wenigen Sätzen nicht nur sein Unternehmen für den Fall der Fälle vor dem Schlimmsten bewahrt, sondern auch für seine Familie vorgesorgt.

2.8 Zusammenfassende Checkliste »Planung der Nachfolgeregelung«

Checkliste

Folgende Fragen sollten Übergeber und Übernehmer für die Planung und Umsetzung der Übertragung klären:

✔ Sind die Prioritäten für die Verhandlungen sowie die Strategie festgelegt?

✔ Haben erste Vorverhandlungen stattgefunden (persönliche Gespräche, Betriebsbesichtigung, tiefergehende Informationen ergänzend zum Unternehmensprofil, Besprechung der Übergabekriterien und des Weiterführungskonzepts, erste Preisverhandlungen)?

✔ Ist ein Übergabefahrplan entwickelt worden, der die Vorstellungen der einzelnen Parteien berücksichtigt?

✔ Ist dieser verbindlich und konkret? Liegt eine Absichtserklärung zur Einhaltung des Plans vor?

✔ Sind alle Beteiligten des Unternehmens von der bevorstehenden Unternehmensnachfolge informiert (Mitarbeiter, Kunden, Lieferanten, Geschäftspartner etc.)?

✔ Ist die Einführung des Nachfolgers geregelt?

✔ Ist die finanzielle Versorgung der Familienangehörigen geregelt?

✔ Welche Tätigkeiten obliegen derzeit allein der Geschäftsführung? Wer kann und wird sie im Notfall reibungslos übernehmen können? Existieren entsprechende Vollmachten?

✔ Wer ist Ansprechpartner bei den verschiedenen Kunden und Zulieferern bzw. bei allen Geschäftspartnern?

✔ Sind Gesellschaftsvertrag und Satzung überprüft worden (Zustimmungserfordernisse, Sonderrechte und -pflichten, Versorgungsansprüche, Rechte Dritter)?

✔ Welche Übertragungsform ist für die Übergabe am besten geeignet (Teilverkauf, Verkauf auf Rentenbasis, etc.)?

✔ Ist eine Unternehmensbewertung zur Kaufpreisfindung durchgeführt worden?

✔ Hat der Nachfolger die entscheidenden Gespräche mit seinen Finanzierungspartnern geführt?

✔ Liegt ein Businessplan vor, der allen Anforderungen an Professionalität und Informationsgehalt entspricht?

3   Die Umsetzung

Was für die Realisierung aller Managementvorhaben im Unternehmen gilt, ist auch bei der Unternehmensnachfolge entscheidend:

> Die ziel-, sach- und zeitgerechte Umsetzung der vereinbarten Maßnahmen bestimmen den Erfolg der Nachfolgeregelung.

Tipp

Die Vorbereitung der Übertragung und die Erstellung des Nachfolgekonzeptes sind die Grundlage für den Generationswechsel. Mit der unterschriebenen Absichtserklärung (Letter of Intent) haben Übergeber und Nachfolger ihren festen Willen zur Umsetzung dokumentiert. Das beste Konzept jedoch ist hinfällig, wenn es nicht systematisch und konsequent umgesetzt wird. Auch wenn ein Zielkonsens zwischen den Beteiligten erreicht und die betrieblichen und privaten Maßnahmen definiert worden sind, bleiben Anpassungen bei der Umsetzung nicht aus. Diese müssen ebenfalls systematisch gesteuert werden. Dabei sollten die Übertragungspartner nicht an ihrem grundsätzlichen Konzept zweifeln, vor allem wenn es sich um Änderungen handelt, die aus neuen Konflikten, Situationen und Entwicklungen bei den Beteiligten entstehen. Allein durch die Dynamik einer Unternehmensnachfolge wird es nötig sein, die vereinbarten

Von der Planung zur Umsetztung

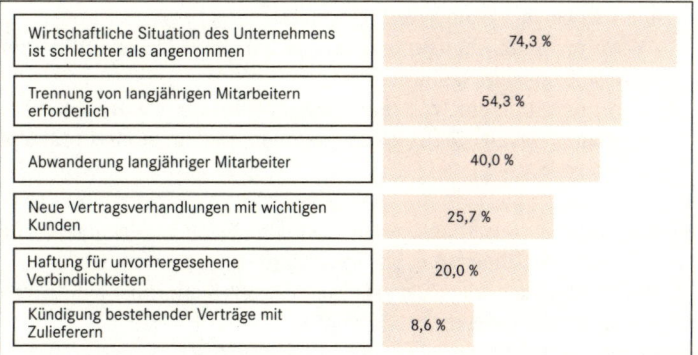

Abb. 25: Die häufigsten Probleme nach der Übertragung
Quelle: IfM Bonn, 2001

Zielvorgaben und Maßnahmen regelmäßig auf ihre Umsetzbarkeit hin zu überprüfen und bei Bedarf zu korrigieren.

Hinzu kommt die Unberechenbarkeit des Umfelds. Mitarbeiter, Kunden und Lieferanten müssen in die Umsetzung der Nachfolgeregelung einbezogen werden – und dabei kann es zu Reaktionen kommen, die nicht vorhersehbar waren und doch von den Übertragungspartnern aufgefangen werden müssen.

3.1   Problemfelder bei der Umsetzung

Der Fahrplan ist erstellt, Herr Schulte und Herr Albrecht wissen, was sie zu tun haben, weil sie ihre Aufgaben unter gegenseitiger Berücksichtigung ihrer jeweiligen Wünsche und Erwartungen ausgehandelt haben. Die Rahmenbedingungen sind also optimal. Jetzt kann nichts mehr schiefgehen. Alles scheint wie am Schnürchen zu laufen ...

... doch nach einiger Zeit droht Herr Albrecht auszusteigen, weil er Herrn Schulte ja doch nichts recht machen könne, und Herr Schulte sich wutentbrannt fragt, wie er denn ausgerechnet Herrn Albrecht als Nachfolger auswählen konnte – einen Mann, dem alle Voraussetzungen für eine erfolgreiche Unternehmensübernahme augenscheinlich fehlen.

Häufig: Vereinbarungen des Fahrplans werden nicht eingehalten

Bei näherem Hinsehen könnten jedoch beide Übertragungspartner feststellen, dass einige Vereinbarungen des Fahrplans nicht eingehalten wurden. Die Begründungen sind so mannigfaltig wie typisch:

- »Wenn ich ihm zu dem Zeitpunkt mehr Verantwortung gegeben hätte, wäre der Laden den Bach runtergegangen.«
- »Wenn er nicht so altmodisch vorgehen würde und damit ein Arbeitsschritt sehr viel länger dauert als nötig, wäre ich mit meinem Lernpensum sehr viel weiter.«
- »Wenn er mehr Engagement zeigen würde, wäre er mit seiner Einarbeitung sehr viel weiter.«
- »Wenn er mir mehr Vertrauen entgegenbringen würde, könnte ich mehr Verantwortung übernehmen und dementsprechend mehr lernen.«

Häufig werden steuerliche, rechtliche oder betriebswirtschaftliche Gründe für das Scheitern einer Nachfolgeregelung vermutet:

- steuerliche, da es dem Unternehmen durch Steuernachzahlungen an Liquidität mangelt,
- rechtliche, weil Formfehler übersehen wurden,
- betriebswirtschaftliche, da die Beteiligten sich doch verkalkuliert haben.

Alle diese Gründe mögen im Einzelfall auch eine entscheidende Rolle spielen, doch weit mehr als die Hälfte aller Ursachen liegen im psychologisch-emotionalen Bereich.

> Die Übergangsphase ist häufig von psychologisch-emotionalen Konflikten zwischen Übergeber und Übernehmer geprägt.

Tipp

Viele Konflikte lassen sich auf unterschiedliche Wertvorstellungen der Generationen zurück führen. Gerade die Gründer der Nachkriegszeit sind geprägt durch die Erfahrungen von Entbehrungen und Armut. Sich hochzuarbeiten war ein Kennzeichen der damaligen Zeit. Bildung war ein Privileg, das nur wenige Personen genießen konnten. Deshalb war es vor allem Fleiß, der den Aufstieg ermöglichte. Demgegenüber sind die Vorstellungen der Übernehmergeneration geprägt von den gesellschaftlichen Veränderungen der späten sechziger Jahre. Individualismus, Markenbewusstsein, Verschuldungsbereitschaft und Freizeitorientierung sind hier nur ein paar Beispiele. Die jüngere Generation fragt nach, diskutiert und will sich ihr eigenes Bild machen. Es wird längst nicht mehr alles ungeprüft hingenommen.

Aus diesen unterschiedlich sozialisierten Normvorstellungen resultiert ein Konfliktpotenzial, das gerade für die Zeit des Übergangs typisch ist. Deshalb darf der regelmäßige Austausch zwischen Übergeber und Übernehmer nach der Erstellung des Nachfolgefahrplans keinesfalls beendet sein.

Auch bei der Umsetzung sind regelmäßige Gespräche mit einem offenen Meinungsaustausch zwischen den Beteiligten unabdingbar.

Auf diese Weise können eventuell keimende Konflikte schon früh entdeckt und in der Regel aus der Welt geschafft werden. Denn ist der Streit erst einmal eskaliert, ist es äußerst schwierig, wieder zur Normalität zurückzukehren.

Zielkonflikte entstehen vor allem dann, wenn sich die beteiligten Personen nicht darüber geeinigt haben, wohin das Unternehmen steuern soll. Herr Schulte und Herr Albrecht haben vereinbart, dass das Unternehmen in zwei Jahren an den Nachfolger übertragen sein soll. Der vereinbarte Termin rückt näher und näher, und dennoch mischt Herr Schulte noch kräftig mit. Als Herr Albrecht ihn bittet, dies zu unterlassen, erhält er die Antwort: »Vielleicht glaubst du, hier das Sagen zu haben. Bloß hast du vergessen, dass die Firma immer noch mir gehört. Und deshalb bestimme ICH, wo es langgeht.«

Das Ergebnis einer solchen Konfrontation ist schnell das Scheitern der gesamten Unternehmensübergabe. Im Fall Schulte liegt das Problem darin, dass der Begriff der Übergabe nicht klar definiert

Konfliktvermeidung durch Kommunikation

Zielkonflikte

worden ist: Herr Albrecht versteht darunter die Führungsübergabe, während Herr Schulte die Übertragung des Vermögens meint.

Tipp

> Die Übertragungspartner sollten vor der Umsetzung klare Zwischenschritte vereinbaren, die – schriftlich fixiert und terminiert – ein fester Bestandteil des Fahrplans werden.

Übergeber und Nachfolger müssen die Konsequenzen der einzelnen Maßnahmen genau kennen. Herrn Schulte muss klar sein, dass er mit der Abgabe von Verantwortung auch einen Teil seiner Führungsaufgaben an Herrn Albrecht überträgt. Herr Albrecht sollte sich darüber im Klaren sein, dass die Übertragung von Teilverantwortung und Führungsaufgaben nicht die uneingeschränkte Entscheidungsbefugnis in allen Belangen des Unternehmens bedeutet.

Beurteilungs-konflikte

Beurteilungskonflikte sind ein weiterer Grund für das Scheitern von Nachfolgeregelungen. Herr Albrecht kann Herrn Schulte schließlich überzeugen, dass die Produktpalette des Unternehmens geändert werden muss, um überlebensfähig zu bleiben. Diese Änderung schließt ein, dass Kunden aus anderen Altersgruppen und Schichten geworben werden müssen. Es wird vereinbart, dass Herr Albrecht die Kundenakquise übernehmen soll – eine Aufgabe, an der er sich bislang noch nicht versucht hat. Die Zeit vergeht, ohne dass sich etwas Nennenswertes tut, denn Herr Albrecht brütet noch über einem entsprechenden Marketingkonzept. Herr Schulte ist verärgert: Er hätte schon längst die ersten Aufträge an Land gezogen, der Nachfolger zeige einfach zu wenig Initiative. Hier verkennt er, dass ihm die Kundenakquise allein schon aufgrund seiner langjährigen Erfahrung sehr viel leichter fällt.

Ganz besonders in der Anfangszeit der Übergangsphase, wenn sich der Nachfolger noch in seine neue Rolle hineinfinden muss, ist Geduld für den Übergeber eine Tugend. Zu gerne würde er eingreifen und die Aufgaben mit all seiner Routine bewältigen. Erinnerungen an seine eigenen Anfangsjahre, in denen auch er mangels Erfahrung länger gebraucht hat, können hier hilfreich sein.

Tipp

> Der Übergeber muss sich klarmachen, dass der Nachfolger nicht von heute auf morgen zum perfekten Unternehmer werden kann.

Und dazu gehört auch, dass Fehler gemacht werden dürfen und Vergebungsspielräume zugestanden werden.

Schon im Vorfeld lässt sich die Gefahr möglicher Beurteilungskonflikte begrenzen, indem anhand des Anforderungsprofils die Stärken und Schwächen des Nachfolgers herausgestellt werden. Die Übertragungspartner sollten gemeinsam die Aufgaben bestimmen, die dem Nachfolger leichter oder schwerer fallen. Aufgrund der festgestellten Schwäche von Herrn Albrecht im Vertriebsbereich hätte allen Beteiligten klar sein müssen, dass ihm die Gewinnung neuer Kunden nicht in den Schoß fallen wird. Fühlen sich Übergeber und Übernehmer mit dieser Aufgabe überfordert, können Außenstehende moderierend eingreifen und übertriebene Vorstellungen auf der einen wie der anderen Seite korrigieren.

Rollenkonflikte sind dadurch gekennzeichnet, dass sich die beteiligten Personen über ihre Positionen und Kompetenzen nicht einig sind. Sie sind besonders typisch für die Übergangsphase des Generationswechsels. Herr Albrecht vereinbart mit einem langjährigen Kunden eine Lieferung innerhalb von 30 Tagen. Die Rechnung ist 14 Tage nach Erhalt der Ware zahlbar und fällig. Zufällig erfährt Herr Schulte, dass die Zahlungskonditionen für den Kunden diesmal schlechter sind als bisher. Er ruft den Kunden an und erklärt ihm, die Vereinbarung mit seinem Nachfolger sei hinfällig, selbstverständlich brauche die Rechnung erst vier Wochen nach Erhalt der Ware gezahlt zu werden.

Rollenkonflikte

Herr Albrecht, der über dieses Gespräch nicht informiert wird, schickt dem Kunden nach Ablauf der 14-Tage-Frist die übliche Mahnung.

> Die Beteiligten können Rollenkonflikte nur lösen, wenn ihre Aufgabenbereiche klar definiert und voneinander abgegrenzt sind.

Tipp

Auch hier empfiehlt sich eine schriftliche Vereinbarung. Bei der Umsetzung darf der Übergeber Entscheidungen des Nachfolgers gegenüber Dritten (Mitarbeitern, Kunden und Lieferanten) nicht in Frage stellen, soweit es sich nicht um grobe Verfehlungen mit negativen Konsequenzen für das Unternehmen handelt. Nur wenn der Nachfolger in seinen Aufgabenbereichen wirklicher Entscheidungsträger ist, wird er als Chef und Geschäftspartner akzeptiert.

Verteilungskonflikte entstehen durch die Uneinigkeit über den Einsatz von Ressourcen und Mitteln. Beide Seiten verdächtigen sich gegenseitig, mehr zu nehmen, als ihnen zusteht. Hinzu kommt das Bedürfnis, sich selbst etwas mehr gönnen zu wollen als dem anderen. Herr Albrecht war mit einem Kunden für 120 € Essen, zwei Wochen später geht Herr Schulte mit einem Kunden für 180 € aus. Herr Schulte bestellt sich einen neuen Schreibtisch, Herr Albrecht erneuert daraufhin seine gesamte Büroeinrichtung. Ein solches Verhalten tritt immer wieder auf, auch wenn es

Verteilungskonflikte

auf den ersten Blick kindisch und abwegig erscheint. Insbesondere wenn mehrere Personen ein Unternehmen übernehmen, können Verteilungskonflikte auftreten. Warum bekommt der Vertriebschef mit seiner variablen Vergütung mehr Gehalt als der Nachfolger, der die technische Verantwortung übernommen hat? An solchen Diskussionen können Betriebsübernahmen scheitern. Um dem vorzubeugen, sollten Ausgaben limitiert und finanzielle Vereinbarungen gerecht getroffen werden. Zwischen Herrn Schulte und Herrn Albrecht wird also vereinbart, welche Dinge für die beiden Geschäftsführer in nächster Zeit neu angeschafft werden sollen. Für Geschäftsessen wird ein Höchstbetrag von 50 € pro Person veranschlagt. So werden Streitigkeiten im Vorhinein vermieden.

Gehaltsfragen   Ein typisches Thema ist in diesem Zusammenhang auch das Gehalt. Das gilt nicht nur für den Nachfolger, sondern auch für den Unternehmer selbst. Herr Schulte und Herr Albrecht haben vereinbart, dass dem Nachfolger als (Mit-)Geschäftsführer ein Gehalt in Höhe von 40 000 € pro Jahr gezahlt werden soll. Herr Albrecht weiß, dass sein Gehalt nicht sonderlich hoch ist, akzeptiert dies aber, da das Unternehmen nicht mehr herzugeben scheint. Nach einiger Zeit jedoch ärgern sich beide Seiten: Herr Schulte ist zunehmend der Meinung, dass der Nachfolger für sein Geld viel zu wenig arbeitet; Herr Albrecht ist empört, als sich der Übergeber trotz einiger Liquiditätsprobleme einen teuren Firmenwagen kauft.

Tipp

> Bereits während der Erstellung des Nachfolgefahrplans sollte beiden Seiten klar sein, wie wichtig ein angemessenes Gehalt ist.

Für eine angemessene Vergütung sollten die Bezüge von angestellten Geschäftsführern in vergleichbaren Positionen herangezogen werden. Auch das Gehalt von Herrn Schulte muss in Frage gestellt und nach den Durchschnittsgehältern seiner Position bemessen werden.

Methodenkonflikte   Schließlich: **Methodenkonflikte** sind dadurch gekennzeichnet, dass Uneinigkeit über die Wahl und den Einsatz von bestimmten Vorgehensweisen besteht. Herr Albrecht möchte dem frisch eingestellten Vertriebsleiter mit einem neuen Computersystem Einblick in den Lagerbestand geben, um Kunden damit schneller und präziser Liefertermine zusagen zu können. Herr Schulte will davon jedoch nichts wissen: »So lange ich in diesem Betrieb bin, kommt mir so ein unnutzer neumodischer Kram nicht ins Haus.«

Gerade bei der Einführung technischer Neuerungen gibt es immer wieder Konflikte. Abgesehen von der mangelnden Einsicht plagt den Übergeber häufig die Angst, durch die Neuerungen ins Hintertreffen zu geraten. Aus Sorge, nicht mehr Herr der Lage zu sein, wird er die Vorschläge des Nachfolgers strikt ablehnen. So entsteht eine latente Konkurrenzsituation innerhalb der Geschäftsführung, die dem Unternehmen nur schaden kann.

Viele Nachfolger hingegen wollen ihre Ideen so schnell und mit so großem Eifer in die Tat umzusetzen, dass sie über das Ziel hinausschießen. Auch hier kann ein Externer zwischen Wunsch und Notwendigkeit vermitteln, wenn es den Übertragungspartnern selbst nicht gelingt. Es mag betriebswirtschaftlich durchaus sinnvoll sein, neue Computersysteme einzuführen, doch das sollte erst einmal objektiv geprüft werden.

Moderator einsetzen

Oftmals treten die Konflikte direkt auf. Doch mitunter schwelen sie unter der Oberfläche und sorgen für permanente Spannungen zwischen den Beteiligten. Sie können so lange für eine negative Atmosphäre zwischen den Übertragungspartnern sorgen, bis schließlich einer aus scheinbar nichtigen Gründen aufgibt. Vor allem bei diesen verdeckten Konflikten, deren Ursachen den Beteiligten nicht bewusst sind, kann ein Moderator wertvolle Schlichtung leisten.

3.2   Externe Beteiligte einer Unternehmensnachfolge

Ein weiterer wichtiger Aspekt bei der Umsetzung sind die Reaktionen außenstehender Dritter und ihre Einbindung in den Nachfolgeprozess. Dies betrifft in erster Linie die Mitarbeiter, Kunden und Lieferanten des Unternehmens, wozu auch die Hausbank zu rechnen ist.

Wichtig ist vor allem das Timing: Der Zeitpunkt des Generationswechsels muss rechtzeitig bekannt gegeben und angemessen dargestellt werden. Mitarbeiter sollten allein schon deshalb zur richtigen Zeit informiert werden, damit keine Gerüchte entstehen, die zusätzliche Unruhe in das Unternehmen bringen und die Effizienz der Abläufe stören. Allerdings darf der Informationszeitpunkt auch nicht zu früh gewählt werden, damit zunächst leer ausgehende Führungskräfte nicht demotiviert werden.

Für Kunden und Lieferanten ist entscheidend, dass die guten Geschäftsbeziehungen auch mit dem Nachfolger konstant und wie gewohnt fortbestehen. Hierzu bedarf es eines rechtzeitigen Signals, dass der Übergeber den Stabwechsel solide geplant hat und der Nachfolger ein ebenbürtiger Geschäftspartner ist. Bei einer souveränen Außendarstellung und aktiven Vermarktung der Nachfolgeregelung kann ein möglicher Schaden durch den Generationswechsel (z.B.: »Da brauchst Du gar nicht mehr anzurufen, der hört doch eh bald auf.«) von vornherein vermieden werden.

Wann informieren?

3.2.1   Mitarbeiter und Mitarbeiterinnen

Nachdem alle Vorbereitungen abgeschlossen sind, kommt der große Tag, an dem aus dem potenziellen Nachfolger Herrn Albrecht der Unternehmer Herr Albrecht wird. Herr Schulte ruft die Belegschaft zusammen, um das Ereignis zu verkünden. »Das ist mein Nachfolger«, sagt er. »Bei dem habt ihr genauso zu parieren wie bei mir. Und außerdem ist es jetzt vorbei mit der Duzerei. Der Herr Albrecht ist jetzt nicht mehr euer Kollege, sondern euer Chef.« Die Mitarbeiter sehen sich an. Aus ihren Gesichtern lässt sich nur eines ablesen: »Na, das kann ja heiter werden!«

Diese Vorgehensweise ist sicher nicht die gelungenste Einführung des Nachfolgers, aber auch ohne eine solche Vorstellung hat ein Übernehmer häufig mit Schwierigkeiten zu kämpfen.

Der Sohn   Ist er beispielsweise der Sohn des Unternehmers, werden ihn viele Mitarbeiter bereits von Kindesbeinen an kennen, mit ihm gespielt oder gar bei den Schulaufgaben geholfen haben. Dementsprechend schwierig wird es für sie sein, dem »Neuen« den nötigen Respekt entgegenzubringen. Der eine oder andere wird sich fragen, ob der Junior denn nur aufgrund seines Familiennamens Nachfolger geworden ist. Vor allem, wenn in der Anfangszeit Fehler gemacht werden, wird man innerhalb der Belegschaft den Satz hören: »Ich wusste doch, dass der nichts kann. Der ist doch nur hier, weil er der Sohn vom Alten ist.«

Der Mitarbeiter   Auch für einen ehemaligen Mitarbeiter wie Herrn Albrecht ist es nicht einfach. Er muss seinen alten Kollegen gegenübertreten, ohne jovial oder arrogant zu wirken. Die privaten Gespräche werden seltener werden, da die Mitarbeiter fürchten, sie könnten zu ihren Ungunsten ausgelegt werden. Herr Albrecht muss sich klar machen, dass er als neuer Chef viele Informationen nur noch gefiltert erhält. Vielfach werden die Mitarbeiter versuchen, ihren ehemaligen Kollegen gegen Herrn Schulte auszuspielen, an das frühere Zusammengehörigkeitsgefühl appellieren oder sich mit Extrawünschen an Herrn Albrecht wenden.

Der Externe   Allerdings werden auch externe Manager, die die Nachfolge antreten, mit Misstrauen zu kämpfen haben, insbesondere wenn sich der eine oder andere Mitarbeiter selbst gern auf dem Chefsessel gesehen hätte. Vorschläge des »Neuen« werden mit der Begründung »Brauchen wir nicht; das machen wir seit über 30 Jahren anders« brüsk abgelehnt – also genau mit derselben Argumentation zurückgewiesen, mit der auch der Übergeber bisweilen Verbesserungsvorschläge seines Nachfolgers vereitelt.

Das Wichtigste im Umgang mit allen Beteiligten ist Transparenz. Es muss umfassend und rechtzeitig informiert werden.

Tipp

Eine Veränderung wird von den betroffenen Personen als Bedrohung ihrer Sicherheit und damit als abzuwehrendes Risiko gesehen. Ein Generationswechsel bringt viele Veränderungen mit sich: Der Unternehmer geht und mit ihm alles Alte, Bewährte. Das Neue hingegen ist unbekannt: Wie wird der Nachfolger sein? Wie wird er arbeiten? Wem wird er welche Aufgaben delegieren? Was bedeutet das für meinen Arbeitsplatz und meine weitere Zukunft?

Neben der Angst vor dem Verlust des Arbeitsplatzes und dem damit möglicherweise verbundenen sozialen Abstieg wird auch eifersüchtig über die eigenen Pfründe gewacht. Langjährige Mitarbeiter fürchten um gewisse Freiheiten und Bequemlichkeiten, die sie sich erarbeiten konnten, und boykottieren deshalb den »Neuen«: »Bei Ihrem Vorgänger war alles besser!«

Ein ähnliches Problem taucht auf, wenn Mitarbeiter zu große Erwartungen in den oder die Nachfolger setzen. Vor allem diejenigen, die bislang das Gefühl hatten, zu kurz gekommen zu sein, erhoffen sich eine Gleichstellung hinsichtlich der Privilegien. Die Enttäuschung, diese Privilegien auch vom Nachfolger nicht zu erhalten, kann so groß sein, dass sich ihre anfängliche Begeisterung ins Gegenteil verkehrt und der Übernehmer auch von dieser Gruppe boykottiert wird.

Nur eine offene und ehrliche Aussprache kann solchen Entwicklungen entgegen wirken. Je transparenter der Stabwechsel vor sich geht, desto weniger Platz bleibt für Gerüchte. Deswegen sollte der Nachfolger die Belegschaft in angemessenem Umfang auch an seinen Plänen für die weitere Entwicklung des Unternehmens teilhaben lassen. Vertrauen beruht bekanntlich auf Gegenseitigkeit!

Mitarbeiter einbeziehen

Um die Mitarbeiter von den Führungsqualitäten des Übernehmers zu überzeugen, gibt es einige Regeln, an die sich der Nachfolger halten sollte (s. Checkliste):

Checkliste

Mitarbeiterführung für Übernehmer

✔ Der Nachfolger sollte in den ersten Tagen intensive Gespräche mit einzelnen Mitarbeitern führen, insbesondere mit den formellen und informellen Meinungsbildnern. Dabei sollte er sich für jedes Gespräch ausreichend Zeit nehmen und sich nach ihren Vorstellungen für die Zukunft erkundigen.

✔ Er sollte nichts versprechen, was er nicht halten kann. Lassen sich bestimmte Wünsche dann doch erfüllen, ist die Freude um so größer.

✔ Veränderungen sollten langsam und behutsam erfolgen. Wer zu schnell alles über den Haufen wirft, signalisiert: Was ihr bisher gemacht habt, war nicht gut genug. Und das demotiviert.

✔ Die Mitarbeiter sollten regelmäßig informiert werden, um die Entscheidungen der Geschäftsführung nachvollziehen zu können.

✔ Lob und Anerkennung sind die beste Motivation. Der Übernehmer sollte seinen Mitarbeitern zeigen, dass er ihnen vertraut.

✔ Ein »richtiges« Lob bringt die Anerkennung direkt nach der guten Leistung. Wenn ein Mitarbeiter ganz besonders ausgezeichnet werden soll, sollte er ausführlich in einem Vier-Augen-Gespräch gelobt werden.

✔ Der Nachfolger muss Respektperson sein! Er kann nicht mit dem Rudel heulen und es gleichzeitig führen wollen. Eine souveräne Führung wirkt beruhigend auf die Belegschaft.

✔ Die Ergebnisse zählen. Wenn der Mitarbeiter das gesteckte Ziel im vorgegebenen Rahmen erreicht, sollte nicht unnötig streng kontrolliert werden, wie er dorthin gekommen ist. Er sollte die Freiheit haben, kreativ zu denken und zu arbeiten.

✔ Für den Übernehmer zählen nur die wirklich wichtigen Aufgaben. Er muss deshalb den Mut zur Delegation haben und darf sich nicht in Kleinigkeiten verrennen – auch wenn er sie vielleicht selbst besser erledigen kann. Er spart dadurch wichtige Zeit, die Mitarbeiter spüren, dass ihnen vertraut wird.

✔ Ein junger Chef sollte sich einen aufgeschlossenen und (führungs-)erfahrenen Gesprächspartner suchen. Wenn diese Person nicht im eigenen Haus zu finden ist, ist sie vielleicht in einem befreundeten Unternehmen oder im Beirat anzutreffen. Auch der Übergeber kann diese Rolle spielen – wenn die Chemie stimmt.

3.2.2 Kunden, Lieferanten und Kreditinstitute

Kunden und Lieferanten werden bei der Unternehmensnachfolge häufig vernachlässigt. Unternehmer und Nachfolger gehen zu selbstverständlich davon aus, dass die Geschäftsbeziehungen unverändert bestehen bleiben.

Kunden können jedoch Zweifel bekommen, ob sie auch nach dem Ausscheiden des bisherigen Geschäftspartners noch so zuvorkommend behandelt werden wie bisher oder ob es nicht sinnvoll wäre, sich einen neuen Lieferanten zu suchen. Wissen sie, ob der oder die Nachfolger ebenso zuverlässig, gut und preiswert sind wie der Vorgänger? Außerdem stehen im Mittelstand häufig persönliche Aspekte im Vordergrund. Um auch in diesem Bereich nahtlos überzuleiten, sollte der Übernehmer den wichtigsten Kunden schon früh vorgestellt werden. In einer kleinen Runde kann der Kunde den »Neuen« kennen lernen und ein persönliches Verhältnis zu ihm aufbauen. Der Übergeber leitet dabei das Gespräch nur ein: In der Hauptsache sollte der Übernehmer mit dem Kunden sprechen. Ein kurzes Briefing kann ihm dabei helfen, beim Kunden die richtigen Gesprächsthemen und den richtigen Umgangston zu finden.

Darüber hinaus müssen die wichtigen Kunden vor allem während der Übertragungsphase wissen, wer im Unternehmen was entscheidet. Ansonsten kann es zu Missverständnissen kommen oder zu peinlichen Augenblicken, wenn der Übernehmer zwar für diesen Bereich zuständig ist, aber vom Kunden nicht ernst genommen wird, oder wenn der Übergeber nicht mehr zuständig ist, aber trotzdem noch von seinen alten Kunden angerufen wird. Durch eine aufmerksame Informationsarbeit kann verhindert werden, dass der Übergeber kleinlaut darauf hinweisen muss, dass er eigentlich nicht mehr viel zu sagen hat. Diese Lösung funktioniert allerdings nur, wenn die Aufgabenaufteilung auch intern klar geregelt ist und von den Beteiligten auch respektiert und umgesetzt wird.

Tipp

Auch für Geschäftspartner ist es wichtig, dass der Generationswechsel so transparent wie möglich abläuft.

Die **Lieferanten** des Unternehmens wünschen sich, dass ihre Rechnungen weiterhin schnell beglichen werden, wenn erst einmal der Übernehmer das Sagen hat. Vielleicht wird der »Neue« grundsätzlich die zweite Mahnung abwarten, bevor er zahlt. Warum ihm also die alten Sonderkonditionen einräumen? Da helfen schon kurze Telefongespräche, die dem Lieferanten signalisieren: Alles bleibt so, wie es ist!

Kunden und Lieferanten, zu denen kein enges und vertrautes Verhältnis besteht, sollten in einer Mailing-Aktion mit einem kurzen Anschreiben über die neue Situation im Unternehmen informiert werden. Darin sollte sich der Nachfolger vorstellen, sowohl persönlich als auch mit Hinblick auf seine zukünftige Geschäftsstrategie. Mit Sätzen wie »Ich möchte die erfolgreiche Geschäftspolitik meines Vorgängers weiterführen und für Sie weiterhin ein verlässlicher Kunde sein« kann den Lieferanten Zukunftssicherheit gegeben werden.

Kreditinstitute

Die Kreditinstitute nehmen in dieser Gruppe eine Sonderrolle ein. Sie unterstützen Übertragungen, indem sie Fördermittel beantragen und den Kaufpreis oder die Abfindungen an weichende Erben finanzieren. Darüber hinaus sind sie einzubinden, wenn persönliche Bürgschaften des Übergebers für betriebliche Verbindlichkeiten gegeben worden sind und diese nunmehr auf den Nachfolger übertragen werden sollen.

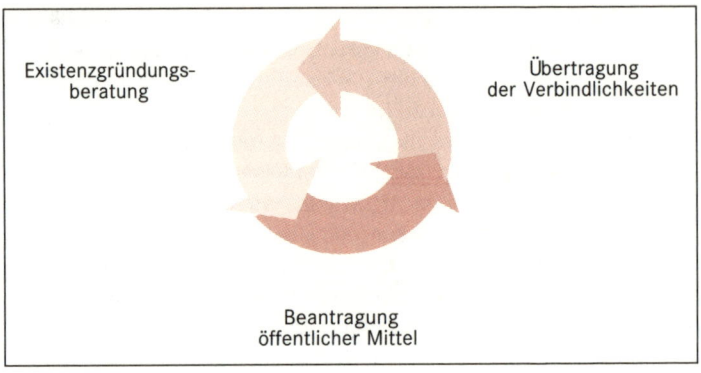

Existenzgründungs-
beratung

Übertragung
der Verbindlichkeiten

Beantragung
öffentlicher Mittel

Abb. 26: Die Rolle der Banken beim Generationswechsel

Auch aus einem anderen Grund sind Banken an einer reibungslosen Übergaberegelung interessiert: Mit dem Personalwechsel an der Führungsspitze kann sich auch die Kreditwürdigkeit des Unternehmens ändern. Aufgrund der zunehmenden Gewichtung der Unternehmerqualifikation im Rating-Verfahren sollte der Übernehmer damit rechnen, dass das Kreditinstitut auch kritische Fragen zu seiner Ausbildung und Berufserfahrung stellt: Die Hausbank wird die unternehmerische Beurteilung des Übergebers – im Positiven wie im Negativen – nicht nahtlos auf ihn übertragen können und wollen.

Bedeutung des
Bankgesprächs

Auf die Präsentation und Einführung des Übernehmers bei der Hausbank sollte deshalb besonders geachtet werden. Wer hier mit fachlicher Qualifikation oder einem durchdachten Übernahme-Plan überzeugen kann, hat gute Aussichten, auch bei der Hausbank einen positiven Start zu absolvieren. Sofern der Nachfolger noch nicht über das notwendige Know-how verfügt, sollte auch sein Coaching- und Entwicklungsplan Thema im Beratungsgespräch sein und wie er praktisch auf die zukünftige Aufgabe vorbereitet wird.

Haftungs-
übertragung

Die Bank möchte natürlich genau wissen, wie die Kredite des Unternehmens in Zukunft abgesichert sind. Mit der Übertragung des Unternehmens wird sich der abgebende Unternehmer in der Regel auch aus seinen geleisteten Sicherheiten gegenüber der Bank zurückziehen. Wenn dann kein adäquates Vermögen des Übernehmers als neue Sicherheit vorhanden ist, kann das die Umsetzung der Nachfolge vor beträchtliche Probleme stellen. Lösungsansätze bestehen zum einen darin, dass der Übergeber in den letzten Jahren seiner Geschäftstätigkeit die Kreditfinanzierung des Unternehmens auf ein Minimum reduziert, so dass der oder die Übernehmer nur noch wenig Sicherheiten aufbringen müssen, die in Form einer persönlichen Bürgschaft geleistet werden können. Dieses Vorgehen wird sich allerdings erhöhend auf den Kaufpreis auswirken, da das wegfallende Fremdkapital durch Eigenkapital – auch in Form von Gewinnen – des Übergebers ersetzt wurde.

Bürgschaft

Zum anderen kann der Übergeber einen Teil des Kaufpreises nach der Übergabe wieder im Unternehmen als verzinsliches Darlehen anlegen. Mit diesem »frischen« Geld lassen sich die Verbindlichkeiten gegenüber den Kreditinstituten auf eine Höhe reduzieren, die vom Übernehmer dann auch besichert werden kann. Der Übergeber erhält durch die Verzinsung seines Darlehens eine regelmäßige Zahlung, bleibt jedoch teilweise vom Unternehmenserfolg abhängig. Das Ausfallrisiko kann wie z. B. in Baden-Württemberg durch öffentliche Bürgschaftsübernahmen abgesichert werden.

Anlage des Kaufpreises als Darlehen

Zusammenfassend lässt sich sagen, dass alle Geschäftspartner wissen wollen, mit wem sie es zu tun haben und was sie erwarten können. Sofern sie den oder die Nachfolger nicht schon von früher kennen – z. B. als Sohn bzw. Tochter oder, wie Herrn Albrecht, als ehemaligen Mitarbeiter – ist in aller Regel die persönliche Vorstellung unabdingbar.

> Der Unternehmer sollte die Geschäftspartner um Vertrauensvorschuss für den Nachfolger bitten.

Tipp

Gefährlich wird es, wenn die Geschäftspartner versuchen, den Unternehmer und seinen Nachfolger gegeneinander auszuspielen, beispielsweise um vorteilhafte Konditionen zu erhalten. Aus diesem Grund ist ein gutes Vertrauensverhältnis zwischen Übergeber und Nachfolger bzw. Nachfolgerin entscheidend, zu dem auch eine kontinuierliche gegenseitige Absprache gehört.

3.3   Unterstützungsmaßnahmen beim Wechsel

In der Regel sollten Übergeber und der oder die Übernehmer ihre Probleme im Umgang miteinander auch »unternehmensintern« lösen können. In besonders schwierigen Situationen wir es ohne externe Hilfe allerdings nicht gehen. Auch zur Sicherstellung einer strukturierten Umsetzung des Konzepts und zur systematischen Anpassung bei Änderungen sind externe Berater hilfreich.

3.3.1   Beirat

Als ein wirkungsvolles Instrument zur Unterstützung der Unternehmensnachfolge hat sich der Beirat erwiesen, auch in kleinen und mittleren Unternehmen.

Diese Einrichtung war früher nur für große Unternehmen vorstellbar. Sie etabliert sich aber zunehmend und wird auch bei kleineren Unternehmen schon lange nicht mehr als Ausdruck unternehmerischer Schwäche angesehen.

Aufgabe des Beirats ist es, die Unternehmensleitung zu (unter-)stützen und hinsichtlich ihrer Fähigkeiten und Qualifikationen zu ergänzen. Der Beirat übernimmt also nicht die Geschäftsleitung und ist auch nicht operativ tätig, sondern er hat:

Funktionen

- **Beraterfunktion**
  Er ist Gesprächspartner der Unternehmensleitung, um Ideen, Alternativen, Chancen und Risiken aufzuzeigen, die über das Tagesgeschäft hinausgehen und den Kurs des Unternehmens für die Zukunft bestimmen.
- **Ausgleichsfunktion**
  Er kann generationsbedingte Konflikte in der Unternehmensleitung lösen helfen, aber auch zwischen allen Beteiligten (Gesellschaftern, Familie etc.) vermitteln.
- **Controlling-Funktion**
  Die Übernahme von Controlling-Aufgaben bietet die Möglichkeit, Entscheidungen der Geschäftsführung zu prüfen und gegebenenfalls steuernd einzugreifen.

Vielfach wird vorgeschlagen, dem Beirat auch Personalkompetenzen, beispielsweise zur Ein- und Abberufung leitender Mitarbeiter, zu übertragen. Diese Regelung kann sinnvoll sein, wenn entweder mehrere Familienzweige am Unternehmen beteiligt sind, so dass es hier zu Streitigkeiten bei der Nachfolge kommen könnte, oder wenn familienintern kein Nachfolger zur Verfügung steht. Doch auch diese Lösung sollte von Fall zu Fall geprüft werden.

Kosten

Die Kosten, die durch einen Beirat entstehen, sind abhängig von der Größe des Unternehmens. In der Regel wird ein Sitzungsgeld gezahlt. Dennoch sollten sich Unternehmer und Nachfolger nicht von den Aufwendungen für einen Beirat abschrecken lassen. Sie sind weitaus geringer als die Kosten, die durch Fehlentscheidungen verursacht werden.

Da die Errichtung dieses Gremiums in den meisten Rechtsformen (außer bei Aktiengesellschaften und Genossenschaften) nicht gesetzlich vorgeschrieben ist, ist die Anzahl der Beiratsmitglieder beliebig bestimmbar. Allerdings sollte darauf geachtet werden, dass der Beirat nicht zu groß wird. In der Praxis haben sich drei bis fünf Mitglieder bewährt. Auch ist es sinnvoll, über eine ungerade Anzahl an Mitgliedsstimmen (entweder durch eine ungerade Anzahl an Mitgliedern oder durch eine Doppelstimme z. B. des Vorsitzenden) zu verfügen, damit es bei Entscheidungen nicht zu Patt-Situationen kommt.

Anzahl der Beiratsmitglieder

Die Mitglieder des Beirats (z. B. Berater, Banker, befreundete Unternehmer aus einer anderen Branche) sollten neutral sein, damit sie im Interesse des Unternehmens unbefangen urteilen können. Wenn Kunden oder Lieferanten in den Beirat berufen werden, sind Interessenskonflikte häufig unvermeidbar.

Tipp

Aus diesem Grunde ist es außerdem nicht immer ratsam, wenn der Übergeber nach seinem Ausscheiden aus dem »aktiven Dienst« in den Beirat eintritt, auch wenn viele Übergeber ebenso wie Herr Schulte eine solche Funktion gerne übernehmen würden. Auf der anderen Seite können seine Erfahrungen dem Unternehmen viel nützen. Der Anstoß, dem Übergeber eine Position im Beirat anzubieten, sollte vom Nachfolger selbst kommen. Er ist der Einzige, der beurteilen kann, ob eine weitere Zusammenarbeit nutzbringend ist.

Der Übergeber im Beirat

Vor- und Nachteile eines Beirats

Beirat	
Vorteile eines Beirats	**Nachteile eines Beirats**
Sicherung der Kontinuität in der Unternehmensführung auch nach Ausscheiden des eigentlichen Unternehmers	Familienmitglieder als Gesellschafter des Unternehmens können u. U. durch den Beirat in ihrer Kompetenz beschnitten werden
fachlich qualifizierte Unterstützung des Nachfolgers	Familienmitglieder tragen das Risiko von Verlusten durch eventuelle Fehlentscheidungen des Beirats
Vermittlung bei Familienstreitigkeiten zwischen Übergeber und Nachfolger bzw. anderen Erben	Gesellschafter können Beirats-Einfluss durch eine Änderung des Gesellschaftsvertrags entscheidend beschneiden
neutrale Kontrolle des Übernehmers	klare Reglementierung des Übergebens als Beiratsmitglied nötig, um Übergriffen auf die Geschäftsführung vorzubeugen
Kompetenz des Übergebers kann dem Unternehmen über die Beiratfunktion weiter erhalten bleiben	größere Schwierigkeiten des Übergebers als Beiratsmitglied, sich endgültig vom Unternehmen zu lösen
ausgleichender und stabilisierender Faktor für die kritische Übergangsphase während einer Übertragung	

Checkliste

> **Folgende Punkte sollten geklärt werden, bevor ein Beirat gegründet wird:**
>
> ✔ Welche Rolle soll der Übergeber im Beirat übernehmen?
>
> ✔ Sind für den Beirat nur solche Personen gewählt worden, die unabhängig sind und mit ihrem Know-how und ihrer Persönlichkeit zum Unternehmen passen?
>
> ✔ Ist genau festgelegt, was durch die Gründung des Beirats erreicht werden soll?
>
> ✔ Welche Unterstützung soll der Beirat dem Unternehmen bieten?
>
> ✔ Welche Aufgaben soll der Beirat im Unternehmen übernehmen?
>
> ✔ Wann soll der Beirat gegründet werden?
>
> ✔ Ist die vertragliche Gestaltung des Beirats eindeutig geregelt worden?
>
> ✔ Sind die Pläne mit allen Beteiligten (Familie, Gesellschafter, Geschäftspartner etc.) abgesprochen?

3.3.2   Der Übergeber als Berater

Ein gutes Verhältnis zwischen dem Übergeber und seinem Nachfolger ist Gold wert und sollte zum Besten des Unternehmens genutzt werden. Warum also die Erfahrungen des Übergebers nicht auch nach seinem endgültigen Rückzug zur Verfügung stellen? Ist das Unternehmen für die Gründung eines Beirats zu klein oder haben sich Alt-Eigentümer und Nachfolger aus anderen Gründen dagegen entschlossen, sollte die Möglichkeit durchdacht werden, den Übergeber durch einen Beratervertrag an das Unternehmern zu binden. Vor allem für die Zeit direkt nach der Übertragung bietet eine solche Unterstützung des Nachfolgers etliche Vorteile, da sie zeitlich begrenzt werden und in ihrer Ausgestaltung frei vereinbart werden kann.

Vorteile

Außerdem bietet sich durch eine Beratertätigkeit für den Übergeber eine weitere Einkommensquelle. Durch einen Beratervertrag kann er sich eine Basis für eine weitere selbstständige Tätigkeit schaffen und damit beispielsweise die Zeit überbrücken, die ihm bis zur Auszahlung seiner Altersvorsorge bleibt. Der Vertrag sollte allerdings mit Sorgfalt verfasst werden.

Vertragsregelungen

Da es sich um einen freien Dienstvertrag handelt, gelten die Vorschriften des Arbeitsrechts nicht. Als selbstständiger Berater hat der frühere Inhaber keinen Urlaubsanspruch, und sein Einkommen unterliegt natürlich der Einkommensteuer. Überschreitet sein Umsatz im zurückliegenden Jahr die Grenze von derzeit 16 620 € oder wird im laufenden Kalenderjahr ein Umsatz von derzeit mehr als 50 000 € erwartet, ist das Honorar umsatzsteuerpflichtig. Entstehende Aufwendungen kann der Kleinunternehmer als Betriebsausgaben absetzen.

Die Risiken bei Beraterverträgen liegen vor allem im Steuer- und Sozialversicherungsrecht. Das Beratungsverhältnis ist sozialversicherungspflichtig, wenn der Auftraggeber starken Einfluss auf Zeit, Ort und Ausführung der Beratertätigkeit nimmt oder dem Berater unabhängig von seiner Beraterleistung ein pauschales Honorar garantiert wird.

Eine abhängige und somit sozialversicherungspflichtige Tätigkeit wird vermieden, indem der Berater keine Aufgaben übernimmt, die von Arbeitnehmern erfüllt werden könnten und wenn Pflichten und Kontrollen nur grob fest gelegt werden. Außerdem sollten Übergeber in der Berater-Position auch Aufträge für andere Unternehmen übernehmen, um eine Scheinselbstständigkeit zu verhindern.

Tipp

Voraussetzung für diese Lösung ist, dass der Übergeber es beim »Beraten« belässt und nicht mehr in die Entscheidungen in seinem früheren Unternehmen und damit in die Zuständigkeit des Übernehmers eingreift.

Dabei nützt der beste Berater nichts, wenn der Übernehmer seinen Rat nicht annimmt. Deshalb sollte die wichtigste Regel sein, dass ein Beratervertrag nur abgeschlossen wird, wenn er dem Unternehmen wirklich hilft – und nicht, um dem Alteigentümer eine Beschäftigung oder alternative Einkommensquelle zu bieten.

3.3.3   Professionelle Begleitung durch Berater

Die Regelung der Nachfolge ist ein komplexes Thema, dem Übergeber und Übernehmer oftmals nicht allein gewachsen sind. Vielen Übertragungspartnern fehlt einfach das nötige Know-how: Da sie in der Regel ein Unternehmen nur einmal im Leben übergeben bzw. übernehmen, können sie für die Nachfolgeregelung nicht auf bisherige Erfahrungen zurückgreifen. Für die detailliertere Ausarbeitung des Fahrplans und seine adäquate Umsetzung werden daher in der Regel Spezialisten hinzugezogen.

Fördermittel

Ein externer kompetenter Nachfolge-Berater kann sich ausführlicher, als es vielleicht das Tagesgeschäft eines Unternehmers erlaubt, mit allen entscheidenden Punkten beschäftigen. Eine Beratung sollte dabei nicht per se aus Kostengründen abgelehnt werden: Es besteht die Möglichkeit, für externe Beratungen Fördermittel in Anspruch zu nehmen – in den wenigsten Fällen muss das Unternehmen die Beratungskosten in voller Höhe allein tragen. Außerdem sind die Kosten, die durch falsch getroffene Entscheidungen und Vereinbarungen entstehen, in der Regel wesentlich höher als Beraterhonorare.

Bei der Einbindung externer Berater und Beraterinnen sind vor allen Dingen zwei Punkte zu beachten:

- Die Aufgaben des Unternehmensberaters müssen im Vorfeld klar abgesteckt werden. Zu Rechts- sowie Steuerfragen dürfen nur die standesrechtlich zuständigen Berater (Rechtsanwälte/Steuerberater) hinzugezogen werden.
- Die Beratung sollte auf jeden Fall ganzheitlich sein. Vielfach wird der Generationswechsel noch immer auf die Themen Recht und Steuern reduziert, ohne das Unternehmen und sein Management zu berücksichtigen.

Ein Beraterteam, idealerweise bestehend aus Spezialisten zum Thema Nachfolge und ständigen Begleitern des Unternehmens (z.B. der langjährige Steuerberater), löst diese komplexen Aufgaben oftmals besser als ein Einzelner.

Für die Auswahl des richtigen Beraters bzw. Beraterteams und die effiziente Zusammenarbeit empfiehlt sich folgende Vorgehensweise:

✔ Definition aller relevanten Themen, die für das Vorhaben von Bedeutung sind.

✔ Priorisierung dieser Punkte.

✔ Recherche nach Ansprechpartnern zu den jeweiligen Themengebieten.

✔ Treffen mit den möglichen Partnern und offener Austausch über Aufgabenschwerpunkte und Zielsetzungen (ein seriöser Berater wird ein Gespräch darüber kostenfrei anbieten).

✔ Detaillierte Listung der Aufgaben, die durch den Berater zu übernehmen sind.

✔ Klärung der Leistungen und Kosten, die bei Inanspruchnahme von externen Beratern entstehen.

✔ Schriftliche Fixierung der Aufgaben.

✔ Definition eines vertretbaren Kostenrahmens.

✔ Klärung, wer die Abläufe der Unternehmensübertragung steuert und koordiniert.

✔ Festlegung der Kommunikationswege bzw. Sicherung eines optimalen Informationsflusses.

Arbeitshilfen und Kontaktadressen zum Unterstützungsangebot zahlreicher Mittelstandsinitiativen und zur Recherche nach den passenden externen Beratern finden sich im Anhang des Buches.

3.4 Neupositionierung des Unternehmens

Herr Albrecht und Frau Fischer haben es geschafft: Sie haben alle Hürden der Unternehmensübernahme erfolgreich genommen und stehen nun am Beginn einer großen beruflichen Herausforderung. Endlich können sie das Unternehmen nach ihren Vorstellungen gestalten, können überprüfen, wie gut ihre Planung war, und werden in vollem Umfang erfahren, was es heißt, ein Unternehmer bzw. eine Unternehmerin zu sein.

Jeder Übernehmer sollte sich an diesem Punkt noch einmal auf **Reflexion der Ziele** seine Ziele und Visionen besinnen, die er bei seiner Positionsbestimmung zur Vorbereitung der Nachfolgeregelung formuliert hat. Bei der Neuausrichtung des Unternehmens darf er seine Ausgangsposition nicht aus den Augen verlieren: Langsam, aber sicher sollte das übernommene Unternehmen zu seinem Unternehmen werden. Sonst wird es ihm auf Dauer schwer fallen, ausreichend Motivation und Engagement mitzubringen, um die Arbeitsbelastung und Verantwortung eines Unternehmers in diesem Umfang auf sich zu nehmen.

3.4.1 Unternehmens-Check-up

Verifizierung der Planung

Auch wenn Herr Albrecht das Unternehmen nach der Due Diligence und der Erstellung des Business-Plans bereits gut kennt, ist es jetzt an der Zeit, noch einmal Bilanz zu ziehen. Was wurde aus all seinen Prognosen in der Zeit nach der Übergabe? Und haben sich seine Einschätzungen als richtig erwiesen?

In einem ersten Schritt sollte der Übernehmer alle bisherigen Informationen im operativen Geschäft überprüfen und bei dieser Bestandsaufnahme vor allem folgende Punkte unter die Lupe nehmen:

- Das Potenzial der Kunden: Ist es wirklich so gut wie vom Übergeber beschrieben? Gelingt es, alle Stammkunden zu halten oder bestand ihre Bindung nur zum ehemaligen Inhaber?
- Das Potenzial der Mitarbeiter: Arbeiten sie so gut wie unter dem Übergeber? Erfüllen die Leistungsträger die in sie gesetzten Erwartungen? Sind überteuerte Kräfte dabei?
- Den Wettbewerb: Was ist das genaue Alleinstellungsmerkmal des Unternehmens? Kann es unter der neuen Führung vielleicht noch schärfer in Erscheinung treten und das Unternehmen damit von der Konkurrenz abheben?

Beispiel:
Herr Schulte hatte seine kaufmännische rechte Hand im Betrieb, Martin Stollmann, immer über den grünen Klee gelobt. Auch Herrn Albrecht schien Herr Stollmann eine wirkliche Unterstützung zu sein. So lange der Übergeber noch im Betrieb war, kümmerte sich Herr Albrecht nur am Rande um die Geschäftsabläufe, die Stollmann betreute: Buchhaltung, Inkassowesen und Materialeinkauf schienen bei ihm in besten Händen zu sein.
Einige Monate nach dem endgültigen Ausscheiden von Herrn Schulte wurde Martin Stollmann krank, und Herr Albrecht suchte die Unterlagen über einen bestimmten Auftrag, da es zu einer Reklamation gekommen war. Zu seinem Entsetzen musste er feststellen, dass Martin Stollmann seit Herrn Schultes Ausscheiden aus dem Unternehmen nicht mehr korrekt gearbeitet hatte: Die Unterlagen befanden sich in einem heillosen Durcheinander, Rechnungen waren teilweise überhaupt nicht geschrieben worden. Darüber hinaus hatte sich Stollmann mit zwei der wichtigsten Lieferanten überworfen, die die Tischlerei seit Jahren zu günstigen Konditionen beliefert hatten.
Zur Rede gestellt gab Stollmann an, er habe keine richtige Lust mehr gehabt. Er hätte eigentlich der Nachfolger von Herrn Schulte werden wollen.

Fazit: Übernehmer sollten vor allem die sensiblen Bereiche Controlling, Buchhaltung und Vertrieb im Auge behalten. (Enttäuschte) Erwartungen von Mitarbeitern müssen ausgelotet und ggf. mit dem nötigen Feingefühl korrigiert werden. Um Motivationseinbrüche aufzufangen, sollten gemeinsam mit den betroffenen Arbeitnehmern befriedigende Lösungen erarbeitet werden.

In einem nächsten Schritt wird der erreichte Ist-Zustand der ursprünglichen Zielsetzung des Übernehmers gegenübergestellt. Wie weit ist er von seinen eigentlichen Zielen und Visionen entfernt? Zum ersten Mal weiß der Übernehmer genau, wo er steht und wie die Wirklichkeit aussieht, mit der er in Zukunft arbeiten muss. Beurteilung der Ist-Situation

Es kann sein, dass es jetzt an der Zeit ist, die ursprünglichen Ziele zu korrigieren, da die neuen Erfahrungen auch den Übernehmer selbst und seine Erwartungen verändert haben. Vielleicht hält er aber auch an den ursprünglichen Zielen fest. Dann sollte nicht die Frage »Was will ich erreichen?«, sondern die Frage »Wie kann ich es erreichen?« gestellt werden.

Schließlich sollte der Übernehmer in einem dritten Schritt die Justierung seiner Strategie nach den neuen Erfahrungen überdenken. Korrekturen zur Anpassung der einzelnen Unternehmensbereiche sind schriftlich festzulegen und mit einem realistischen Zeitplan zu versehen, der auch neben dem laufenden Geschäft noch bewältigt werden kann.

3.4.2   Auf eine erfolgreiche Zukunft?

Damit der Erfolg den Nachfolger nach einer gelungenen Unternehmensübertragung nicht verlässt, gibt es einige Regeln, die er beachten sollte.

Zum einen: Das kostbarste Gut eines erfolgreichen Unternehmers ist die Zeit. Schon zu Beginn des Übernahmeprozesses könnte sich bei ihm das Gefühl einstellen, dass Zeit das Einzige ist, was er nicht hat. Der Trend geht allerdings weg von der Auffassung, »möglichst viel in möglichst kurzer Zeit« schaffen zu wollen. Das Schlagwort vom qualitativen Zeitmanagement macht die Runde: Wer erst überlegt, die Aufgaben nach Prioritäten ordnet und dann systematisch zu Werk geht, schafft mehr als derjenige, der sich zwar mit großer Energie, aber kopflos auf die Arbeit stürzt und schließlich verzettelt. Seminare zu Entscheidungs- und Führungstechniken können hier entscheidende Unterstützung bieten, um den Aspekt des scheinbar so knappen Guts Zeit nicht aus den Augen zu verlieren und sich gerade die Zeit zu nehmen, hier ein individuelles Management zu finden. Zeit ist Geld!?

Zum anderen: Die Führung eines Unternehmens verlangt Tag für Tag viele Entscheidungen und konfrontiert den Unternehmer mit der Privatleben mal erfreulichen, mal unerfreulichen Auseinandersetzung mit Kunden, Lieferanten und Mitarbeitern. Diese Haltung des Führens und Bestimmens kann schnell zur dauerhaften Attitüde werden, die auch ins Privatleben getragen wird. Doch wer will schon mit jemanden leben oder befreundet sein, der erstens sehr wenig Zeit hat und zweitens – wenn er denn einmal da ist – die Rolle des Chefs nicht in der Firma lassen kann?

Um langfristig erfolgreich zu sein, braucht jeder Unternehmer ein stabiles Umfeld, das ihn unterstützt und ihm hilft, seine Batterien immer wieder neu aufzuladen. Familie und Freunde werden dann dauerhaft zum erfolgreichen Übernehmer halten, wenn er sie an seinem Leben teilhaben lässt – und sich immer wieder die Zeit nimmt, sich um sie zu kümmern.

Tipp

Der Übernehmer ist nicht nur Unternehmer, er ist auch Privatmensch. Wer hier trennen und beiden Lebensbereichen gerecht werden kann, hat die besten Chancen, ein erfolgreicher und glücklicher Unternehmer zu werden.

Schließlich: Herr Albrecht hat das Unternehmen erfolgreich übernommen. Auch die Phase der Neu-Positionierung des Unternehmens hat er mit Erfolg durchlaufen und sich selbst und sein Privatleben auf sein Leben als »Chef« eingestellt.

Unternehmens-entwicklung

In den folgenden Monaten und Jahren wird ihm das Unternehmen immer vertrauter werden, und er wird die Markterfordernisse, aber auch Marktchancen immer besser erkennen können. Wenn alles gut läuft, führt er das Unternehmen in eine Phase des Wachstums. Damit der Wachstumsprozess nicht zum Bumerang wird, darf seine Aufmerksamkeit auch dann nicht nachlassen. Denn mit dem Wachstum ändern sich die Anforderungen an die Unternehmensführung. Wer jetzt nicht angemessen reagiert, bringt das Unternehmen trotz eines erfolgreichen Ansatzes in erhebliche Schwierigkeiten.

Bisher konnte Herr Albrecht seine Mitarbeiter durch »Zuruf« instruieren. Mit dem Wachstum hat er sein Personal jedoch auf 30 Angestellte aufgestockt. Eine Art zweite Führungsebene hat sich entwickelt, die viele Aufgaben von Herrn Albrecht aus der Anfangszeit übernommen hat. Ist der reibungslose Informationsfluss noch gewährleistet? Erfährt er alles, was er wissen muss? Ist die Organisation noch effizient und die Arbeit noch richtig verteilt?

Größere Unternehmen »ticken« anders als kleine. Der Schritt von einer Liga in die nächste, ob von 10 auf 30 Mitarbeiter oder von 150 auf 500, ist insbesondere in den Bereichen Personal, Organisation, Marketing sowie Controlling bzw. Finanzierung von großen Strukturveränderungen begleitet, die neue Herausforderungen für Herrn Albrecht und jeden anderen Übernehmer bedeuten. In diesen Fällen helfen eine gesunde Selbstkritik sowie die Fähigkeit, Defizite zuzugeben und sich der Tatsache bewusst zu sein, dass auch Unternehmer mit den Anforderungen wachsen müssen. Unter Umständen ist jetzt die Zeit für eine weitere Qualifizierung gekommen. Aber auch die Betreuung durch externe Experten kann in Wachstumsphasen der richtige Weg sein.

3.5   Zusammenfassende Checkliste »Umsetzung der Übertragung«

Folgende Fragen sollten zur Konfliktvermeidung geregelt sein:

✔ Ist gemeinschaftlich ein verbindlicher Nachfolgefahrplan erstellt worden, der die Vorstellungen und Wünsche der Beteiligten berücksichtigt?

✔ Sind die im Fahrplan enthaltenen Maßnahmen klar und eindeutig formuliert?

✔ Sind alle den Fahrplan betreffenden Fragen und Probleme geklärt?

✔ Liegt eine Absichtserklärung zur Einhaltung des Fahrplans vor?

✔ Ist gewährleistet, dass Übergeber und Übernehmer dieselben Informationen bekommen?

✔ Sind die Aufgabenbereiche und Verantwortlichkeiten geklärt?

✔ Ist der Nachfolger den Geschäftspartnern bekannt bzw. bekannt gemacht worden?

✔ Wurden Mitarbeiter, Kunden, Lieferanten etc. ausführlich über den Stabwechsel informiert? Wissen diese, an wen sie sich bei welchen Fragen und Problemen wenden sollen?

✔ Sind Vorkehrungen für den Konfliktfall getroffen worden?

✔ Welche Unterstützungsmaßnahmen werden eingeplant?

Checkliste

4   Anhang: Wichtige Adressen und weiterführende Informationen

Eine Unternehmensnachfolge ist ein komplexer Vorgang, für dessen Erfolg die Zusammenarbeit von verschiedenen Fachleuten entscheidend ist. Um die Konzeption und Umsetzung der Unternehmensnachfolge effizient zu gestalten, hat es sich bewährt, die Aufgaben unter zentraler Moderation auf mehrere Schultern zu verteilen und in Fachfragen interdisziplinär zu kooperieren. Ratschläge von Experten der einzelnen Fachgebiete sparen oft nicht nur Zeit und Geld, sondern zeigen häufig auch Möglichkeiten auf, die auf den ersten Blick nicht zu erkennen waren.

Abschließend deshalb eine Zusammenstellung von Beratern und Informationsquellen, die mittelständische Unternehmer in fachspezifischen Fragen tatkräftig unterstützen können.

4.1   Projekte und Initiativen

Um den Rahmen dieser Veröffentlichung nicht zu sprengen, können an dieser Stelle nur einige ausgewählte Projekte zur Unternehmensnachfolge vorgestellt werden. Vor allem regional gibt es inzwischen viele weitere Initiativen und Aktivitäten zum Thema »Unternehmensnachfolge«. Informationen hierzu sind z. B. bei den Kammern und Wirtschaftsförderungseinrichtungen vor Ort erhältlich.

4.1.1   NEXXT-Change-Unternehmensbörse

Herzstück der Initiative ist eine bundesweite, branchen- und institutionsübergreifende Unternehmensbörse, die interessierte Übergeber und Übernehmer zusammenführt. Die Datenbank ist über das Internet erreichbar oder über die regionalen Kontaktstellen bei den Industrie- und Handelskammern sowie Handwerkskammern sowie vielen Kreditinstituten, die auch die Eingabe von Inseraten vornehmen. Darüber hinaus stellt die Internet-Plattform Fachinformationen zur Unternehmensnachfolge zur Verfügung, die die Übergabepartner mit kompakten Informationen, einem umfangreichen FAQ-Teil, regelmäßigen News sowie Checklisten durch die einzelnen Phasen einer Nachfolgeregelung begleiten.

Die Initiative

- bietet darüber hinaus Fachinformationen zu Finanzierungshilfen und zu den Themen »Unternehmensbewertung« und »Unternehmensplanung«,
- vermittelt Kontakte über eine Ansprechpartnerdatenbank,
- bietet die Vermittlung kompetenter freiberuflicher Berater
- und stellt einen Veranstaltungskalender zur Verfügung.

Adressen:

- NEXXT-Change Unternehmensbörse: www.nexxt-change.org
- KfW Mittelstandsbank: www.kfw-mittelstandsbank.de,
- Deutscher Industrie- und Handelskammertag: www.dihk.de,
- Zentralverband des Deutschen Handwerks: www.zdh.de,
- Deutscher Sparkassen- und Giroverband: www.dsgv.de,
- Bundesverband der Volks- und Raiffeisenbanken: www.bvr.de.

4.1.2 Pilotprojekt Unternehmensnachfolge der »GO!« Gründungs-Offensive NRW

Um Unternehmer bei der Suche nach einem geeigneten Nachfolger zu unterstützen und Informationen zum Thema Unternehmensübergabe bereitzustellen, hat GO!, die Gründungs-Offensive NRW, im August 1998 das Pilotprojekt Unternehmensnachfolge ins Leben gerufen. Ziel des Projekts ist die Zusammenführung von motivierten Nachfolgern und übergabebereiten Unternehmern, um so die bislang noch klaffende Nachfolgelücke zu schließen. Die Erstellung von Profilen der Beteiligten, deren Auswertung und das Matching passender Partner sind Bestandteile des Projekts, das die Zusammenführung der Parteien zudem mit geeigneten Maßnahmen unterstützt. Zudem wird eine umfassende Information zu Förderprogrammen des Landes Nordrhein-Westfalen angeboten und eine Weiterbildung der Berater in diesem Thema forciert.

Das Projekt ist branchenunabhängig und für Nachfolger ohne regionale Beschränkungen. Informationen unter: www.go-online.nrw.de.

4.1.3 Start-up

Start-up ist ein Gründungswettbewerb, der von der Zeitschrift Stern, den Sparkassen und der Unternehmensberatung McKinsey & Company ins Leben gerufen wurde und eine »neue Kultur der Selbstständigkeit« fördern soll. Prämiert werden erfolgversprechende Unternehmenskonzepte aus allen Branchen. 1999 ist erstmals auch ein Start-up-Wettbewerb für Übernehmer ausgeschrieben worden. Die

Unterschiede zwischen beiden Wegen der Existenzgründung veranlasste die Initiatoren von Start-up, die Besonderheiten einer Unternehmensübernahme auch innerhalb des Wettbewerbs zu berücksichtigen. Ansprechpartner vor Ort sind die Berater und Beraterinnen in den Sparkassen. Informationen unter: www.stern.de/startup.

4.1.4 MittelstandDirekt

Die Volks- und Raiffeisenbanken stellen bundesweit unter der übergreifenden Bezeichnung »MittelstandDirekt« einen Informationsservice für mittelständische Betriebe zur Verfügung. Auch hier wird das Thema Unternehmensnachfolge mit einer CD-ROM interaktiv behandelt und im Internet kontinuierlich aktualisiert. Der Service hat das Ziel, mittelständischen Unternehmen einen Überblick über die Herausforderungen verschiedener Lebensphasen einer Firma zu verschaffen. »MittelstandDirekt« wird durch weitere Informationspakete zu den Themen Gründung, Stabilisierung und Krise komplettiert. Informationen unter: www.mittelstanddirekt.de.

4.1.5 Mittelständischer »Kooperationsverbund Unternehmensübergaben«

Der Kooperationsverbund des Verbands Beratender Ingenieure (VBI), des Bundesverbands deutscher Unternehmensberater (BDU), der Baden-Württembergischen Bank AG, der Vereins- und Westbank Hamburg sowie der National-Bank AG hat es sich zur Aufgabe gemacht, Übergeber und Übernehmer während der Unternehmensnachfolge zu »beraten, betreuen und zu begleiten«. Als Hilfsmittel werden ein Leitfaden, Seminare über rechtliche, steuerliche und wirtschaftliche Themen, Informationsveranstaltungen und eine Servicehotline angeboten. Die Zielgruppe der Hotline sind insbesondere Ingenieure, während die Berater und Beraterinnen der Banken Sparten übergreifend arbeiten. Das Angebot des Verbunds folgt dem Dreiklang Kontakt – Beratung – Finanzierung und umfasst die Zusammenführung von Übergebern und Nachfolgern durch eine Kontaktbörse, die Planung der Übergabe und Absicherungsmaßnahmen sowie die Vermittlung von Expertenhilfe. Informationen unter:

- Verbund Deutscher Ingenieure (VBI): www.vbi.de,
- National-Bank AG: www.nationalbank.de,
- Baden-Württembergische Bank AG: www.bw-bank.de,
- Bundesverband Deutscher Unternehmensberater: www.bdu.de.

4.2   Helfer und Ratgeber

Unternehmensberater, die sich auf dieses Thema spezialisiert haben, bieten ihren Klienten eine umfassende und individuell zugeschnittene Unterstützung. Auch Steuerberater, Wirtschaftsprüfer und Rechtsanwälte sind wichtige Ansprechpartner bei der Unternehmensübergabe. Ferner leisten Kammern und Verbände Informationsarbeit zum Thema Unternehmensübergabe und -übernahme und bieten Unterstützung bei der Suche nach einem Nachfolger bzw. Unternehmen.

4.2.1   Unternehmensberater

Die Regelung der Nachfolge lässt sich nicht allein auf rechtliche und steuerliche Fragen reduzieren. Gerade betriebswirtschaftliche und unternehmensstrategische Aspekte, aber auch die menschliche Komponente spielen beim Übergang von einem Inhaber auf den anderen eine große, wenn nicht gar die ausschlaggebende Rolle.

Nicht nur bei der Konzeption und Umsetzung professioneller Nachfolgelösungen ist ein auf Unternehmensnachfolgen spezialisierter Berater wichtiger Partner für mittelständische Unternehmen. Eine umfassende Unternehmensberatung schließt auch die Suche nach einem geeigneten Nachfolger ein und führt ihn oder sie durch Tutorien oder Coachings an die neuen Aufgaben heran.

Gerade bei zunehmender Komplexität des Falles gewinnt die Einbindung eines Experten an Bedeutung, um den individuellen Bedürfnissen der Übertragungspartner gerecht werden zu können und durch eine langfristige Begleitung bei der Umsetzung eine erfolgreiche Nachfolge zu gewährleisten. Übergeber und Übernehmer sollten jedoch darauf achten, dass es trotz einer Vielzahl von Unternehmensberatern nur wenige Spezialisten für das Thema Nachfolge gibt. Die Qualifikation des jeweiligen Beraters sollte deshalb vor Auftragserteilung anhand von Informationsmaterial und Referenzen kritisch überprüft werden. Informationen unter: Bundesverband Deutscher Unternehmensberater: www.bdu.de.

4.2.2   Steuerberater und Wirtschaftsprüfer

Da es im Rahmen der Unternehmensnachfolge eine Vielzahl steuerlicher Fragen gibt, insbesondere im Bereich der Erbschaft- und Schenkungsteuer sowie der Ertragsteuern, ist die Einbindung eines Experten unverzichtbar. Auch bei einer Unternehmensbewertung kann der langjährige Steuerberater oder Wirtschaftsprüfer unter Umständen wertvolle Hilfe leisten, da er in der Regel weit reichende Kenntnisse über das Übergabe-Unternehmen hat. Allerdings sind nicht alle Steuerberater und -beraterinnen auf dem Gebiet der Unternehmensübergabe versiert.

Mittelständischen Unternehmern ist daher zu raten, einen Berater zu beauftragen, der Erfahrung mit den steuerlichen Aspekten eines Generationswechsels hat und aktuelles Steuerwissen zu diesem Spezialthema mitbringt. Informationen: Bundessteuerberaterkammer: www.bstbk.de.

4.2.3 Rechtsanwälte und Notare

Die rechtlichen Fragen einer Unternehmensnachfolge erfordern oftmals die Einbindung eines Rechtsanwalts oder Notars. Neben den erbschafts- und gesellschaftsrechtlichen Fragen der Übergabe ist insbesondere die vertragliche Gestaltung z. B. von Kaufverträgen eine Aufgabe für Fachleute.

Selbst bei einer Übergabe innerhalb der Familie ist eine rechtlich fehlerfreie Form wichtig. Auch wenn dies ein sensibles Thema sein mag, sollten sich die Übertragungspartner vor Augen führen, dass Streit in den besten Familien vorkommt – und dass die Lösung für alle Beteiligten darin liegt, Streitfälle von vornherein durch eine sachgerechte Regelung zu fixieren. Formfehler können gefährliche Folgen für die Absicherung der Familie und des Unternehmens haben. Informationen unter: Bundesrechtsanwaltskammer: www.brak.de.

4.2.4 Kammern und Verbände

Die Industrie- und Handelskammern und die Handwerkskammern stellen mit ihrem vielfältigen Angebot neben Informationsmaterialien auch ihre Beratungserfahrung und Praxiskenntnis im lokalen Umfeld zur Verfügung. Viele Handwerkskammern verfügen z. B. über Kaufpreisübersichten, die Anhaltspunkte für Marktpreise von Unternehmen in der Region geben können. Darüber hinaus haben die meisten Kammern Unternehmensbörsen installiert, über die ein Nachfolger gesucht oder ein Unternehmen anonym zum Verkauf angeboten werden kann. Auch Verbände, z. B. der Hauptverband des Deutschen Einzelhandels (HDE), bieten ähnliche Dienstleistungen für ihre Mitglieder an. Informationen unter:

- Recherche nach Industrie- und Handelskammern: www.dihk.de,
- Recherche nach Handwerkskammern: www.zdh.de.

4.2.5 Sonstige

Es gibt eine Vielzahl öffentlicher Institutionen, die zum Thema Unternehmensnachfolge Informationsmaterialien und Veranstaltungen anbieten. Informationen rund um staatliche Förderungsprogramme zur Unternehmensgründung durch Übernahme können ebenfalls dort abgerufen werden. Hier sind an erster Stelle die regionalen Wirtschaftsförderungseinrichtungen zu nennen.

Bei finanzspezifischen Fragen wie z. B. der Übernahmefinanzierung oder Vermögensanlage eines Kaufpreises sind Berater und Beraterinnen von Kreditinstituten und Anlageberater die richtige Adresse. Die Kernaufgabe von Mergers&Acquisitions-Beratern ist die Entwicklung von Kauf-, Verkaufs- oder Kooperationsstrategien. Für kleinere Unternehmen werden sie allerdings nur in Ausnahmefällen tätig, da sich ihr Honorar zumeist am erzielten Veräußerungserlös bemisst. Wichtig ist, dass diese Berater fachlich auf dem aktuellen Stand sind und umfassendes Wissen im Thema Unternehmensübertragung mitbringen.

4.3   Hilfreiche Webadressen

www.althilftjung.de	Unterstützung durch erfahrene Unternehmer
www.baar-ev.de	Homepage der Business Angels Agentur Ruhr e.V.
www.barm.de	Homepage der Business Angels Frankfurt Rhein Main e.V.
www.bdu.de	detaillierte und hilfreiche Informationen zum Ablauf einer Beratung/Möglichkeit der individuellen Recherche nach Unternehmensberatungen
www.berlinews.de	neuste Entwicklungen im Bereich Gründung und Nachfolge
www.bmwi.de	umfangreiche Informationen zum Thema Gründung/Nachfolge
	Förderdatenbank des BMWi/vollständiger und aktueller Überblick über die Förderprogramme des Bundes, der Länder und der Europäischen Union
	Arbeitshilfe Elektronisches Antrags-/Angebotssystem des BMWi für die Beantragung von Fördermaßnahmen/Antragsteller können ihre Anträge unter Nutzung integrierter Hilfefunktionen selbst am PC erstellen und ausdrucken
www.bmwi-softwarepaket.de	allgemeine Informationen zur Existenzgründung durch Unternehmensübernahme
www.bnotk.de	Recherche nach Notaren
www.brak.de	Recherche nach Rechtsanwälten
www.business-angels.de	Informationen zum Thema »Business Angels« durch das BAND
www.bvb.org	Recherche nach vereidigten Buchprüfern

www.nexxt-change.org	Unternehmensbörse und umfassende Fachinformationen zu jeder Phase einer Nachfolgeregelung, mit regelmäßigen News, umfangreichen FAQs und Checklisten
www.deutsche-wirtschaft.de	Adresse für Verbandsrecherche
www.dstv.de	Recherche nach Steuerberatern
www.eban.org	European business angel network als Vereinigung von Finanzierungspartnern in Europa
www.ehrenamt.de	jeweils interessante Möglichkeiten der Zeitgestaltung für den Senior nach der Übergabe
www.gruendercenter.net	Diskussionsforum und Internetplattform für Neugründer und Übernehmer
www.gruenderland.de	Internetauftritt und Marketing für Existenzgründer und Übernehmer
www.gruenderleitfaden.de	Arbeitshilfen und Checklisten für Gründer, Übernehmer und junge Unternehmer
www.gruenderstadt.de	viele wichtige Informationen für Gründer und Übernehmer
www.gruenderzeit.de	Informationen zu den wichtigsten Themen bei der Existenzgründung
www.kfw-mittelstandsbank.de	die zentralen Arbeitshilfen zur individuellen Abfrage von Fördermitteln für Gründer/Übernehmer, Informationen zum Thema Finanzierung und Beteiligungsformen
www.mbi-consulting.de	ausführliche Informationen zu den Themen Unternehmensverkauf, Unternehmensbewertung
www.ses-bonn.de	Der Senior Experten Service fördert mit aus dem Berufsleben ausgeschiedenen Fachleuten die beruflich-fachliche Ausbildung, Fortbildung und Qualifizierung von Fach- und Führungskräften
www.tms.de	interaktive Nachfolge-Checks zur Beurteilung der Übergabefähigkeit
www.unternehmensmarkt.de	zahlreiche Arbeitshilfen rund um das Thema Unternehmensverkauf
www.verbaende.com	Adresse für Verbandsrecherche

Glossar

ABC-Analyse
Verfahren zur Schwerpunktbildung durch Dreiteilung, bei der Mengen-Wert-Verhältnisse ermittelt werden. Wird u.a. genutzt bei der Betrachtung von Kunden, Lieferanten oder Einkaufsmaterial.

Aktienoptionen
Recht, bestimmte Aktienpakete zu einem zuvor festgelegten Kurs zu erwerben.

Alleinerbe
Bestimmung, dass ein Teil des Erbes an einen einzigen eingesetzten Erben geht. Vermeidet die Erbengemeinschaft.

Anfechtung
Unklare Rechtsgeschäfte, beispielsweise Testamente, können angefochten werden. Wird der Anfechtung stattgegeben, ist die Willensäußerung im Testament nichtig.

Anforderungsprofil
Festlegung bestimmter Qualifikationen für den Nachfolger.

Atypisch stille Beteiligung
Sonderform der Beteiligung, bei der sich eine Person an dem Unternehmen einer anderen so beteiligt, dass ihre Einlage gegen einen Anteil am Gewinn ohne Mitbestimmungsrechte in das Vermögen des Unternehmens übergeht. Verlustbeteiligung und Haftung sind stärker ausgeprägt als bei der typisch stillen Beteiligung.

Außenfinanzierung
Finanzierung aus dem Unternehmensumfeld (beispielsweise durch Gesellschaftereinlagen) oder durch Kreditfinanzierung.

Avale
Haftungsübernahmen durch ein Kreditinstitut gegen Zinsen.

Bankvollmacht
Gibt dem Bevollmächtigten die Befugnis, im Namen des Kontoinhabers zu handeln.

Barwert
Das erforderliche Anfangskapital, das – auf Zinseszins angelegt – nach einer festgelegten Zahl von Jahren einen bestimmten Betrag ergibt.

Beirat
Gremium, das sich aus einer oder mehreren Personen zusammensetzt und Unternehmen im Rahmen bestimmter Befugnisse unterstützt und überwacht.

Benchmarking
Vergleicht die eigenen Produkte und Dienstleistungen mit denen des stärksten Wettbewerbers.

Berliner Testament
Verbreitete Form des Testaments, in dem der Erblasser zuerst seinen Ehepartner als Alleinerben, nach dem Tod des Ehepartners seine Nachkommen als Erben einsetzt.

Betriebswirtschaftliche Auswertung (BWA)
In der betriebswirtschaftlichen Auswertung (BWA) werden die Ertragskonten zusammengefasst. Diese Aufstellung wird in der Regel monatlich vorgenommen und hat eine ähnliche Struktur wie die Gewinn- und Verlustrechnung. Damit erhält der Unternehmer einen kurzfristigen Überblick über den Erfolg des Unternehmens, über die Kapitalstruktur oder über bestimmte Kennzahlen wie beispielsweise die Liquiditätssituation.

Branchengewinnmultiplikator
Ist der Kehrwert des Kapitalisierungszinssatzes und bestimmt das Risiko bei einer Unternehmensbewertung anhand branchenspezifischer Festsetzungen. Er liegt in der Regel zwischen 3 und 9.

Buchwertabfindungsklausel
Abfindung eines nach dem Gesellschaftsvertrag nicht übertragungsberechtigten Erbes durch die Mitgesellschafter.

Budget
Das Kernstück der betrieblichen Planungsrechnung: Das Budget ist die Aufstellung sämtlicher für einen Zeitraum zu erwartenden Einnahmen und Ausgaben zur Ermittlung des Kapitalbedarfs.

Business Angels
Vermögende Privatpersonen, die junge Unternehmen bei ihren ersten Schritten in die Selbstständigkeit begleiten. Business Angels sind Menschen mit der Bereitschaft, nicht nur Erfahrungen, sondern auch Kapital in Unternehmensgründungen einzubringen.

Business-Plan
Steckt die geschäftliche Entwicklung ab und stellt unternehmerische Ideen dar. Business-Pläne sind in der Regel mehrjährig konzipiert und werden z. B. auch als Unterlage für eine Existenzgründung benötigt, um die Fragen der Kapitalgeber beantworten zu können.

Cashflow
Differenz zwischen den wirtschaftlichen Einzahlungen (Betriebseinnahmen/zahlungswirksame Erträge) und Auszahlungen (Betriebsausgaben/zahlungswirksame Aufwendungen).

Coaching
Zielorientierte und professionelle Begleitung des Nachfolgers in der ersten Zeit nach der Unternehmensübernahme.

Darlehen
Mittel- bis langfristige Finanzierung zur Investitionsfinanzierung.

Dauernde Last
Eine regelmäßige Zahlung, bei der die Zahlungshöhe – im Unterschied zur Rente – variabel ist.

Debitor
Ein Kunde, der dem Unternehmen noch Geld schuldet.

Debitorenlaufzeit
Zeitraum, der zwischen dem Datum der Rechnungsstellung und dem Zeitpunkt liegt, an dem der Kunde die Rechnung begleicht ([ø Forderungsbestand/Umsatzerlöse x 1,16] x 360).

Deckungsbeitrag
Teil des Umsatzes, der nach Abzug der variablen Kosten verbleibt: Bei einem positiven Deckungsbeitrag wird dieser zur Deckung der fixen Kosten verwendet, die im Rahmen der Produktion angefallen sind. Alles, was nach Abzug der Kosten noch übrig ist, wird als Gewinnmarge bezeichnet. Der Deckungsbeitrag kann auch als Entscheidungshilfe bei der Sortimentsgestaltung genutzt werden.

Due Diligence
Systematische Untersuchung der einzelnen Bereiche eines Unternehmens zur Beurteilung seines Ertragspotenzials.

EBIT (Ergebnis vor Zinsen und Steuern)
Das Ergebnis vor Zinsen und Steuern (EBIT = Earnings before interests and taxes) ist eine Kennzahl, die über den Unternehmenserfolg Auskunft gibt. Sie liefert eine Aussage über die eigentliche Ertragskraft des Unternehmens, unabhängig von der Eigenkapitalquote.

Ehevertrag
Vertrag, der u.a. den Güterstand der Ehepartner regelt und somit die Verteilung des Vermögens im Scheidungs- oder Todesfall bestimmt.

Eigenkapitalquote
Gibt an, wie viel Prozent des Vermögens durch Eigenkapital finanziert ist: Die Eigenkapitalquote wird ermittelt, indem das Eigenkapital aus der Bilanz durch die Bilanzsumme geteilt wird. Eine hohe Eigenkapitalquote bedeutet in der Regel geringere Zins- und Tilgungszahlungen für aufgenommenes Fremdkapital.

Einheitswert
Bewertungsgröße des Betriebsvermögens u.a. zur Ermittlung der Erbschaft- oder Schenkungsteuer.

Erbengemeinschaft
Entsteht, wenn mehrere Erben vorhanden sind bzw. kein Alleinerbe festgelegt wurde. Ent-

scheidungen über das vererbte Vermögen der Erbengemeinschaft kann nur einstimmig durch alle Mitglieder erfolgen, wodurch die Führung eines Unternehmens erheblich behindert werden kann.

Erbvertrag

Letztwillige Verfügung, in der der Erblasser die Verteilung seines Vermögens nach seinem Tod regelt. Im Unterschied zum Testament ist der Erbvertrag eine vertragliche Vereinbarung zwischen dem Erblasser und einem Dritten (z. B. dem Erben). Daher sind einseitige Veränderungen der Vertragsinhalte gesetzlich eingeschränkt.

Ertragsplanung

Stellt die zukünftigen Umsätze den zukünftigen Aufwendungen gegenüber und führt dadurch die Planung der Gewinne und Verluste durch.

Ertragspotenziale

Sind die Gesamtheit der Bruttozuwächse, die von einem Unternehmen in einer Periode durch Erstellung von Gütern oder Dienstleistungen erwirtschaftet werden.

Ertragswertverfahren

Verfahren zur Unternehmensbewertung, das den Wert eines Unternehmens nach seinen vergangenen und zukünftigen Erträgen bestimmt.

Factoring

Finanzierungsgeschäft, bei dem ein spezialisiertes Finanzierungsinstitut (Factor) von einem Verkäufer dessen Forderungen aus Warenlieferungen und Dienstleistungen laufend oder einmalig ankauft und die Verwaltung (Fakturierung, Buchführung, Mahnwesen, Inkasso) dieser Forderungen übernimmt.

Festsatzkredit

Gewährung eines festen Kreditbetrags im kurzfristigen Finanzierungsbereich mit einer festen Verzinsung.

Finanzierung

Alle Maßnahmen zur kurz-, mittel- und langfristigen Kapitalbeschaffung: Dabei umfasst dieser Finanzierungsbegriff nicht nur alltägliche Finanzierungsvorgänge wie den Geldtransfer, die Einlösung von Schecks oder eine Kreditaufnahme, sondern auch außerordentliche Finanzierungsanlässe wie Kapitalerhöhungen, Umwandlungen und Sanierungen.

Finanzmittelbedarf

Zusätzliche Finanzmittel, die beschafft werden müssen, wenn die Einnahmen einer Periode kleiner ausfallen als die Ausgaben: Damit das Unternehmen zahlungsfähig bleibt, muss das entstehende Defizit über die Zuführung weiterer Finanzmittel gedeckt werden.

Finanzplanung

Erfasst die zukünftigen Zahlungsströme (Einzahlungen, die das Unternehmen erhält, und Auszahlungen, die es leisten muss). Bei der Finanzplanung wird unterschieden zwischen einem Liquiditätsplan (kurz- bis mittelfristig), einem Finanzplan (Jahresplan) und dem strategischen Finanzplan (langfristig), die aufeinander aufbauen.

Formvorschriften

Bestehen für festgelegte Rechtsgeschäfte, z. B. für ein Testament oder ein Schenkungsversprechen. Die Missachtung von Formvorschriften kann zur Nichtigkeit des Rechtsgeschäfts führen.

Fortführungsklausel

Muss im Gesellschaftsvertrag einer Personengesellschaft aufgeführt sein, um eine Übertragung der Unternehmensteile an die Erben zu ermöglichen.

Freibetrag

Maximale Verkürzung des steuerpflichtigen Gesamtbetrags von Erträgen oder Vermögen.

Führungskompetenz

Art und Weise, wie Führungskräfte ihre Führungsfunktion ausüben: Die Führungskompetenz bestimmt maßgeblich den Führungserfolg, beeinflusst die Einstellung der Mitarbeiter zur Arbeit und wirkt sich auf deren Zufriedenheit, Motivation und Leistungsbereitschaft aus. Belastbarkeit, Intelligenz, Urteilsfähigkeit, Integrität, Selbstbeherrschung, Kreativität, Überzeugungskraft und Verantwortungsbewusstsein sind einige typische Eigenschaften, die unter dem Begriff Führungskompetenz zusammengefasst werden können.

Gemeinschaftliches Testament

Form des Testaments, die nur Ehepartnern erlaubt ist und zwei Willenserklärungen unterschiedlicher Erblasser in einem Dokument zusammenfasst.

Genussrecht

Beteiligungsrecht ohne Mitgliedschafts- und Stimmrecht, jedoch mit Gewinnanteilsanspruch.

Gesellschaftsvertrag

Dokument, das die wesentlichen Grundsätze des Unternehmens (z. B. Entscheidungsbefugnisse bei besonderen Geschäften, Kapitalveränderungen oder Änderungen in der Gesellschafterstruktur) regelt.

Gesetzliche Erbfolge

Greift, wenn die Erbfolge nicht individuell festgelegt wurde: Die gesetzliche Erbfolge bestimmt die Reihenfolge, in der Verwandte im Falle des Todes eines Angehörigen dem Gesetz nach erbberechtigt sind.

Gewinn- und Verlustrechnung (GuV)

Zeigt sämtliche Aufwendungen und Erträge eines Geschäftsjahrs. Während in der Bilanz die Mittelherkunft und die Mittelverwendung dokumentiert werden, soll die GuV für eine bestimmte Periode neben der Höhe vor allem die Quellen und die Struktur des Ergebnisses aufzeigen. Aus der Differenz von Aufwendungen und Erträgen errechnet sich der Jahresüberschuss bzw. -fehlbetrag. Die GuV ist Bestandteil des Jahresabschlusses.

Gütertrennung

Güterstand, der im Ehevertrag festgelegt sein kann und den einzelnen Zugewinn des Vermögens jedes Ehepartners nur auf den Ehepartner anrechnet, der ihn erzielt hat.

Herstellerkreditfinanzierung

Kauf eines Gutes, bei dem der Lieferant den Kaufpreis nicht sofort erhält, sondern diesen in Form eines zu tilgenden Darlehens zur Verfügung stellt.

Hypothekendarlehen

Finanzierung über ein Kreditinstitut, bei der eine Hypothekenbelastung auf unbewegliches Anlagevermögen als Sicherheit in das Grundbuch eingetragen wird.

Innenfinanzierung

Finanzierung aus dem Unternehmen heraus, beispielsweise durch Gewinne, Abschreibungen oder Rückstellungen.

Investition

Die zielgerichtete Verwendung von Kapital, z. B. für den Kauf von Maschinen oder zur Ausstattung der Geschäftsräume.

Investivlohn

Form einer sich monatlich erhöhenden Beteiligung am Unternehmen, indem Teile der monatlichen Bezüge der Arbeitnehmer in Gesellschaftsanteile umgewandelt werden.

ISO-Zertifizierung

Internationale Norm zur Zertifizierung von Qualitätsmanagementsystemen in Unternehmen. Die Zertifizierung kann nur durch offiziell anerkannte Zertifizierer (z. B. TÜV) bescheinigt werden.

Job-Rotation

Systematischer Arbeitsplatzwechsel zur Entfaltung und Vertiefung der Fachkenntnisse und Erfahrung geeigneter Mitarbeiter bzw. zur Vermeidung von Arbeitsmonotonie und einseitiger Belastung.

Kalkulation

Dient der Ermittlung der Kosten für die Herstellung von Produkten oder für die Erbringung von Dienstleistungen: Die Kalkulation kann als Vor-, Zwischen- oder Nachkalkulation durchgeführt werden. Als Vorkalkulation dient sie der Vorbereitung von Entscheidungen bzw. der Annahme oder Ablehnung von Projekten und Aufträgen. Die Zwischenkalkulation wird während der Erstellung von Erzeugnissen durchgeführt, um parallel zur Produktion die Einhaltung von Kostenbudgets zu kontrollieren. In einer Nachkalkulation werden die real angefallenen Ist-Kosten den ursprünglichen Kostenvorgaben gegenübergestellt.

Kalkulatorischer Unternehmerlohn

Tätigkeitsvergütung des Unternehmers, die in Personengesellschaften oder Einzelunternehmen bilanziell nicht im Personalaufwand erfasst werden darf, sondern im Rahmen von Entnahmen verbucht werden muss.

Kapitalbedarfsplan

Berechnet die benötigten Finanzmittel für eine bestimmte Investition oder eine Zeitspanne: Für Investitionen in das Anlagevermögen sind neben den Anschaffungs- bzw. Herstellungskosten Montage-, Anlauf- und alle Nebenkosten sowie mögliche Eigenleistungen zu berücksichtigen. Bei der Kapitalermittlung für das Umlaufvermögen ist die Dauer der Kapitalbindung bis zum jeweiligen Geldrückfluss einzubeziehen.

Kapitalbeteiligungsgesellschaften

Unternehmen, die Eigenkapitalanteile vieler anderer Unternehmen erwerben und sich aus den Gewinnanteilen dieser Unternehmen finanzieren.

Kapitalisierungszinssatz

Zinssatz, mit dem in Zukunft liegende Beträge auf einen heutigen Wert (Barwert) verrentet werden.

Kapitalmarktfinanzierung

Führt dem Unternehmen zusätzliches Kapital vom Kapitalmarkt her zu: Die Kapitalmarktfinanzierung kann z. B. durch die Einlagen von Aktionären, die Neu-Emission von Aktien oder die Aufnahme von Anleihen erfolgen.

Kontokorrentkredit

Kredit, der auf dem laufenden Bankkonto bereitgestellt wird und fortlaufend in Anspruch genommen werden kann. Mit der Bank wird dabei allerdings eine Höchstgrenze vereinbart, die nicht überschritten werden darf: Bis zu dieser vereinbarten Kreditlinie kann über den Kredit frei verfügt werden. Zinsen entstehen nur für den tatsächlich in Anspruch genommenen Kreditbetrag. Der Kredit kann jederzeit zurückgezahlt oder neu in Anspruch genommen werden. Ein Kontokorrentkredit sollte aufgrund seiner hohen Verzinsung jeweils nur kurzfristig genutzt werden.

Kreditor

Lieferant, gegenüber dem das Unternehmen eine Verbindlichkeit hat.

Kuratorium

Stiftungsorgan, das den Stiftungsvorstand berät und kontrolliert.

Lagerdauer

Gibt die Geschwindigkeit an, mit der Waren oder Rohstoffe durch den Umsatzprozess wieder zu Geld werden.

Lagerhaltungskosten

Entstehen durch die Bereitstellung und Bereithaltung von Lagerkapazität sowie die Vor-, Nachbereitung und Durchführung des Lagerprozesses.

Leasing

Besondere Vertragsform der Vermietung und Verpachtung von Investitions- und Konsumgütern: Das Leasingobjekt wird entweder von einer speziellen Leasinggesellschaft vom Hersteller gekauft und dann dem Leasingnehmer übergeben oder direkt vom Produzenten verpachtet.

Letter of Intent (LoI)

Schriftlich fixierte Absichtserklärung, mit der zukünftige Vertragspartner eine gemeinsame Willensbekundung festhalten können.

Liquidationsverfahren

Verfahren zur Unternehmensbewertung, das den Wert eines Unternehmens an den im Unternehmen vorliegenden Vermögensgegenständen und Schulden danach bestimmt, was bei einer angenommenen Veräußerung dafür zu erzielen wäre. Außerdem wird der Wert um die Veräußerungskosten wie Abfindungen von Mitarbeitern reduziert.

Liquidität

Fähigkeit eines Unternehmens, allen erforderlichen Auszahlungen und Einzahlungen von Zahlungsmitteln fristgerecht nachzukommen.

Liquiditätsplan

Fähigkeit eines Unternehmens, seine Verbindlichkeiten bzw. Zahlungsverpflichtungen uneingeschränkt erfüllen zu können, d. h. »flüssig« zu sein. Die Grundlagen zur Liquiditätsplanung sind die erwarteten Ein- und Auszahlungen.

Lombardkredit

Durch verpfändete, marktgängige Wertpapiere besicherter kurzfristiger Kredit.

Management Buy In (MBI)

Geschäftsführung und Teile des Unternehmens werden von einer Person übernommen, die zuvor schon im Unternehmen als Arbeitnehmer tätig war.

Management Buy Out (MBO)

Geschäftsführung und Teile des Unternehmens werden von einer Person übernommen, die zuvor nicht im Unternehmen tätig war.

Mentoring

Persönliche Betreuung am Arbeitsplatz, die ein Lernen und Sammeln von Erfahrungen sowie eine Entfaltung der individuellen Talente plus die Aneignung neuer Fähigkeiten im Rahmen eines Prozesses ermöglicht, bei dem der Mentor als Vorbild fungiert und die Entwicklung des »Schützlings« außerhalb eines hierarchischen Vorgesetzten-Untergebenen-Verhältnisses fördert.

Mittelwertverfahren

Auch Berliner Verfahren genannt: Das Berliner Verfahren bildet das arithmetische Mittel aus Ertrags- und Substanzwert.

Modifizierte Zugewinngemeinschaft

Bestimmt den Güterstand der Zugewinngemeinschaft im Falle des Todes, schließt diese jedoch im Falle einer Scheidung aus.

Nachlassgericht

Gericht – in der Regel das Amtsgericht des letzten Wohnsitzes des Erblassers –, bei dem das Testament sicher hinterlegt werden kann und das im Falle des Todes die Erbverteilung regelt.

Nießbrauchrecht

Höchstpersönliches, nicht veräußerbares und nicht vererbliches Recht zur Nutzung eines Gegenstands, beispielsweise eines Wohnhauses. Wird häufig dem Ehepartner eingeräumt, um ihm die Alterssicherung zu garantieren und den Gegenstand trotzdem auf eine andere Person (i.d.R. die Kinder) übertragen zu können.

Notarielles Testament

Letzter Wille, der in Beisein und unter Aufsicht eines Notars verfasst wurde. Das notarielle Testament beugt Formfehlern oder unklaren Formulierungen vor.

Notfallhandbuch

Schriftliche Aufstellung des Unternehmers über die wesentlichen Informationen zu seinem Unternehmen mit entsprechenden Vollmachtserteilungen, um eine Fortführung der Unternehmensleitung auch bei Tod oder Krankheit sicherzustellen.

Notfallplan

Enthält alle Anweisungen für den Fall, dass der Übergeber oder auch der Übernehmer durch einen Unfall längere Zeit ausfallen oder gar sterben sollte. Regelt sowohl die Abläufe im betrieblichen wie auch im privaten Bereich.

Notprokura

Regelt die Berechtigungen einzelner Mitarbeiter im Todes- oder Krankheitsfall des Unternehmers.

Öffentliche Fördermittel

Geförderte Finanzierungsformen für bestimmte Zielgruppen oder Investitionsvorhaben.

Operative Planung

Wird in einem kurzfristigen Planungszeitraum realisiert, d.h. in der Regel in einem Zeitraum von einem Jahr: Die operativen Planungsziele müssen so formuliert und konkretisiert werden, dass das Erreichen der in der strategischen Planung festgelegten Ziele gewährleistet wird.

Ordnungen

Einteilung der Erben in Klassen, die unterschiedliche Erbberechtigung haben.

Pacht

Vertragliche Überlassung des Gebrauchs und – im Gegensatz zur Miete – auch der Erträge einer Sache oder eines Rechts gegen Entgelt.

Pflichtteilsanspruch

Gesetzlich festgelegter und kaum auszuschließender Anspruch jedes gesetzlich begünstigten Erben auf einen bestimmten Anteil an der Erbmasse.

Pflichtteilsverzicht

Willenserklärung eines gesetzlichen Erbes, im Falle des Todes des Erblassers auf seinen gesetzlichen Erbteil zu verzichten.

Plan-Kontokorrent
Ist der sich aus dem Finanzplan ergebende monatlich geplante Kontokorrentstand des Unternehmens.

Praxisverfahren
Bestimmen des Unternehmenswerts anhand einfach zu ermittelnder Methoden, beispielsweise dem Börsenkurzwert oder durch den Vergleich mit dem Durchschnittswert ähnlicher Unternehmen.

Privatschriftliches Testament
Aufsetzung des Testaments ohne notariellen Beistand: Es besteht die Gefahr der Verletzung von Formvorschriften oder von unklaren Formulierungen.

Rechnungswesen
Erfasst und überwacht alle in einem Unternehmen auftretenden Geld- und Leistungsströme mengen- und wertmäßig: Mit dem betrieblichen Rechnungswesen kann der Unternehmer die Wirtschaftlichkeit und Rentabilität seines Betriebs planen und kontrollieren sowie Informationen über seine Vermögens- und Ertragslage gewinnen. Darüber hinaus erfüllt das Rechnungswesen externe Aufgaben der Rechenschaftslegung, z.B. für das Finanzamt.

Rendite
Zeigt an, wie hoch der erzielte Gewinn eines Unternehmens im Verhältnis zum eingesetzten Kapital ist: Renditen sind – berechnet nach aktuellen Zahlen – klassische Größen zur Kontrolle des Unternehmenserfolgs und können nach den unterschiedlichen Kapitalquellen differenziert betrachtet werden, z.B. Eigenkapitalrendite, Gesamtkapitalrendite.

Rentabilität
Ist eine betriebswirtschaftliche Kennzahl für den finanziellen Erfolg einer Unternehmung oder einer Investition. Die Rentabilität misst das Verhältnis von Gewinn zu eingesetztem Kapital bzw. zu erzieltem Umsatz. Entsprechend heißt sie Kapitalrentabilität bzw. Umsatzrentabilität.

Rückstellungen
Am Bilanzstichtag bestehende Verpflichtungen des Unternehmens, die wegen der Ungewissheit ihres Bestehens, ihrer Höhe und des Zeitpunkts der Fälligkeit noch keine Verbindlichkeiten darstellen. Rückstellungen werden z.B. für zukünftige Investitionen, mögliche Gewährleistungsansprüche oder aber Pensionsansprüche gebildet. Diese Kosten entstehen zwar nicht in dem aktuellen Geschäftsjahr, haben aber einen sachlichen Bezug dazu. Die Rückstellungen werden dem Fremdkapital zugeordnet.

Schuldscheindarlehen
Langfristige Finanzierung mit Ausstellung eines Schuldscheins.

Skonto
Preisnachlass für die frühzeitige Bezahlung einer Rechnung: Den Zeitrahmen der verkürzten Zahlungsfrist, für die Skonto geltend gemacht werden kann, legt der Rechnungssteller fest.

Sofortbesteuerung
Alternative des Empfängers einer dauernden Last, bei der der Barwert der Rente mit dem Buchwert des steuerlichen Kapitalkontos zur Veräußerung verglichen wird.

Stille Reserven
Entstehen aus der Differenz zwischen dem Bilanzwert und dem tatsächlichen Wert eines Vermögensgegenstandes.

Stock-Option
Möglichkeit der Vergütung, bei der der Mitarbeiter das Optionsrecht erwirbt, Wertpapiere innerhalb einer bestimmten Frist jederzeit zu einem bestimmten Preis (Basispreis) zu kaufen oder zu verkaufen.

Strategische Planung
Langfristig ausgerichtete Planung, die sich auf einen Zeitraum von drei und mehr Jahre bezieht. Die in der strategischen Planung festgelegten langfristigen Ziele legen den Rahmen für die operative Planung und die operativen Ziele fest.

Stückdeckungsbeitrag
Deckungsbeitrag einer Produkteinheit, vgl. auch Deckungsbeitrag.

Stuttgarter Verfahren
Verfahren zur Unternehmensbewertung, das in einem festgelegten Verhältnis Ertrags- und Substanzwerte berücksichtigt.

Substanzwertverfahren
Verfahren zur Unternehmensbewertung, das den Wert eines Unternehmens an den im Unternehmen vorliegenden Vermögensgegenständen und Schulden zum Zeitwert bestimmt.

Summen- und Saldenliste
Ergebnis der laufenden Buchführung, die alle bisher gebuchten Jahresverkehrszahlen und Salden bis zum entsprechenden Buchungstag aufzeigt. Anhand der Summen- und Saldenliste kann nachvollzogen werden, wie sich die Aufwendungen und Erträge der betriebswirtschaftlichen Auswertung im Detail zusammensetzen.

Testament
Letztwillige Verfügung, mit der der Erblasser die Verteilung seines Vermögens nach seinem Tod regelt.

Tilgungsaufschub
Setzt fällige Tilgungen aus und verteilt sie auf die Folgejahre. Durch einen Tilgungsaufschub werden die Tilgungsbelastungen in den Folgejahren ansteigen, sofern parallel dazu keine Tilgungsstreckung vereinbart wurde.

Tilgungsstreckung
Verlegt den Zeitpunkt der endgültigen Tilgung in die Zukunft und mindert so die Tilgungsraten.

Typisch stille Beteiligung
Sonderform der Beteiligung, bei der sich eine Person an dem Unternehmen einer anderen beteiligt, indem ihre Einlage gegen einen Anteil am Gewinn ohne Mitbestimmungsrechte in das Vermögen des Unternehmens übergeht. Gegenüber der atypisch stillen Beteiligung kann eine Verlustbeteiligung ausgeschlossen werden und es besteht keine Beteiligung an stillen Reserven.

Umsatzrendite
Gibt prozentual an, wie viel Gewinn mit einem Euro Umsatzerlös erzielt wurde.

Unternehmensplanung
Gedankliche Vorwegnahme künftiger Ereignisse, eine Auswahl der anzustrebenden Ziele und die Festlegung der dazu umzusetzenden Maßnahmen: Mit der Unternehmensplanung wird das Unternehmen laufend an wesentliche interne und externe Veränderungen angepasst, wobei Entscheidungen unter Berücksichtigung zukünftiger Konsequenzen zu treffen sind.

Versorgungslücke
Negative Differenz aus den Einnahmen und Ausgaben des Seniors nach einer Übergabe.

Vollkostenrechnung
Kalkulationsverfahren, bei dem sowohl die Einzel- als auch die Gemeinkosten möglichst verursachungsgerecht auf die einzelnen Kostenträger (die Produkte oder Dienstleistungen des Unternehmens) aufgeteilt werden.

Vormundschaftsgericht
Gesetzlicher Vertreter von Minderjährigen für das geerbte Vermögen: Bei Übertragung von Gesellschaftsanteilen an Minderjährige ist dieses Gericht als Gesellschafter für die Unternehmensanteile des Minderjährigen vertretungsberechtigt und kann die Unternehmensführung dadurch erheblich behindern. Testamentarische Vermächtnisse von Unternehmensanteilen sollten folglich nicht zu Gunsten Minderjähriger getroffen werden.

Zuflussbesteuerung
Alternative des Empfängers einer dauernden Last, bei der wiederkehrende Bezüge mit dem Buchwert des steuerlichen Kapitalkontos verrechnet werden. Bei Übersteigung des Buchwerts werden die Bezüge als nachträgliche Erträge besteuert.

Zugewinngemeinschaft
Güterstand, der im Ehevertrag festgelegt sein kann und das in der Ehe erworbene Vermögen jedes Ehepartners auf beide Ehepartner gemeinschaftlich verteilt.

Literaturverzeichnis

Albach, Horst/Freund, Werner: Generationenwechsel und Unternehmenskontinuität.
Chancen, Risiken, Maßnahmen, Gütersloh
1989

Berndt, Hans: Stiftung und Unternehmen:
Rechtsvorschriften, Besteuerung, Zweck-
mäßigkeit, Herne 2003
BMWi: Junge Unternehmen – Probleme und
Lösungen bei der Existenzfestigung, Bonn
1997
Born, Karl: Unternehmensanalyse und Unternehmensbewertung, Stuttgart 2003
Burandt, Wolfgang: Beck'sches Mandatshand-
buch. Erbrechtliche Unternehmensnachfolge, Heidelberg 2002

Charan, Ram/Tichy, Noel M.: Gesundes Wachs-
tum für mehr Gewinn, Verlag Moderne
Industrie 2000
Claussen, Carsten Peter/Krüger, Dirk: Optimale
Unternehmensnachfolge, Köln 1992

Esch, Günter: Handbuch der Vermögensnachfol-
ge, Berlin 2001

Freund, Werner: Familieninterne Unterneh-
mensnachfolge, Erfolgs- und Risikofaktoren,
Wiesbaden 2000
Freund, Werner/Kayser, Gunter/Schröer, Eve-
lyn: Generationenwechsel im Mittelstand
– Unternehmensübertragungen und
-übernahmen 1995–2000, Bonn 1995
(ifm-Materialien Nr. 109)
Friedrich, Albert: Erfolgreicher Unternehmens-
verkauf, Wiesbaden 1998
Fromm, Rüdiger: Das perfekte Unternehmer-
Testament, Köln 2000

Gebel, Dieter: Betriebsvermögen und Unter-
nehmernachfolge, München 2002

Gerhard und Lore Kienbaum Stiftung/Soban-
ski, Holger/Gutmann, Joachim: Erfolgreiche
Unternehmensnachfolge: Konzepte – Erfahrungen – Perspektiven, Wiesbaden 1998

Hebestreit, Regine/Wolfgang H. Riederer: Unternehmen kaufen, pachten, erben: Fragen
und Antworten zur Unternehmensnachfolge,
Würzburg 2003
Hillengaß, Horst W./Nökel, Rolf H.: Strategien
für Generationswechsel und Zukunftssicherung, Heidelberg 1999
Holzapfel, Hans-Joachim: Unternehmenskauf
in Recht und Praxis, Rechtliche und steuerliche Aspekte, Köln 2005 (12. Auflage)

Institut für Mittelstandsforschung Bonn:
Unternehmensnachfolge in Deutschland,
Sonderdruck aus Anlass der zentralen
Auftaktveranstaltung zur Initiative Unter-
nehmensnachfolge »nexxt«, Bonn 2001
Institut für Mittelstandsforschung Mannheim:
Generationswechsel in der mittelstän-
dischen Wirtschaft Baden-Württembergs –
Ergebnisse einer empirischen Unter-
suchung, Mannheim 2002

Kantenwein, Thomas/Von Bechtolsheim, Sebas-
tian: Nachfolge in Familienunternehmen,
Regensburg 1996
Kantenwein, Thomas u.a.: Profi-Handbuch:
Nachfolge in Familienunternehmen,
Regensburg 2002
Kappler, Ekkehard/Laske, Stephan: Unterneh-
mernachfolge im Familienbetrieb, Freiburg
1999
Köppen, Ralph Oliver: Erfolgsfaktoren von Un-
ternehmensberatungen: Die Nachfolgerege-
lung in kleinen und mittleren Unternehmen,
Wien 1999
Kussmann, M.: Schenken, Erben, Steuern,
Bonn 2006

Lange, Knut/Schierek, Dirk: Unternehmens-
nachfolge, Witten/Herdecke 2002
Lorz, Rainer/Kirchdörfer, Rainer: Unterneh-
menserbrecht, München 2002
Luckey, Günter: Unternehmensnachfolge,
Stuttgart 1998

Menke, Matthias: Planung der Unternehmens-
nachfolge, Hamburg 1998
Mens, Justus v.: Testament, Erbschaft,
Schenkung, München 2002
Mohr, Randolf: Praxis-Ratgeber Unternehmer-
testament. Die 40 wichtigsten Steuer- und
Gestaltungsfragen, Köln 2001
Moser, Klaus/Batinic, Bernard/Zimpel, Jea-
nette: Unternehmerisch erfolgreiches
Handeln, Göttingen 1999 (Schriftenreihe
Wirtschaftspsychologie)
Müller, Andreas/Ohland, Klaus-Peter/Brand-
müller, Gerhard: Gestaltungen der Erb- und
Unternehmensnachfolge in der Praxis:
Betriebswirtschaftliche, zivilrechtliche und
steuerliche Überlegungen, Herne-Berlin
1999

Nagel, Kurt/Gempel, Fritz: Die hundert (100)
besten Checklisten: Unternehmensübergabe,
Landsberg am Lech 1999
Neumaier, Robert F.: Betriebsübernahme
– Chancen für Existenzgründer, Stuttgart
2006

Porter, Michael E.: Wettbewerbsstrategie,
Frankfurt a.M. 1999

Rasche, Stefan: Erfolgreiche Unternehmensnachfolge in Handwerk und Mittelstand,
Bad Wörishofen 2002
Riedel, Hanspeter: Unternehmensnachfolge-
regeln, Wiesbaden 2000

Schröer, Evelyn/Freund, Werner: Der Beitrag
des Aus- und Weiterbildungswesens zur
Erschließung von Nachfolgepotential. Eine
empirische Studie zum Generationenwechsel im Mittelstand, Bonn 1995
(ifm-Materialien Nr. 112)
Siefer, Thomas: »Du kommst später mal in die
Firma!«, Psychosoziale Dynamik von
Familienunternehmen, Heidelberg 1996
Seiler, Karl: Unternehmensverkauf, Landsberg
am Lech 2000

Sobanski, Holger/Gutmann, Joachim: Erfolgreiche Unternehmensnachfolge: Konzepte –
Erfahrungen – Perspektiven, Wiesbaden
1998
Spielmann, Urs: Generationswechsel in mittel-
ständischen Unternehmungen, Ablösung
von Firmen- und Nichtgründern, Wiesbaden
1994
Stehle, Heinz: Familienunternehmen gestalten,
erhalten, vererben: steuer-, familien- und
erbrechtliche Absicherung, Stuttgart 1997
Steuck, Joachim: Der Business Plan, Düsseldorf
1999
Struck, Uwe: Geschäftspläne. Für erfolgreiche
Expansions- und Gründungsfinanzierung,
Stuttgart 2001
Stück, Hans-Hermann: So erwerben Sie eine
Firma oder Beteiligung: Unternehmensbewertung, Ertragsprognose, der optimale
Einstiegszeitpunkt, rechtliche und steuer-
liche Fragen, Management-Buy-Out, Sonder-
regelungen in den neuen Bundesländern,
München 1993
Sudhoff, Heinrich: Handbuch der Unterneh-
mensnachfolge, München 1999

Tanck, Manuel: Erb-Checkliste Unternehmer-
Testament. Die Zukunft sichern, zum richtigen Zeitpunkt, Regensburg 1998

Vogt, Carola/Jansen, Joachim: Unternehmens-
nachfolge. Chef vor dem Ruhestand – was
nun? Erftstadt 1996
Volanthen, Michael/Zabelberg, Alexander: 1-to-
manage: Crashkurs Unternehmensführung,
Wuppertal 2001
Vorwold, Gerhard: Unternehmensnachfolge von
A-Z, Köln 2001

Weinläder, Markus: Unternehmensnachfolge:
Strategien, Praxis, Recht, München 1998

Zipfel, Lars: Unternehmensübertragungen. Im
deutschen und internationalen Erbschafts-
steuerrecht, Oldenburg 2001

Stichwortverzeichnis